關於地理學的100個故事

100 Stories of Geography

的100個故事

余建明◎編著

前 言

地球是我們的家園，隨著人們對地球表面狀況的深入瞭解和探究，逐漸產生了各種地理概念，並且隨著地理知識的不斷累積，便產生了一門研究自然界以及自然界與人類關係的科學，這就是地理學。概括地說，地理學就是研究人與地理環境關係的學科，其目的是為了探究開發並保護地球的自然資源，更好地協調人類與自然的關係。

可見，地理和地理學在人類生活中佔據著重要的地位。地理可以讓人們瞭解地球，進而瞭解社會；地理學則可以幫助我們打開自然的神祕面紗，瞭解那些看似神奇的事物。

二戰期間，德軍潛艇為了襲擊盟軍，常常從地中海進入直布羅陀海峽，出其不意地打擊盟軍。接連幾次遭受襲擊之後，盟軍長了「心眼」，派出艦隊守住海峽，並採用聲納監聽系統，來探測德軍潛艇出沒時間，準備用深水炸彈將其炸毀。然而，令人大失所望的是，監聽多日，德軍潛艇依然可以在盟軍眼皮底下溜出海峽，大搖大擺地出現在大西洋上。

盟軍為此著實惱火，甚至有人懷疑德軍有什麼祕密裝備或者神靈相助。那麼，真實的情況是什麼樣的呢？原來，德軍熟知直布羅陀海峽的海水運動情況，於是善用了這個特點。在海峽表面，海水從大西洋流入地中海，可是在海峽底層，海水流動方向正好相反，從地中海流入大西洋。於是，德軍潛艇進入海峽之後，可以完全關閉潛艇上的所有機器，只憑藉海流的動力，就能輕鬆自如地進入大西洋執行任務。就這樣，盟軍在狡猾的德軍面前，只能望洋興嘆。

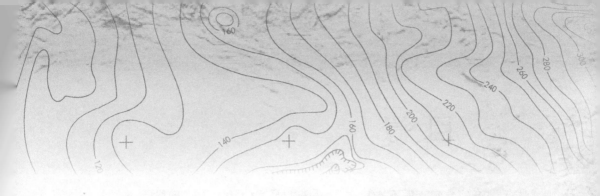

　　古往今來，地理環境對於戰爭的影響一直起著不可或缺的作用。從這個故事中，我們看到了瞭解地理、運用地理學方法研究戰爭的重要性。實際上，地理學的作用不只如此，它更重要的任務和意義，是讓我們瞭解大自然和人類的生活，進而創建更美好的地球家園。

　　我們常常為看到的奇特景觀感嘆，為古人遺留下的文明碎片暢想：是誰？為什麼？什麼時間在地球表面留下這些東西？它們將走向何方？這些問題的解答，只有走進地理學，經由科學的方法去探究、鑽研和發現，才能揭開答案。

　　我們還熱衷於探索和發現那些不為人知的生活，比如生活在雲南省怒江大峽谷最北端的獨龍族。由於常年大雪封山，地理環境閉塞，這個只有五千餘人的民族多年來形成了自己獨特的語言，過著原始的刀耕火種生活。他們的存在說明了什麼？我們又能從中瞭解到多少祕密？這些問題同樣離不開地理學知識。

　　也許你曾對艱深拗口的地理辭彙望而卻步，但翻開本書一定會讓你的這些憂慮一掃而空。書中沒有枯燥乏味的資料，也沒有晦澀難懂的理論，只有最精彩的故事和最智慧的領悟。

　　本書選取關於地理學的一百個故事，包括與我們生活息息相關的地理知識、人類冒險之旅的發現，以及尚待探索的未解之謎。讀者可以在輕鬆的閱讀之中，較為全面地瞭解地理學，以此來體驗生命的深度與質感，與大自然和諧相處，過上更美好的生活。

目　錄

第三篇：異象紛呈──地理學的學科分類及流派

第四篇：膽略之旅——世界地理大發現

第五篇：學以致用——地理學應用前景廣闊

第一篇

無所不包

──「科學之母」地理學

陽光退敵兵充分顯示了地理學的威力

地理學是研究人與地理環境關係的學科，研究的目的是為了更好地開發和保護地球表面的自然資源，協調自然與人類的關係。

眾所周知，太陽光給自然界和人類帶來了光明，也帶來了溫暖。除此以外，它還有更大的威力，你是否知道呢？

在古希臘時期，位於愛琴海中的納克索斯島上居住著一個部落。部落裡的人過著安寧而有規律的生活，白天男人出海捕魚，婦孺和老人在家補網、

海神波塞冬巡遊圖。

曬魚、料理家務。這些人不僅勤勞而且純樸、善良，雖然很少與外界接觸，但卻懂得互相關愛、互相幫助。

一個夏日的清晨，男人們又要出海了，首領帶著全部落的人面對大海，虔誠地向海神祭祀，祈禱祂能保佑出海的人平安歸來。之後，男人們在親人的祝福和期盼聲中乘著船漸漸遠去……

太陽很快升起來了，像一個火球發出熱辣辣的光芒，把岸邊的沙灘曬得滾燙，連海風也被烘烤得熱呼呼的。

即便是這樣的天氣，還是不時有人到海邊去觀望，惦記著出海的家人。

正午時分，陽光更強烈了。這時，有人突然發現海天之間出現了許多小黑點，而且越來越大。

「是出海的人回來了嗎？」聞訊趕來的島民們互相議論著。

「不對，平時出海的人要到傍晚才能回來。」這樣一想，大家便對看到的「黑點」警覺了起來。

那些黑點到底是什麼呢？原來是馬其頓王國的一支船隊。這些馬其頓人在遠征的路上出了意外，迷失了方向，已經在海上漂泊了整整一個晝夜，糧食飲水也快耗盡了。正當他們疲憊不堪時突然發現了這個小島，於是心生歹意，想到島上來搶奪財物充實自己。

純樸的島民們並不知道這些情況，可是當他們看清了越來越大的「黑點」是比部落中最大的漁船還要大得多的戰船時，便預感到災難即將來臨。那些站在甲板上的馬其頓人一個個衣著怪異、面容凶惡，身上還佩戴著武器，人數約略有上千人。因為沒見過這種陣勢，島民們一下子慌亂起來，哭的哭，叫的叫，一個個顯得六神無主。

這時候，部落的首領卻顯得格外鎮定，他雖然臉上不露聲色，但腦子裡卻在飛快地想著對策。情急之下，他突然想起祖先們在希臘諸神那裡學到的取火方法，便有了主意。他立刻召集島民們把自家的銅鏡拿到海邊來，並讓這些人拿著銅鏡對著太陽站立在沙灘上。當大船越來越接近沙灘時，首領指揮島民們拿起銅鏡，將每面鏡子的反射光都對準那艘最靠近岸邊的大船。令馬其頓人意想不到的事情發生了，船上先是冒起白煙，接著「轟」的一聲，整艘船被包圍在烈火之中。後面船上的士兵被前面的情景嚇呆了，只見岸上亮閃閃的一片，大船在亮光的照耀下燃為灰燼。他們以為島上的人掌握了什麼先進武器，頓時驚慌失措，亂了手腳，調轉船頭狼狽而逃。

岸上的人們看著惶惶離去的船隊，為取得的勝利而歡呼，為團結一心戰勝強敵而雀躍，更為有一位足智多謀的首領而驕傲。

說到這裡，讀者們應該明白太陽光的威力了吧？你們也許不相信，地球表面每秒鐘接受到的太陽光的總能量相當於五百五十萬噸煤完全燃燒釋放出來的能量，只不過太陽光是普照大地的，如果像故事裡說的那樣把它聚集起來，那麼對人類的貢獻可就驚人了。

利用陽光退敵兵，充分顯示了太陽能的威力，也道出了「科學之母」地理學無所不包、無所不能的強大力量。為什麼說地理學是「科學之母」呢？這就要從地理學的概念談起。

「地理」一詞最早出現在《易經》中：「仰以觀於天文，俯以察於地理，是故知幽明之故。」地球是人類賴以生存的家園，人類一直十分關心地球表面的狀況，於是產生了各種地理概念。隨著社會發展，地理知識逐步累積，形成了一門研究地球及其特徵、居民和現象的學問，這就是地理學。

「地理學」一詞源自希臘文，意思是描述地球表面的科學。這門學科的主要任務是描述和分析發生在地球表面上的自然、生物、人文現象的空間變

化，並且探究它們之間的相互關係。

地理學是一門古老的科學，年代久遠、內容豐富，因此被稱為「科學之母」。

古代地理學主要是探索地球的形狀、大小及其相關測量方法，或者對已知國家和地區進行描述。到了今天，地理學已經成為一門範圍廣泛的學科。地球表面現象的任何空間變化類型都要受到自然界和人類生活的諸多因素制約，因此地理學不僅侷限於地球的繪圖與勘查，還要深入生物學、社會學等學科。比如非洲沙漠化，表面看是由於乾旱造成的，究其原因是因為過度放牧、農業擴展而使情況加劇的。雖然有些地球表面現象都是其他領域的學者研究發現的，但並非地理學就不起作用了，它的特殊任務是調查研究分佈模式、地域配合、連結各組成部分的網路，及其相互作用。

如今，地理學一般分為自然地理學、人文地理學和地理資訊系統三個分支。自然地理學是研究地貌、土壤等地球表層自然現象的科學，還包括自然災害、土地利用與覆蓋、生態環境與地理之間的關係等。人文地理學內容很廣泛，包括歷史地理學、文化與社會地理學、人口地理學、政治地理學、經濟地理學和城市地理學等。地理資訊系統，是電腦技術與現代地理學相結合的產物，指的是利用電腦技術，為研究地理現象提供決策依據。

小知識

酈道元（約西元四七〇年～西元五二七年），字善長，北魏范陽郡涿縣（今河北省涿州市）人，著名地理學家、文學家。著有《水經注》，共四十卷，是古代中國最全面、最系統的綜合性地理著作。

被颱風拯救的國家
提示地理學發展特點

地理學的發展分為三個時期：古代地理學、近代地理學和現代地理學。遠古至十八世紀末，是古代地理學時期，以描述性記載地理知識為主；從十九世紀初到二十世紀五〇年代，是近代地理學時期，這段時間內學派林立，部門地理學蓬勃發展；從二十世紀六〇年代起，地理學進入現代地理學時期。

提起颱風，人們往往會把它和海嘯、地震、火山噴發等聯想在一起，成為自然界災難的象徵。而日本人卻對颱風情有獨鍾，虔誠地將其稱之為「神風」。

為什麼日本人會將這樣一種災害性的自然現象，與保佑一方平安的神靈結合起來呢？這是由於日本在鐮倉幕府時期，曾兩次得益於颱風的「保佑」，才免去了人為的災難。

西元十三世紀中期，與日本一衣帶水的中國大陸發生了大變動，元世祖忽必烈指揮蒙古鐵騎馳騁南下，統一中國，建立了元朝。可是在統一期間，蒙古軍每到一處都會受到當地軍民英勇的阻撓和反抗，傷亡慘重。這使忽必烈非常惱怒，由此只要每佔領一個地方，他就大發淫威，燒殺掠奪，僅攻打揚州，就使該城的百姓幾乎滅絕。這種驕橫野蠻的行為，在忽必烈統治中國後更為囂張，憑著強大的軍事實力，他決定跨海東征日本。

可是騎慣了戰馬的蒙古兵如何駕馭得了戰船，更要命的是習慣了內陸性氣候的他們根本不瞭解變化無常的海洋性氣候。蒙古軍這樣冒然出海東征，

後果很難預料。

　　西元一二七四年夏秋季，正是颱風肆虐的時節，不可一世的蒙古軍來到琉球外海，遭遇到強大颱風的襲擊。這群蒙古勇士還未到戰場，卻被老天打敗了，颱風第一次「保衛」

明治六年（即西元一八七三年）八月二十日，日本政府發行了一套「大日本帝國通用紙幣」。其中，一日圓紙幣的背面主景圖案，描繪的是日軍擊潰中國元朝軍隊的戰爭場面。

了日本人民。但忽必烈並不甘心，西元一二八一年，他又一次派兵東征。也許是他太自傲了，不但不接受教訓，反而選擇了與上一次出征同樣的季節。

　　後果可想而知，颱風又一次將蒙古軍隊打敗了。日本人早就聽說橫掃歐亞大陸的蒙古軍隊的強悍，因此得知他們東征，十分擔心會遭到滅頂之災，沒有想到老天幫忙，將強寇阻擋在了家門之外，這是多麼值得慶賀的事情，因此，他們就將以前帶來自然災害而現在卻讓他們避免了戰爭災難的颱風，視作「神風」。

　　再說元朝政府，經過兩次無功而返、遭到天譴的東征，他們不得不認真反思，最終決定與「神靈護佑」的日本友好相處。日本當時正是鐮倉幕府執政時期，他們也不願與強大的元朝對抗，於是借坡下驢，不再持敵對情緒，繼續兩國的友好往來。

　　古代人由於對科學知識的瞭解有限，把自然現象蒙上了神祕的色彩，所以才有了「神風」之說。

　　地理學的發展分為三個時期：古代地理學、近代地理學和現代地理學。

　　從遠古至十八世紀末，是古代地理學時期，以描述性記載地理知識為主，所記載的知識多是片段性的，缺乏理論體系。這時期的主要成就有中國

的《尚書・禹貢》、《管子・地員》、《山海經》、《水經注》等，都是世界上早期地理學史料；到了後期，歐洲湧現出哥倫布、麥哲倫、達・伽馬等地理探險家，促成了地理大發現，推動地理學發展。

十八世紀末十九世紀初，地理學出現了一個重要轉折，進入近代地理學時期。此時期的標誌是德國洪堡的《宇宙》和李特爾的《地學通論》兩書問世。

近代地理學經過了十九世紀初到二十世紀五〇年代，這段時間內學派林立，部門地理學蓬勃發展。例如洪堡在自然地理學、植物地理學方面奠定基礎；美國的大衛斯和德國的彭克分別創立「侵蝕輪迴學說」和「山坡平行後退理論」，標誌著地貌學建立；英國華萊士對世界動物進行區劃；李特爾和拉采爾建立人文地理學等。

從二十世紀六〇年代起，地理學進入現代地理學時期。這是現代科技革命的產物，並隨著科技發展而進步。此時期的標誌性事件是地理數量方法、理論地理學的誕生，以及電腦製圖、地理資訊系統、衛星的應用。

現代地理學具有統一性、理論化、數量化、行為化和生態化的特點。由於世界各地經濟開發和環境保護的需要，地理學成為一門有著堅實理論基礎的基礎性學科，也是與生產實踐密切聯繫的應用性學科。

小知識

沈括（西元一〇三一年～西元一〇九五年），北宋科學家、改革家，精通天文、數學、物理學、化學、地質學、氣象學、地理學、農學和醫學，晚年撰寫了筆記體巨著《夢溪筆談》。

尋找「黑金」的人
關注地理學的研究對象

地理學的研究對象是地球表面。地球表面是地球各個層圈相互交界的介面，具有一定面積和厚度。在地球表面，各種自然現象和人文現象共同形成宏大的地表綜合體。

威廉·史密斯十五歲時，成為一名尺規工。尺規工是土地測量員的助手，是一個苦差事，需要長年累月在山林曠野間奔波，飽受風吹雨淋。但是年少的史密斯沒有被艱苦的工作嚇倒，反而磨練了意志，累積了經驗。

有一次，史密斯跟隨測量隊在英國南部某一礦山工作。當時，人們還不瞭解煤的形成，更不清楚蘊藏煤的地質結構，所以採煤是一項盲目性很大的工作。史密斯在礦區工作後，礦工們自然與他談到這一問題。於是，史密斯在測量工作之餘，開始仔細觀察煤層的圍岩和上下地質的特徵。

經過一番細心觀察，史密斯發現煤層附近往往有一些含有植物化石較多的地層，於是他認為可以把某些特定植物化石的地層做為找煤的依據。而且他進一步研究發現，在煤層上面有一層不含化石的紅土層，在紅土層上面是富含貝殼類化石的沙石層，也就是說，如果能夠找到沙石層挖下去，就會找到煤礦！

史密斯把自己的發現告訴礦工，這些人按照他說的去做，果然屢試不爽。

對於煤層的研究，極大地鼓舞了史密斯，使他對地層和古生物王國有了更濃厚的興趣。後來他被提升為正式測量員，這給了他更多的研究機會。一

次，他在參與開鑿運河的工程中，挖出了各式各樣的化石，有菌石、貝殼類化石等。有了上次找煤的經驗，史密斯立刻想到這些化石可能與某種地層有關。

在接下來的歲月中，史密斯致力於地層與化石的研究，經過十二年的野外實踐和不斷思考，他提出了「把含有相同化石的地層看做是同一時期形成」的理論。對於一位年僅二十七歲的土地測量員來說，發現了尚未被當時地質學界知曉的問題，實在是一個奇蹟。

然而史密斯並不止步於此，他開始更深入地鑽研，在運河沿岸，他觀察了大量岩石，發現沉積岩中的化石，從底部到頂部按照特定的規律和次序排列。這種次序在其他岩層中也同樣存在，甚至在英國其他地區也是如此。根據這一發現，他得出了結論：每一地層含有特定的化石或化石組合，並可以以此來與其他地層相區分，這就是著名的「化石層序律」。這一理論的提出，震動了整個英國地質學界。

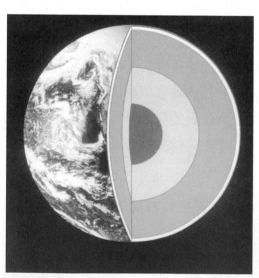

地球岩石圈示意圖。

長期的實踐和研究，為史密斯儲備了大量的第一手資料。一八一五年，他繪製完成的世界上第一幅地質圖正式出版。由於在地質學方面做出了卓越的貢獻，史密斯被尊稱為「英國地質學之父」。

史密斯的努力探索，引出了地理學的研究對象問題。簡單地說，地理學就是研究地球表面的科學。那麼什麼是地球表面？它又包括哪些內容呢？古往今來，無數地理學者

奔波在地球上，曾經用「地理殼」、「景觀殼」、「地球表層」等術語稱呼地球表面。如今地球表面有了科學的定義，它是地球各個層圈相互交界的介面，具有一定面積和厚度。在地球表面，各種自然現象和人文現象共同形成宏大的地表綜合體。它具有以下特徵：

第一，地球表面由五個同心圈組成，分別指大氣圈、岩石圈、水圈、生物圈和人類圈。這些層圈組成了地球表面這個綜合體，岩石圈、大氣圈和水圈是無機物質，是最早出現的；生物圈及其相關的土壤，是在無機圈基礎上發展起來的；人類是在生物圈發展過程中的產物。

第二，地球表面是不均一的，存在明顯的區域分異。這種現象主要由於太陽能分佈不均和地球內能分佈不均所造成。人類是在一定環境下生存和發展的，因此人類社會也存在明顯區域差異，比如文化差異、人種差異。

第三，地球表面是不斷變化的。地球表面形成過程中，大陸和海洋幾經變遷、生物由海洋發展到陸地、由簡單到複雜……自然地理的變化影響到人文地理，人文地理又反作用於自然地理。尤其是現代工業化社會，人類活動深刻地影響著地球表面，比如過度砍伐、污染、沙漠化加重、人口急遽增加、消耗大量資源等。

小知識

徐霞客（西元一五八七年～西元一六四一年），名弘祖，字振之，號霞客，明代偉大的地理學家、旅行家和探險家。他撰寫的《徐霞客遊記》開闢了地理學上系統觀察自然、描述自然的新方向，是中國古代系統考察地貌、地質的地理名著。

日蝕帶來和平
是地球表面層圈關係的代表作

地球表面是由大氣圈、岩石圈、水圈、生物圈和人類圈組成的綜合體，各層圈之間相互作用、相互影響。

「天狗吃月」是中國流傳很廣的傳說，無獨有偶，在國外的很多地方也流行魔鬼吃掉太陽的說法，其實指的都是日蝕現象。因為古人缺乏科學知識，不能解釋為什麼會發生這種現象，所以才有了許多奇怪的說法。令人稱奇的是，古希臘科學家泰勒斯曾巧妙地利用日蝕這一自然現象，結束了一場曠日持久的戰爭。

故事的起因是這樣的：西元前六世紀，在安納托利亞高原上，即今天的土耳其境內，生活著好幾個部落組織。一次，米底王國聯合兩河流域下游的迦勒底人，攻佔了亞述的首都尼尼微，亞述的國土被瓜分。米底佔領了今天伊朗的大部分地區，但他們還不滿足，打算繼續向西擴張。在西進途中，他們遭遇到呂底亞王國的頑強抵抗。兩個國家誰也不肯認輸，在哈呂斯河一帶展開了拉鋸戰。

這場戰爭持續了五年之久，雙方的怨恨不但沒有削減，反而與日俱增。殘酷戰爭使得百姓們陷入苦難深淵，流離失所，無家可歸。

當時的希臘有一位著名科學家叫泰勒斯，他不僅精通哲學、數學，還對天文有著深入的研究。他見戰火不停地燃燒，危害著人類的安全，便決心制止這場慘烈的爭鬥。經過仔細思考和推算，泰勒斯發現西元前五八五年五月二十八日這天，當地將會出現日全蝕，於是他想：「如果利用這次日全蝕，

一定可以阻止戰爭持續下去。」所以他開始四處宣傳：「蒼天已經震怒，如果人間再不結束爭鬥，祂將會收回太陽，讓大地永遠失去光明，讓人類永遠生活在黑暗之中。」

一開始，交戰雙方都不以為然，他們都認為上天是自己的庇護者，一定不會為難自己，所以他們根本聽不進泰勒斯的話，仍然我行我素，愈戰愈烈。

五月二十八日很快來到了，這天雙方仍在戰場激戰，打得難解難分。忽然間，天空出現了一團黑影，猶如神靈指揮一般，闖入光芒四射的太陽中間。這時大地上的陽光慢慢減弱，彷彿黃昏來臨，本來溫暖的和風變得涼爽了起來，動物也開始躁動不安。不一會兒，黑影將太陽全部吞沒了，剎那間天昏地暗，大地上猶如黑夜籠罩，漆黑一片，天上閃現出點點星辰。

在日全蝕期間，人們可以看到太陽的外層大氣。這層大氣被稱為日冕，顏色像白色的珍珠，有纖維狀的羽毛似的特徵物，所以古埃及人把太陽看做是有翼的。

白天消失了，交戰雙方陷入了茫茫黑暗中，他們恐慌起來，紛紛扔下手裡的武器，有些人還跪在地上不停祈禱。

就在戰鬥停止的瞬間，天空又出現了奇異的現象，剛才被黑影吞去的太陽又被慢慢「吐」了出來，很快地，大地又恢復了光明。

這種神奇的變化徹底震驚了交戰雙方，他們想起了泰勒斯的警告，並且認為不能繼續違背蒼天的旨意了，停止戰鬥才是唯一的出路。於是，雙方首領同意握手言和，並擇日簽訂了永久恪守的和平契約。

就這樣，泰勒斯利用了日蝕這種天文現象，聰明地平息了雙方這場曠日持久的戰爭。

從天上到地下，從日蝕到戰爭，看似互不關聯的事物為何會糾纏到一起呢？這就不得不提到地球表面的五個層圈之間的關係了。

前文說過，地球表面是五個層圈的綜合體，這五個層圈分別是大氣圈、岩石圈、水圈、生物圈和人類圈。

大氣圈，也叫大氣對流層，主要由氣態物質組成，也包括部分液態水和固體顆粒。對流層與地面和水面接觸，其中的各種要素都會受到下墊面的強烈影響。也就是說，大氣圈與其他層圈之間有著互相作用、互相影響的關係。

岩石圈，上部主要由固體物質組成，包括部分氣態、液態物質和微生物。岩石圈是生物和人類賴以依附的場所，在這裡，各層圈之間互相作用、影響最為集中。

水圈，主要由液態水組成，包括海洋、陸地地表水和地下水。地球表面物質和能量不斷循環，水圈在這過程中起著重要作用，同時，水還是生物和

人類生存的基礎。

　　生物圈，是有生命活動的層圈，包括植物、動物和微生物。生物圈與大氣圈、岩石圈上部、水圈交錯存在，共同組成一個複雜而巨大的自然綜合體。

　　人類圈，是地球表面形成和發展過程中的一個重要產物。人類透過無與倫比的智慧和勞動，不斷地影響、改造著其他的層圈，進而創造了獨一無二的新世界，這就是人類圈。人類圈以獨有的方式與其他層圈共存，互相影響，互相作用。

小知識

張衡（西元七十八年～西元一三九年），字平子，東漢時期偉大的天文學家、地理學家、製圖學家、數學家，為天文學、機械技術、地震學的發展做出了不可磨滅的貢獻。由於他的突出成就，聯合國天文組織曾將太陽系中的一八〇二號小行星命名為「張衡星」。

水滴石穿的教訓體現了岩石圈特色

岩石圈的三大類岩石：岩漿岩、變質岩和沉積岩不斷循環轉化，形成了我們看到的山川、盆地等地貌特徵。

北宋時期，有一位大臣叫張詠，又名張乖崖。此人做縣令期間，做了一件流傳後世的事，並留下了「水滴石穿」這句成語。

關於這件事，還要從他三十五歲時到崇陽縣做縣令說起：張乖崖就任的崇陽縣，當時的社會風氣很差，盜竊成風，就連縣衙的錢庫也屢屢遭受失竊之苦。張乖崖上任後，決定狠狠整治一下這股歪風。

一天，張乖崖到衙門周圍巡行，不知不覺來到錢庫門口。說來也巧，他剛停住腳步，就見一個管理錢庫的小吏慌慌張張地從裡面走了出來，正好與他撞了個正著。

張乖崖連忙喊住他：「為何如此慌張？」

小吏頭也不抬，嘟囔道：「沒什麼。」

張乖崖是一個有心人，他聯想到錢庫經常失竊的事，便懷疑可能是庫吏監守自盜，於是命令隨從人員搜查這名庫吏。

果然，隨從在庫吏的頭巾裡搜出一枚銅錢。古代男人留長髮，並且盤成髮髻，然後用布包住，用繩子紮起來。這個庫吏把銅錢藏在了頭巾裡。

張乖崖立刻升堂審問庫吏。庫吏供認不諱，承認是自己偷盜了一枚銅錢，但他覺得沒必要小題大做，於是滿不在乎地說：「不就是一枚銅錢嗎？何必如此大費周折。」

　　張乖崖走到庫吏面前義正詞嚴地說：「錢雖然只有一文，可是這是公家的錢。你做為錢庫看守者，利用職務之便盜取，就是大錯！」說完，他命人打庫吏板子。

　　為了一文錢挨板子，庫吏相當不服氣，公然叫嚷起來：「一文錢有什麼了不起，你雖然可以命人打我，卻不能殺我！」

　　張乖崖見庫吏不知悔改，不由得勃然大怒，他轉過身去，果斷地抓起案上的硃砂筆，當即寫下十六個字的判詞：「一日一錢，千日千錢。繩鋸木斷，水滴石穿。」寫完後，他把判詞扔給庫吏，然後吩咐衙役把庫吏押到刑場，斬首示眾。

　　從此以後，崇陽縣的偷盜之風漸漸消失，社會風氣大大好轉。

　　水為什麼可以洞穿岩石？有很多種解釋，比如有人認為是長久堅持的結果，有人認為是水中的碳酸溶解了岩石，還有人認為水滴落下時，產生了強大的壓力。不管哪種解釋，有一點我們都沒有注意，就是岩石的特色。

　　岩石是岩石圈中的主要物質，包括岩漿岩、變質岩和沉積岩三類。岩漿岩是在地球內部壓力下，岩漿沿著岩石圈薄弱地帶侵入岩石圈上部，或者噴出地表，冷卻凝固而成。岩漿岩裸露在地表，經過風吹日曬以及生物作用，會分解成沙礫、泥土，這些物質在風、流水作用下，形成沉積岩。沉積岩如果在一定溫度和壓力下會發生變質，就是變質岩。

　　當岩石在岩石圈深處或者岩石圈以下，發生重熔再生作用時，又會變成新的岩漿。這些岩漿可以再

噴出地表的岩漿。

次形成岩漿岩、沉積岩、變質岩。如此周而復始，使岩石圈的物質總是不斷循環轉化。

岩石圈物質循環在地表留下的痕跡，形成了我們看到的山川、盆地等地貌特徵。

岩石圈是現代地理學中研究最多、最詳細、最徹底的一部分，主要分為六大板塊：歐亞板塊、太平洋板塊、美洲板塊、非洲板塊、印度洋板塊和南極洲板塊。

一九一四年，巴雷爾最早提出岩石圈概念，包括地殼和上地幔上部。由於這兩部分全部由岩石組成，所以地質學家統稱為岩石圈。

地殼分為大陸地殼和大洋地殼，只佔地球體積的千分之八。地幔是地球的主要組成部分，約佔地球體積的百分之八十二，位於地核之外，是由巨厚矽酸鹽構成的層圈，而構成岩石圈的地幔上部主要由橄欖岩類組成。

瞭解了岩石圈的主要特色和岩石的形成過程，所謂的「水滴石穿」，也就不足為怪了。

小知識

郭守敬（西元一二三一年～西元一三一六年），字若思，元朝的天文學家、數學家、水利專家和儀器製造專家。他修訂的新曆法——《授時曆》，通行三百六十多年，是當時世界上最先進的一種曆法。國際天文學會以他的名字為月球上的一座環形山命名。

大禹治水充分利用地形特點

地形，指的是地物形狀和地貌的總稱，也就是地表上各種固體性物質呈現出的高低起伏的狀態。地表起伏的大體趨勢，被稱作地勢；地表起伏的形態叫地貌，包括山地、高原、平原、丘陵、盆地五類。

我們都要飲水、洗澡、洗衣和做飯。大部分時間，水是非常溫和而友善的。但是，如果水無情肆虐，也會造成水患，給人類帶來災難。中國是地球上水災頻發的地區之一，早在四千多年前國人已經懂得對水患加以治理了。

那時，中國從原始社會向奴隸社會過渡，處於父系氏族公社時期，生產力極其落後，加上年年水災，弄得民不聊生，人口迅速減少。

堯管理天下的時候，為了治理水患，召集各個部落首領一起商量對策，首領們一致推薦鯀去治理洪水。

鯀受命後，認為用堵的方法可以對付洪水，於是他帶領人們築起土圍牆，一旦洪水來襲，就不斷加厚加高土層。可是洪水凶猛，土牆難以抵擋得住，結果他治水九年，不但沒有制服洪水，還讓百姓遭受了更大的損失。

二十年後，舜接替了堯的職位，成為新的天下共主。舜認為鯀治水不利，有罪於百姓，就把他處死了，並命令鯀的兒子禹繼續治水。為了方便禹治水，舜還調集了一些部落首領進行協助。

禹一開始學習父親的策略，採用防堵的辦法。可是他發現，被堤壩攔截的洪水反而威力更大，而且毀壞力驚人。試了多次之後，他終於明白了一個道理：只用堵的辦法是行不通的，如果該堵的堵，該洩的洩，讓水順著地

大禹治水畫像石。

勢往低處流，自然會把水引出去。於是他開始勘測各地的地勢高低，順著水流的方向開挖河川，疏導河道，引水入海。

為了考察水源和地勢，禹和他的助手們翻山越嶺，餐風宿露，歷經千般辛苦，走遍中華大地。在瞭解了各地的水情後，禹便根據具體情況制訂治理水患的方案。當時跟隨他治水的百姓有二十多萬人，他們拿著各種簡陋的工具，早出晚歸，任勞任怨地忙碌在治水的第一線。

有一次，禹和他的治水團隊路過河南洛陽南郊，看到一座東西走向的高山，在山的中段有股細流從天然缺口處緩緩流出，似乎沒有什麼危害。可是當地人告訴禹：「一旦發生特大洪水，水流就會被大山擋住去路。這時缺口處就會形成旋轉的渦流，如此一來，當地百姓就會遭遇大劫難。」

禹聽了這個情況，察看山勢之後，立即決定從缺口處劈開大山，加寬水流的通道。要想劈開一座大山談何容易，何況當時還沒有進入鐵器時代，困難程度可想而知。然而，禹和參與治水的所有人都沒有退縮，為了不讓百姓遭難，他們不怕苦不怕累，舉起用石頭、木頭、骨頭等製作的工具，硬是將山一劈為二，引流洩洪，進而保障了當地百姓的長久安寧。

大禹治水，順勢利導，在於他瞭解地形的特點。地形，指的是地物形狀和地貌的總稱，也就是地表上各種固體性物質呈現出的高低起伏的狀態。地表起伏的大體趨勢，稱作地勢；地表起伏的形態叫地貌，包括山地、高原、平原、丘陵、盆地五類。地形並非一成不變，而是隨著內力和外力的共同作用，時刻發生變化。其中，在外力作用下可以形成河流、三角洲、瀑布、沙漠等。

地球上七大洲的地形各具特色：

歐洲地勢低平，以平原為主，是世界上海拔最低的洲。

亞洲的地形非常複雜，主要特點是中部高、四周低，高原、山地佔據中部廣大地區，約佔全洲面積的四分之三，平原分佈在周圍地區。

非洲的地形以高原為主，起伏不大，因此又稱「高原大陸」。

美洲地形也比較複雜，由山地、高原和平原組成，西部多高

世界地形圖。

山，中部是廣闊的平原，東部是高原。

大洋洲與美洲地形類似，也由三大地形組成，中部是平原，西部是高原，東部是山地。

南極洲終年覆蓋厚厚的冰雪，平均海拔超過二千公尺，是世界上海拔最高的洲。

除了陸地，地球上遍佈四大洋，構成了海底地形。海底地形包括兩大類：

1、大陸棚。大陸向海洋延伸的部分，構成了大陸棚，其海區靠近大陸，深度一般超不過二百公尺。大陸棚的外緣有一個巨大的陡坡，叫做大陸坡，水深從幾百公尺猛增到幾公里。

2、大陸坡以外到達大洋底部，其中靠近大陸坡的海底往往分佈著深深的海溝，海底大部分地區都是廣闊的洋盆，中央綿延著長長的海嶺。

 小知識

裴秀（西元二二三年～西元二七一年），字季彥，中國魏晉時期傑出的地圖學家。李約瑟稱他為「中國科學製圖學之父」，與古希臘著名地圖學家托勒密齊名。

老馬識途在於熟記地貌特徵

地貌特徵，是指在一定區域內的地面狀況以及基本特徵。根據地表形態規模大小，分為全球地貌、巨地貌、大地貌、中地貌、小地貌、微地貌等。

春秋時期，諸侯爭霸，割據一方，偏遠地區的少數民族也趁機襲擾邊境，掠奪中原財物。一次，北方的山戎進攻燕國，燕國國王派人去齊國求救。齊桓公聽從管仲的意見，親自率領大軍前來解救。

可是當齊軍趕到燕國時，山戎早已搶劫完財物，逃得無影無蹤了。於是，齊桓公就聯合燕國，還有山戎的仇敵無終國，一同向北追擊逃跑的敵人。

山戎知道寡不敵眾，向孤竹國求救。孤竹國當然也不敢拿雞蛋去碰石頭，他們想了一個計策，想把聯軍引入「迷谷」，那裡是一望無際的沙漠，進去的人根本無法辨別方向。一旦聯軍進入圈套，那麼就不費吹灰之力，讓其束手就擒。

果然，聯軍中了孤竹國的詭計，被引入到茫茫沙海，很快就迷失了方向。那時候，天已經黑了下來，寒風刺骨，凍得士兵們瑟瑟發抖，好不容易熬到天亮，卻發現不少人馬已經走失了。齊桓公帶領大部隊轉來轉去，怎麼也找不到出路，走不出這個變幻莫測的迷谷。

眼見情況越來越不妙，如果大軍再不找到走出迷谷的路，就會困死，導致全軍覆沒。在這危急時刻，管仲突然想到，狗即便離家再遠，也能夠順利地尋找到家，既然狗能認得來時候的路，想必軍中的戰馬也能夠記路，特別

是那些征戰沙場多年的老馬，一定認識路途。於是，他就對齊桓公說：「大王，我聽說很多老馬都有認路的本事，既然無終國的很多戰馬都是從山戎買來的，牠們肯定認得回山戎的路。我們不妨精選幾匹無終國的優良戰馬，讓牠們在前邊帶路，這樣就可以帶領我們走出迷谷了。」

齊桓公聽後，半信半疑，抱著試試看的心理，點頭同意。得到齊桓公的允許，管仲立刻叫來無終國的將領，挑選出幾匹隨軍多年的老馬，把韁繩解開，任由牠們自由行走，而齊桓公則率領大軍緊隨其後。說來神奇，這些老馬好像經過商量了一樣，都步調一致地朝同一個方向前進。就這樣，大軍跟隨著幾匹老馬繞來轉去，最後順利地走出了茫茫沙漠，找到了山戎的藏身之地，一舉擊潰了他們。

經過這件事，大家更加佩服管仲的智謀了，「老馬識途」這個成語也因此廣泛流傳了下來。

老馬識途，在於熟記四周的地貌特徵。地貌特徵，是指在一定區域內的地面狀況以及基本特徵。每個區域的地貌特徵都不一樣，根據地表形態規模大小，分為全球地貌、巨地貌、大地貌、中地貌、小地貌、微地貌等。大陸和洋盆是地表最大的地貌景觀，較小的有沙波、沙壟、潮水溝、石窩等。老馬識途，正是記住了這些微地貌特徵。

中國地貌的總體特徵是西高東低，自西向東，形成一個層層

丹霞地貌。

降低的階梯狀斜面，包括山地、高原、丘陵、盆地、平原五大基本類型。

在世界上，有許多非常著名的地貌類型，例如丹霞地貌、剛果盆地、安第斯山脈等。丹霞地貌，是指一種有著特殊地貌特徵，與眾不同的紅顏色的地貌景觀。丹霞主要由紅色砂岩和礫岩組成，如同深紅色的霞光，故而得名。二〇一〇年八月，「中國丹霞」正式列入《世界遺產名錄》。

地貌是自然地理環境的重要要素之一，對人類生產和生活影響深刻。雖然地貌可以做為一個區域的特徵，但是地貌也會變化，其發展變化的物質過程叫做地貌過程。這個過程包括內力和外力兩種營力。地貌也可以稱作地形，不過這兩個概念在使用上存在區別。比如地形圖，一般指比例尺大於1：100萬，著重反映地表形態的普通地圖；而地貌圖，則主要是反映地貌形態成因，或者某一地貌要素的專題地圖。

小知識

徐光啟（西元一五六二年～西元一六三三年），明末科學家、農學家、政治家、數學家、軍事家，中西文化交流的先驅之一，是上海地區最早的天主教徒，被稱為「聖教三柱石」之首。他在天文學上的成就主要是主持曆法的修訂和《崇禎曆書》的編纂。編著《農政全書》、譯有《幾何原本》、《泰西水法》等。

受到歡迎的總統密友
探訪地形、氣候與植物的關係

植物地理學，也叫地植物學，主要研究植被的空間分佈規律，植被的組分、性質的分佈類型，及其形成原因、發展動態及應用等。

一七九六年，亞歷山大‧馮‧洪堡的母親去世，他繼承了一筆客觀的遺產，終於能夠實現自己周遊世界的夢想了。經過幾次嘗試失敗後，亞歷山大‧馮‧洪堡最終得以受雇於西班牙國王，並於一七九九年夏到達美洲。初次來到這新發現的南美洲大陸，大自然的一切都令他感到好奇。

亞歷山大‧馮‧洪堡在這片土地上旅行了五年，高山大川都留下了他攀登的足跡。從野獸隱沒的原始密林，人跡罕見的熱帶草原，到藏匿於河床下、洞穴裡的未開化的原始部落，他都進行了造訪。為了考察厄瓜多爾境內的一座火山，收集從地球內部釋放出來的氣體，他一再冒險走下活火山口中的深處。經過仔細觀察和研究，他斷言花崗岩、片麻岩和其他結晶岩都是火成岩。

他在委內瑞拉最大的奧里諾科河上划船行駛二千公里，對大部分無人居住的森林區進行了測量製圖，證實該河經由一條支流與南美第一大河亞馬遜河相通。不僅如此，亞歷山大‧馮‧洪堡還攀登了厄瓜多爾的最高峰欽博臘索山，登上海拔約五千八百七十八公尺的高處，創造了新的登山最高紀錄。在高山峻嶺之中，他用空盒氣壓錶測定高度，用溫度錶測定氣溫，用磁力儀測定地球磁場，觀察熱帶山區的氣溫、氣壓、植物和農業隨高度不同而明顯變化的有趣現象，並且指出氣候不僅受緯度影響，還與海拔高度、離海遠

近、風向等因素有關。首創了等溫線、等壓線的概念，並且繪製出了世界等溫線圖。

這次中、南美洲的旅行考察，總行程達六萬五千公里，相當於繞行地球一圈半的長度，成了亞歷山大・馮・洪堡開創一生偉大事業的轉捩點。

從美洲歸來時，亞歷山大・馮・洪堡受到了英雄般的歡迎。與他交往的人中包括約翰・沃爾夫岡・馮・歌德、美國總統湯瑪斯・傑佛遜及許多其他的國家政要，以及世界著名的科學家、藝術家和學者

亞歷山大・馮・洪堡畫像。

等。後來，美國總統傑佛遜與他成為密友，兩人終生關係密切。

亞歷山大・馮・洪堡終身未娶，回柏林後常住其兄之家。從一八三四年起，他每天伏案十幾個小時，致力於一生艱苦跋涉和辛勤研究的結晶——《宇宙》一書的著述。該書共五卷，第一卷於一八四五年出版，當時他已七十六歲了；第五卷則是在他死後根據他遺下的大量筆記於一八六二年付印的。該書將亞歷山大・馮・洪堡一生所有的鑽研和發現都彙集在一起，其內容像書名一樣廣泛而豐富。雖然政治動亂妨礙他的工作，但他仍著述不輟，直到離世。

亞歷山大・馮・洪堡去世後，被授予了國葬的待遇。他不僅僅是德國的瑰寶，也是世界之瑰寶。

亞歷山大・馮・洪堡一生貢獻卓著，尤其在植物地理學領域，揭示了植物與地形、氣候的關係問題。植物地理學，也叫地植物學，主要研究植被的

空間分佈規律，植被的組分、性質的分佈類型，及其形成原因、發展動態、應用等。

植物地理學與生態學、地質學、古生物學、土壤學密切相連，透過這些學科的研究，可以幫助認識植物和植被的分佈現象。

目前，隨著科學理論、研究手段的更新，植物地理學也面臨變革，呈現兩個趨勢：一是，由定性走向定量；二是，描述與實驗配合。

首先，在植物區系研究中，為了獲得可靠的、有意義的資料，不僅需要繪製種的分佈區，還要對植物群落，定量地估算、定量地鑑定，要求廣泛採用統計技術，使調查分析結果更精確。

其次，隨著電腦的推廣使用，為植物地理學研究搜集、儲存和處理巨大容量資料提供了可能性。因此一些植物地理學者開始藉助電腦，致力於建立和檢驗理論模型，根據模型進行植被類型與動態預測研究。

 小知識

阿那克西曼德（西元前六一〇年～西元前五四六年），古希臘哲學家，繪製世界上第一張全球地圖的人。他認識到天體環繞北極星運轉，所以他將天空繪成一個完整的球體，從此，球體的概念首次進入天文學領域。

好大喜功的隋煬帝
開鑿大運河貫通水系連接

水系，指的是地表徑流在地表侵蝕後，形成的河槽系統。根據水系形狀，可分為樹枝狀水系、扇形水系、羽狀水系、格子狀水系和平行狀水系。

京杭大運河貫穿大江南北，南邊穿越長江，流經江蘇、浙江兩省，北邊跨過黃河，流經山東、河北，煙波浩渺，浩浩蕩蕩，綿延上千里。它是人類文明的重要遺產，也是中華民族引以為傲的偉大工程。但是，開鑿京杭大運河卻給勞動人民帶來一場災難。

最早開鑿大運河，是在隋朝時期。隋煬帝楊廣當了皇帝沒多久，便於西元六〇四年開始，徵調大批民工，舉全國的財力，興建龐大的運河工程。究竟隋煬帝為什麼要急著開鑿一條運河呢？這其中的原委和一段傳說有關。

相傳，當時有一個會看天象的大臣，叫耿純臣。一天，他來拜見隋煬帝，上奏道：「臣夜觀天象，發現睢陽不時有王氣隱隱吐出，直上衝於房心之間，此名為天子之氣。由於事關

隋煬帝畫像。

國家運數，臣不敢不奏聞。」

隋煬帝聽了這話，連忙讓他詳細解釋。

耿純臣得到允可，立刻搖頭晃腦，煞有其事地陳述起來，他說：「氣有多種，如果是紅黃二色，似煙非煙、似雲非雲，看起來具有龍形的，這叫做瑞氣。一旦瑞氣出現，那麼人君一定會有祥瑞之事。如果氣是白色的，像棉絮一般，晦昧不明，似有似無，這叫做妖氣。妖氣出現時，天下註定有大喪事，發生兵變。如果氣是中赤外黃，猶如絲縷，似乎隨風就能飛舞，這叫做喜氣。喜氣出現，看到的人會有非常之喜。還有一種氣叫勝氣，如同赤光沖天，狀若長虹，遇到勝氣，預示天子將威服四海。另外，還有屍氣，這種氣……」

聽到這裡，隋煬帝不耐煩了，催促耿純臣：「你說了這麼多，天子氣到底是怎麼回事？」

耿純臣不慌不忙，改口而言：「這天子氣嘛，是獨一無二的，具備青、黃、赤、白、黑五種顏色，或者結集為龍形，或者散開似鳳形，唯有此氣，才算得上天子氣。」

隋煬帝說：「你說睢陽有天子氣，那裡是不是要出天子？」

耿純臣不敢正面回答，含糊地說：「自古以來賢明朝代的更迭，多以五百年為期。如果以此推論，五百年後，當地肯定有聖人誕生，所以臣請陛下早早修德禳之。」

「如何『修德禳之』？」隋煬帝感到很棘手。最後在諸多親信幫助下，想出了辦法：開鑿運河，穿過睢陽，如此一來，可以鑿穿「王氣」。也就是利用大運河，洩一洩睢陽的「王氣」。

於是，隋煬帝強征幾百萬民工修築運河，結果，成千上萬的民工慘死在運河工地上，因而招致民間積怨深重，最終直接導致了隋朝的過早覆亡。運河不但沒有洩掉「王氣」，反而促使自己早死，這是隋煬帝說什麼也想不到的。

關於京杭大運河的開鑿，有多種說法，這裡我們不去追究隋煬帝的功過得失，單從運河的作用來看，其意義不容忽視。

大運河北與海河相連，南與錢塘江相接，將海河、黃河、淮河、長江和錢塘江五大水系，連成了統一的水運網，這是一個奇蹟，促進了各地交流，推動文化和經濟的發展。

水系，指的是地表徑流在地表侵蝕後，形成的河槽系統。簡單地說，流域裡所有的河流，構成脈絡相通的系統，就叫河系或水系，包括幹流、支流、湖泊、沼澤、水庫、運河等。根據水系形狀，可分為樹枝狀水系、扇形水系、羽狀水系、格子狀水系和平行狀水系。

樹枝狀水系，是水系中最常見的一種，幹支流呈樹枝狀，一般在沉積岩和變質岩地區。

扇形水系，指幹支流組合而成的流域輪廓，狀如扇形。海河水系就是典型的扇形水系，這種水系匯流時間集中，容易造成暴雨災害。

羽狀水系，指的是幹流

樹枝狀水系。

兩側的支流分佈比較均勻，形似羽毛狀排列，這種水系匯流時間長，暴雨過後洪水過程較慢。中國西南縱谷地區，即是典型的羽狀水系。

平行狀水系，指的是近似平行排列匯入幹流的水系。中國淮河蚌埠以上的水系，就是這種水系。當暴雨天氣，暴雨中心從上游向下游移動時，容易發生洪水。

格子狀水系，指幹支流呈垂直相交狀態的水系，比如中國閩江水系。

除了上述幾種主要水系外，在世界上還分佈著梳狀水系、放射狀水系、向心狀水系等。

水系的特徵，可以從河網密度、河系發育係數、河系不均勻係數、湖波率和沼澤率幾方面來表示。比如湖波率和沼澤率越大，其對徑流調節作用就越明顯。

 小知識

約翰‧柯西‧亞當斯（西元一八一九年～西元一八九二年），英國天文學家，海王星的發現者之一。他的研究還涉及月球運動長期加速現象、地磁場、獅子座流星雨軌道等領域，曾獲得英國皇家天文學會的金質獎章。

逆流而上石獅子告訴人們水文特徵

水文特徵，指的是水的流量大小、泥沙的含量、有無結冰期等情況，具體包括：徑流量，含沙量，有無汛期（凌汛），有無結冰期，水能資源是否豐富。

俗話說「天下之大，無奇不有」，下面就來說一說中國古代發生的一樁怪事。

在清代時，滄州南面有一條水流湍急的沙河，河邊建有一寺廟，叫玄雲寺。在通往寺廟的河面上有一座由四根鐵索拉起的浮橋，而這四根鐵索分別固定在岸邊的兩對大石獸身上，每個石獸高約二公尺，重達數噸，威風凜凜地屹立在河岸邊。據說這廟裡的菩薩挺靈，故浮橋上前來燒香拜佛的善男信女絡繹不絕。

不料，某年一場百年不遇的特大洪水沖垮了浮橋，連帶著四個石獸也紛紛落入洶湧的波濤之中，不見了蹤影。很多年過去了，因為沒有了浮橋，玄雲寺的香火也大不如以前。

香客們非常著急，於是召集了周圍的村民商量集資，準備重修浮橋。一切準備就緒後，第一步是要把原來的四個石獸打撈上來。工匠們想，那麼重的石獸滾落到河中，肯定被埋在落入時河床下面的沙石中了，於是將船划到河中，在落入處不停地挖掘，但幾天下來連一個石獸也沒挖著，工匠們十分沮喪。

這時，有一位過路的遊客問明緣由後，取笑道：「你們也不想想，那麼多年過去了，這裡的水流又那麼急，石獸怎麼可能還在原地呢？早就被沖到

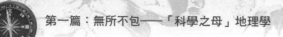

下游去了，你們在這蠻幹會有結果嗎？」

工匠們雖然覺得這個人話不中聽但卻有道理，急忙帶著工具，划著船慢慢向下游尋覓。奇怪的是，一連數日，他們沿河下行十多里，仍未找到石獸的半點蹤影。工匠們非常納悶，難道石獸長出了鰭游到大海裡去了不成？

正當他們一籌莫展之際，玄雲寺的方丈慧弦法師出來說話了：「大家何不到上游去看看，說不定石獸會在那裡！」

工匠們聽罷，嘴裡不說心裡卻在嘀咕：「法師怎麼會出這麼一個荒唐的主意，這麼重的石獸在湍急的河水裡，不可能逆水而上。」但由於慧弦法師的威望，工匠們還是半信半疑地駕船溯流尋找，幾天過去了，正當他們心灰意冷時，突然在距石獸落水上游約一里處發現了第一個石獸，這讓工匠們驚詫不已。

緊接著幾天，他們又在附近找到了另外三個石獸。眾人看著被撈上來的石獸百思不得其解，暗忖道：「莫非是玄雲寺的菩薩顯靈了，讓石獸逆水而上的？」望著人們疑惑的神情，慧弦法師不疾不徐道地出了石獸逆水而上的原因，大家聽後才恍然大悟。

其實這事說怪也不怪，道理非常簡單。

先說這沙河，水流湍急，從上游沖下來大量的泥沙。年復一年，沙河河床上淤積了大量的泥沙，河床也隨之而逐年升高。當石獸落入河中，它又硬又重，而泥沙卻比較鬆散，水沖不走石獸，但水的反作用力卻在石獸的下面產生了回流，使石獸靠近上游的泥沙被水沖刷形成了坑穴。這樣越沖越深，石獸失去平衡必定倒在坑穴裡。如此這般周而復始，石獸不停地向上游移動，於是就逆流而上了。

法師為什麼判斷石獅子會逆流而上呢？因為他懂得沙河的水文特徵。水

文特徵，指的是水的流量大小、泥沙多少、有無結冰期等情況，具體包括：徑流量，含沙量，有無汛期（凌汛），有無結冰期，水能資源是否豐富。影響河流水文變化的最主要因素是水源，即河流補給。

下面具體分析一下水文的變化特點：

1、水位、流量大小及其季節變化，是由降水決定的。當夏季降水豐沛時，河流流量增大，水位上升；冬季降水減少，水位隨之下降。降水的季節變化大，水位變化也會明顯。

2、汛期長短，隨著雨季長短而變化。雨季時間長，汛期長；反之，河流汛期短。

凌汛是由洪水氾濫引發的自然災害，河流有結冰期時，會產生凌汛現象，水流由低緯度流向高緯度，且水量較大。一般來說，內流河不會產生凌

黃河是世界上含沙量最多的河流。

汛現象，因為水量小，冬季有枯水期。

3、含沙量多少，是由河流流經地區的植被覆蓋情況和土質狀況決定的。植被覆蓋少，土質疏鬆的地段，河流含沙量大；反之，河流含沙量小。不過，內流河的含沙量一般與植被覆蓋率關係不大。

4、有無結冰期，是由河流流域內的氣溫決定的。很明顯，最低月氣溫在零度以下時，河流才結冰，零度C以上，當然無結冰期。

5、河水流速大小，是由地形決定的。地形起伏大，落差大，流速大；地形平坦，水流自然緩慢。

6、水能是否豐富，是由河流流量和水位落差決定的。流量豐沛、落差大，水能資源豐富；反之，水能資源差。

 小知識

埃拉托斯特尼（西元前二七五年～西元前一九三年），古希臘著名的哲學家、詩人、天文學家和地理學家，被譽為「地理學之父」。他除了在測地學和地理學方面的傑出貢獻外，還第一個創用了西文「地理學」這個辭彙，並用它做為《地理學概論》的書名。這是該辭彙的第一次出現和使用，後來廣泛應用開來，成為西方各國通用的學術辭彙。

六月飛雪的冤案
原來是降水分佈規律的特異現象

降水，通俗地說，就是從空中降落下來的雨、雪和雹的總稱。降水分佈有一定規律性，受到緯度、海陸位置、地形和洋流影響。

在元朝的時候，有一位出生於讀書人家的美麗小姑娘，從小替父抵債，嫁到一戶生意人家。不料婚後不久，姑娘的丈夫被一場大病奪去了性命，從此她成了寡婦，和婆婆相依為命過日子。這個姑娘的名字叫竇娥。

有一天，竇娥的婆婆蔡婆去向賽盧醫索債，沒想到賽盧醫不但賴帳，還差一點將蔡婆殺害。幸虧當地的惡棍張驢兒救下了蔡婆，才免掉了殺身之禍。張驢兒仗著自己救下了蔡婆，整日往蔡婆家裡跑，一來二去就看上了蔡婆的兒媳婦竇娥，於是就向蔡婆提出要娶竇娥。蔡婆哪肯將自己的兒媳婦嫁給這樣一個惡棍，因此硬是不答應。

張驢兒後來想了一個計策：毒死蔡婆，直接將竇娥帶回家。沒想到張驢兒準備好的毒酒卻陰差陽錯地被自己的父親喝掉了。毒死親生父親，狡猾的張驢兒準備將計就計，嫁禍給蔡婆。

事有湊巧，這時候蔡婆為了消災，主動給張驢兒送來了十兩銀子，讓他安葬父親。張驢兒一見，喜上眉梢，他立即拿著這十兩銀子做為證據，到縣衙去控告蔡婆，說她毒死了自己的父親，打算拿錢了事。

為了達到目的，張驢兒還賄賂了縣令。縣令在審訊的時候看蔡婆遲遲不招供，就要對其施以酷刑。善良的竇娥擔心婆婆年老體衰經不住折磨，只好承認自己毒死了張驢兒的父親，結果她被判了死刑。

感天動地竇娥冤。

竇娥被押赴刑場，喊冤受屈的她指天發誓，喊出了心底的冤屈，並發下三大願：血濺素練，六月飛雪，楚州大旱三年。

竇娥死後，她的話果然都應驗了，鮮血染紅了素練，三伏天大雪紛飛，楚州三年大旱。過了三年，竇娥的父親竇天章考取了狀元，在執行公務時路過山陽。一天深夜，竇天章在批閱公文時突然看到女兒竇娥來到了自己的面前，她滿臉淚痕地請求父親為自己伸冤昭雪。幾天之後，竇天章開堂審案，竇娥的冤案最終得以真相大白，張驢兒、縣令和賽蘆醫都得到了應有的懲罰。

故事中描述的「六月飛雪」歷來是人們心目中冤案的象徵。可是六月天為什麼會下雪呢？難道真是上天有眼體察民情？還是另有他因？

從地理學上講，「六月下雪」並非不可能的事，這取決於降水分佈的規律特性。降水，通俗地說，就是從空中降落下來的雨、雪和雹的總稱。我們知道各地的降水情況是不一樣的，受到地形、季節、氣候等多種因素影響。

從世界範圍來看，降水分佈有一定規律性：

1、降水受緯度位置影響，降水量由赤道向兩極遞減。因為赤道附近海水廣佈，空氣中水氣含量大。

2、降水量還受到海陸位置影響，在同一緯度的地區，沿海降水量要高於內陸地區。很明顯，沿海地區水氣較多，內陸地區水氣難以到達。

3、降水還受到洋流因素影響，比如南美洲阿塔卡馬沙漠雖然在太平洋東岸，年降水量卻不到〇‧一毫米，因為這個地方有寒流經過。研究發現，寒

流經過的地區降水量明顯減少，而暖流經過的地方雨量充沛。

4、降水受地形左右。地形的起伏會影響水氣流動，因此，我們可以看到迎風山坡與背風山坡，降水情況差異很大。

地形不但影響降水，還是降水形成的主要因素之一。下面我們從降水的形成過程，來解釋一下為什麼六月會下雪？形成降水需要三個條件：一，充足的水氣；二，暖溼空氣能夠抬升並冷卻凝結；三，有較多的凝結核。

當水氣在空中凝結後，一般距離地面三、四公里的距離。在這個高度上，水氣以雪花、冰雹、冷水的形式存在。冰雹不易融化，所以落到地面時，夏天經常見到。可是雪花在降落過程中，隨著溫度增高，很快融化變成雨水，所以夏天基本上見不到雪花。不過，由於夏天炎熱，冷暖氣流對流劇烈，這個時候，如果突起大風，迅速將含有雪花、冰雹的低空積雨雲拉向地面，在局部氣溫過低的情況下，出現短暫的「六月飛雪」，也不是不可能的。

小知識

克羅狄斯‧托勒密（約西元九〇年～西元一六八年），古希臘天文學家、數學家、地理學家和地圖學家。他長期進行天文觀測，一生著述甚多。其中，《天文學大成》（又稱《大綜合論》十三卷）主要論述了他所創立的「地心說」，此書被公認為天文學的標準著作，直到十六世紀哥白尼的「日心說」發表，「地心說」才被推翻。另一重要著作《地理學指南》（八卷）主要論述地球的形狀、大小、經緯度的測定，以及地圖的投影方法，是古希臘關於地理知識的總結。

「瞎操心」的杞人
不懂空間差異與空間體系

空間和時間，構成了宇宙。空間體系和空間的差異，構成了宇宙萬物。空間的不同體系帶有巨大的差異性，這種差異正是導致人類能夠在世界上存在的先決條件之一。

從前在杞國，有一個膽子很小，而且有點神經質的人，常常會想到一些奇怪的問題，說出來總讓人覺得莫名其妙。

某天，他在一棵大樹下乘涼的時候，突然對鄰居說：「如果有一天，天就像這棵樹一樣倒下來的話，我們豈不是都要被活活壓死了，那個時候我們連逃跑的地方都沒有，可怎麼辦才好呢？」鄰居聽了之後覺得很可笑，就沒有搭理他。

可是杞人自從有了這個想法之後，便從早到晚考慮著「天會不會塌下來、塌下來了之後要往哪裡跑」等問題。

過了幾天，杞人在回家的路上看到一戶人家的房子倒了，一個小孩被困在裡面，大家都在想辦法救人。看到這個景象，杞人更加擔心，他似乎看到某一天天真的塌下來了。這可怎麼辦？他越想越覺得可怕，每天也不去田裡工作，吃飯也吃不下去，睡覺也睡不好，真是坐臥不安，終日恍恍惚惚，魂不守舍。

杞人的鄰居瞭解事情的經過後，實在看不下去了，就主動對他說：「你何必為這件事自尋煩惱呢？天是不會塌下來的。再說，即便真要塌下來，那也不是你一個人憂慮發愁就可以解決的，想開點吧！」聽了鄰居的勸說，杞

人非但沒有改變想法，反而更加擔心了。從此以後，他好多年都對這個問題難以釋懷，由於心神不安，愈來愈消瘦，便染上了可怕的疾病，最終一命嗚呼。直到臨死的時候，杞人還在擔心天會不會塌下來。

這個故事後來濃縮為成語「杞人憂天」，特指那些自尋煩惱的人。杞人的擔憂到底有沒有道理呢？為什麼大家都不理解他呢？

何謂「天」？在地球的上空，有一層厚厚的大氣層。太陽光經過色散後，形成了紅、橙、黃、綠、藍、靛、紫七種顏色，其中藍、靛、紫三種顏色最弱，當太陽光穿過大氣層時，紅、橙、黃、綠四種光線很快穿過，而藍光、靛光大部分被大氣層扣留，被大氣層裡的浮塵、水滴擠來擠去，經過多次反射，把大氣層「染」成了藍色。

由此可見，天空只是大氣層，是不會塌下來的，杞人的擔憂毫無道理。不過，杞人的憂慮反映了人類渴望探索天空、瞭解空間的心願。我們常說「生活空間」一詞，在地理學上，空間指的是地球表面的一部分，人類生存在地球的空間環境中；地球存在於太陽系的空間環境中；太陽又存在於銀河系的空間環境

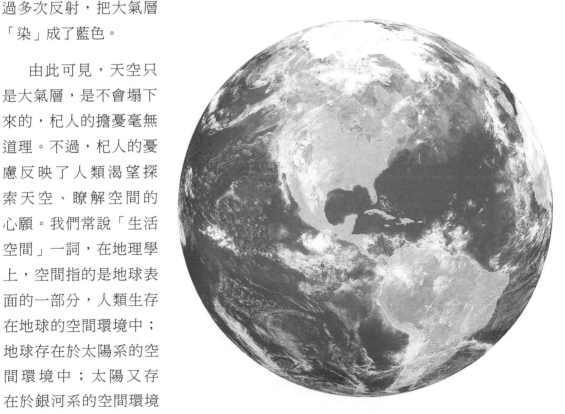

中。也就是說，脫離了一定空間，地球、太陽、銀河系就不是我們所指的具體的地球、太陽和銀河系了。

空間和時間，構成了宇宙；空間體系和空間的差異，構成了宇宙萬物。空間的不同體系有著巨大的差異性，這種差異正是導致人類能夠在世界上存在的先決條件之一。

隨著科技的發展，地理學研究逐步深入，空間問題也變得越發引人注目。二戰後，空間的位置意義、結構意義尤為突出，人類逐漸把空間體系做為自己生存發展的關鍵因素，來加以利用、開發和保護。

 小知識

伊曼努爾·康得（西元一七二四年～西元一八〇四年），德國哲學家、天文學家、「星雲說」的創立者之一，德國古典唯心主義創始人。一七五四年，他對「宇宙不變論」提出了大膽的懷疑。

從天而降的大火
歸罪於大氣環流模式

大氣環流是指地球上各種規模和形式的空氣運動綜合情況，其原動力是太陽輻射能。大氣環流把熱量和水分從一個地區輸送到另一個地區，進而使高、低緯度之間，海、陸之間的熱量和水分得到交換，調整了全球性的熱量、水分的分佈，是各地天氣、氣候形成和變化的重要因素。

一八七一年十月八日，對於美國芝加哥來說是非比尋常的一天。這一天，當人們像往常一樣工作、玩樂時，誰也沒有注意到災難即將降臨到自己的頭上。突然間，萬里無雲的天空像是蒙上了一層布，變得昏暗起來，誰也沒想到這是災難之前的預兆。就在這時，消防隊突然接到了消息，芝加哥城的東北方向有一棟房子起了火，可是消防人員還沒有做好救火的準備，另一個地方起火的通知又來到了，是在三公里外的聖巴維爾教堂。

接下來，更大的災難降臨了整個城市。城市的各個地方都相繼起火，就像是上帝的咒語般，沒有任何力量能夠阻止它向周圍蔓延。芝加哥城內靠近湖邊的一座金屬造船臺，被燒熔成一團，城內一尊大理石雕像也被燒熔了。就連芝加哥周圍的密西根州、威斯康辛州、內布拉斯加州、堪薩斯州，印第安那州的一些森林、草原也沒有逃脫這次的劫難，都被燒成了灰燼。

不幸中的萬幸是，起火的時間並不是夜裡，而是白天，因此，驚慌失措的人們顧不上其他，到處逃竄，以求保命。有幾百人集體逃到了郊區的一條公路上，在立足未穩之際，奇怪的一幕發生了，這群人莫名其妙地倒斃，無

一生還。

可怕的大火一直燒到第二天才漸漸熄滅，一夜之間，芝加哥城像被強盜洗劫了一樣，滿目瘡痍。這一次事件導致芝加哥城經濟損失高達二十多億美元，十二·五萬人無家可歸。

大火因何而起？事後，很多專家學者展開了調查。有一家報紙上刊登了火災起因，說是有一頭牛碰翻了煤油燈，點燃了牛棚，進而使火勢蔓延到整個小城，這種說法很快就遭到了專家們的否決，因為火災發生的地點並不集中，而是遍佈整個城市。

到底是什麼原因引起火災的呢？美國學者維·切姆別林經過長時間的研究，提出了「流星雨引火」的觀點。這種觀點的論據就是一八五二年曾有一顆已分裂成兩半的彗星，在衝破大氣層時產生劇烈燃燒形成「天火」。

這種天火的威力當然是非常大的，也許在芝加哥的上空恰好出現了流星雨劇烈燃燒形成的巨大火種，降落到地面上形成了火災，而隕石之類的東西含有致命的一氧化碳和氰，於是便引起了當地人大面積的死亡。

維·切姆別林認為的「天降大火」說法是否準確呢？由於在芝加哥城內並沒有發現隕石的殘骸，所以一直得不到證實。

在探討大火起因的諸多解釋中，還有人想到了大氣環流。大氣環流，一般是指具有世界規模的、大範圍的大氣運行現象，既包括平均狀態，也包括暫態現象，其水平尺度在數千公里以上，垂直尺度在十公里以上，時間尺度在數天以上。在某一大範圍內（如歐亞地區）或某一大氣層次（如對流層）在長時間內的大氣運動狀態，或者一段時間內的大氣運動變化情況，都可稱作大氣環流。

大氣環流的主要表現為三圈環流、全球尺度的東西風帶、高空急流、西

風帶中的大型擾動等。這些構成了全球大氣運動的基本形勢，主導全球氣候特徵和大範圍的天氣狀況。有人認為，是大氣環流局部出現問題，導致了芝加哥天降大火。當然這一說法並沒有最後定論，不過大氣環流是人類認識自然的重要部分，研究大氣環流有助於提高天氣預報準確率，有利於探索氣候變化，進而有效利用氣候資源。

為了研究的需要，在不失去大氣主要特徵的情況下，將複雜的大氣環流狀態理想化、簡單化，而後做成的數學模型，就是大氣環流模式。大氣環流模式是描繪各種物理過程和大氣環流演變與性狀的數學模式，可以用來模擬和預測大氣環流與氣候的變化，主要包括準地轉模式、平衡模式、原始方程模式。

準地轉模式，假設靜力平衡和地轉平衡成立，遭到破壞也能迅速恢復。這種模式較簡單，能較成功地預報大氣運動的一些重要現象，特別是在中高緯度地區效果更好。缺點是不適用於低緯度地區，而且預報結果存在明顯的系統性偏差，因此預報的低壓偏弱、高壓偏強。

平衡模式，假設靜力平衡成立，風壓場之間滿足平衡方程。這種模式較複雜，實際效果比理論預期小。原始方程模式，指靜力平衡下，原始的流體力學和熱力學方程組。此模式預報準確率較高，操作較為簡單直接。

小知識

卡爾‧馮‧林奈（西元一七〇七年～西元一七七八年），瑞典植物學家，地理冒險家。他多次進行野外勘探考察，首先構想出定義生物屬種的原則，並創造出統一的生物命名系統，是近代植物分類學的奠基人。

共工怒觸不周山，
撞出地質構造特點

地質構造，是地殼運動中岩層和地塊受力後產生的變形和位移的形
跡。根據生成時間，可分為原生構造和次生構造。

在很久以前，華夏有一個部落首領叫做共工，總希望自己能夠成為天下
共主，統領所有臣民。與共工同時代的顓頊，是黃帝軒轅氏的孫子，也渴望
著天子的寶座，並為此而努力不懈。

共工為了能夠當上帝王，經過多年奮鬥，做好了一切的準備，可是他卻
沒想到，在不遠的地方，顓頊也進行著周密的計畫。

一天，共工與手下心腹商榷稱帝大業的時候，手下人對他說：「顓頊是
您寶座前面最大的絆腳石，如果不能除去他，恐怕難以統治天下。」共工聽
了惱恨異常，決定去找顓頊一較高下。

共工怒氣沖沖來到了顓頊的領地，提出與他比試一番的要求。但是顓頊
足智多謀，不屑於拳腳之爭，根本不理會眼前這個魯莽的人。這樣的態度更
加激怒了共工，這位力大無比的勇士無處發洩，簡直連肺都要氣炸了。

這時，巍峨挺拔的不周山出現在了共工的面前，立刻成了他發洩的對
象。怒火中燒的共工咆哮著一頭撞了上去，只聽天崩地裂一聲響，他撞折了
支撐天的柱子和懸吊大地東南角的繩子。天柱折了，天頓時向西北方傾斜，
所有的日月星辰都像被一股力量驅趕著一樣，緩緩向西北方移動。懸吊大地
東南角的繩子斷了，大地的東南角頓時塌陷了，江河泥沙都順勢流向東南方
向。在天崩地裂的情況下，山林燃燒起熊熊大火，地底噴出了滔滔洪水，周

圍也竄出了各種凶猛野獸，大地變成了人間地獄。女媧看到自己創造出來的人類受到這樣的苦難，痛心極了，於是用五色石修補好了殘破的蒼天。

這一番怒火發洩完之後，共工覺得已經向顓頊顯示了自己的強大，對方應該已經害怕了，就回到了自己的領地。然而，統治天下靠的不是武力，而是智慧，儘管共工怒撞不周山，最後還是被顓頊打敗了。

雖然共工沒能如願統一天下，但是他一怒之下撞斷天柱，造就了現在的地質構造，也算是一大奇蹟。當然，這只是神話傳說，那麼真正的地質構造是如何形成的呢？

地質構造，是岩層和地塊在地殼運動的作用下，發生變形與變位，而遺留下來的形態。根據生成時間，可分為原生構造和次生構造。在地理學中，次生構造是主要的研究對象。

關於地質構造的成因，歷來眾說紛紜，例如中國的地質構造特色，就有五大觀點之爭，分別是波浪狀鑲嵌構造學說、地質力學、多旋回構

岩石的褶皺是常見的地質構造。

造、地窪說和斷塊構造說。

波浪狀鑲嵌構造學說認為，地殼運動是波浪形的，地殼中的塊體以水平方向傳遞運動，但是「漂而不遠，移而不亂」，地質構造是地殼波浪交織而成的宏觀與微觀的統一體。

多旋回構造學說，是在德國地質學家史蒂勒提出的「地槽褶皺帶發展模式」上形成的，認為地槽發展初期以下沉為主，隨後沉積褶皺成山，同時大量花崗岩侵入，最後褶皺帶被剝蝕，地槽轉化為地臺。

斷塊構造說，是在「地槽地臺學說」和「板塊說」基礎上發展起來的。認為地殼的形變一般是從褶皺到斷裂。斷裂是決定地質構造的主要因素，當第一期褶皺斷裂後，就會控制第二期褶皺，同時第二期褶皺也會反作用於第一期斷裂。

地窪學說認為，在地殼演變過程中，並非如「地槽地臺說」認為的那樣直線地下沉轉化，而是一個多階段、螺旋式的升進過程。地殼活動區與穩定區之間互相轉化遞疊，聚散交替，構成今天的地質地貌。

 小知識

瓦斯科・達・伽馬（約西元一四六○年～西元一五二四年），葡萄牙航海家，早期的殖民主義者。他開闢了從歐洲繞過好望角通往印度的新航路，促進了歐亞貿易的發展。

順水漂來的「橫財」
得益於洋流作用

洋流，也叫海流，是指海洋中除了潮汐運動外，海水沿著一定途徑大規模流動的現象。

一九四九年夏季，是一個名叫約翰‧沃倫斯的兒童走運的季節。

一個陽光明媚的上午，在英國著名商港利物浦市的海濱沙灘上，小約翰愉快地玩耍著，他並不知道有一個幸運瓶正在慢慢地漂向自己。突然，在海灘上奔跑的小約翰被一個硬梆梆的東西絆了一下，他用手將腳下的東西摸出來一看，發現是一個髒兮兮的、奇形怪狀的小玻璃瓶子，他順勢拿起瓶子扔向了旁邊的石頭上，「砰」的一聲過後，瓶子碎了，而在玻璃碎片之中似乎有一個東西。

小約翰湊上去一看，原來是一張紙。他好奇地將這張紙撿了起來，上面赫然寫著這樣一行字：「這是我的遺囑：將我的遺產平分給拾到這個瓶子的走運者和我的保護人巴里‧科辛。紐約，一九二七年六月二十日。」

看到了這個遺囑，小約翰高興得不知所措，他慌慌張張地跑回家，將這個好消息告訴了自己的父母。當他的父母明白事情經過，看清小約翰手裡的紙張上的文字後，對這個飛來的「橫財」也是驚慌失措。

然而，此時此刻，在大洋的另一邊——美國生活的巴里‧科辛，已經苦苦尋找這份遺囑二十幾年了，年過七旬的他幾乎要絕望了。

關於這件事情的起因，還要從美國紐約一個脾氣古怪的女富豪說起。女

富豪擁有一筆驚人的財產，但是她沒有兒女，又不願意將財產贈送給自己的親戚，於是想出了一個獨特的方法，將遺囑裝進玻璃瓶並密封好，然後扔進了大海。她決定讓自己的遺囑隨大海漂流，不管是誰幸運地撿到了這個瓶子，都將繼承她一半的財產，而另一半的財產就讓她的保護人巴里·科辛來繼承。

巴里得知這個稀奇古怪的決定後，不得不千方百計地尋找遺囑，因為如果沒有幸運兒拿著遺囑出現的話，他也不能繼承另一半的財產。

女富豪生前也沒有想到，自己的遺囑竟然漂洋過海，在二十幾年之後，出現在英國利物浦一個小男孩的手中。最後終於，鉅額遺產有了歸屬。

這個超級幸運的故事，應該歸功於洋流的作用。洋流，也叫海流，是指海洋中除了潮汐運動外，海水沿著一定途徑大規模流動的現象。引起海流運動的可能是風，也可能是熱鹽效應造成海水密度不均，加上地轉偏向力作用，就造成了海水流動。洋流在近海岸和接近海底處，以及開闊洋面上的差別很大。

洋流可以調節地表熱環境，分為暖流和寒流。洋流的水溫比達到海區的水溫高時，形成暖流；反之，形成寒流。一般來說，由低緯度流向高緯度的洋流是暖流；而由高緯度流向低緯度的洋流是寒流。

洋流的運動十分複雜，總體來說，以中低緯度海區的副熱帶高壓為中心，形成了反氣旋型大洋環流；以北半球中高緯度海區的低壓區為中心，形

成了氣旋型大洋環流；南半球中緯度海區，形成西風漂流；南極大陸周圍形成繞極環流；北印度洋形成季風環流。

　　瞭解和研究洋流，在漁業、航運、排污、軍事等方面都有重要意義。比如寒、暖流交匯的海區，有利於魚類繁殖；兩種洋流形成「水障」，能阻礙魚類活動，還有助於形成較大的漁場。世界四大漁場無不是寒、暖流交匯的結果，例如日本北海道漁場，位於日本暖流和千島寒流交匯處；歐洲北海漁場，位於大西洋暖流與北冰洋南下冷水交匯處。

　　洋流對氣候影響顯著，暖流可以增加溫度和溼度，寒流則會降低溫度和溼度。在寒、暖流影響下，可以形成海霧，這種天氣，不利於航行。

小知識

　　查理斯‧羅伯特‧達爾文（西元一八〇九年～西元一八八二年），英國博物學家、地理學家、進化論的奠基人，長期進行野外生物考察，著有《物種起源》。他提出的生物進化論學說，被列為十九世紀自然科學的三大發現之一。

從神祕的帝俊傳說到自然區劃

自然地理環境及其組成成分，在空間分佈上存在差異性和相似性，根據這一點將一定範圍的地表區域劃分為具有一定等級關係的地域系統，這就是自然區劃，全稱為自然地理區劃。根據區劃的對象，分為綜合自然區劃和部門自然區劃。

傳說帝俊是上古時期東方民族的祖先神，帝俊部族的崇拜物就是帝俊的喜愛之物五彩鳥，五彩鳥和帝俊一直保持著十分親密的關係。關於這隻五彩鳥的來歷，還有一個動人的故事。

有一次，帝俊到人間遊玩，來到了一個小村子旁。小村背靠一座大山，往日山上樹木繁茂，野果纍纍，人們就是靠著這些野果，同時在山腳下種植一些農作物過活。

但是帝俊來到的時候，由於天氣乾旱，長時間沒有下雨，百姓們種的莊稼都遭遇大旱死了，山上的果樹也枯死大半，沒有幾個果子。人們食不果腹，飢餓難耐，生活陷入絕境之中。

帝俊看到百姓們的慘狀，心裡十分難過，決心幫助百姓脫離貧困。他知道，只有風調雨順老百姓才能收穫莊稼和果實，免於挨餓，於是派人修建了兩個祭壇，供百姓祈福求雨之用。

祭壇很快修建好了，可是如何管理這兩個祭壇呢？帝俊為此頗費心思，他覺得必須有靈性的神物來管理，祭壇才能發揮作用。

為了尋找心目中的靈性神物，帝俊費了很大的工夫，親自跑了很多地方。

這天，當他在樹林裡尋覓時，忽然看到了兩隻色彩斑爛的五彩鳥，正在相對而舞。

帝俊的眼光頓覺一亮，這兩隻五彩鳥馬上成為他心目中管理祭壇的不二選擇。説來奇怪，兩隻五彩鳥好像與帝俊特別有緣，看到他就像看到久違的親人一樣，親密地飛到他的肩頭，用身體蹭著他的脖子。

帝俊滿心歡喜，將兩隻五彩鳥帶到了自己的宮殿。幾日之後，就派牠們去管理設在人間的兩個祭壇。

設置好了祭壇之後，帝俊還在北方的荒野種了一片竹林，這可不是普通的竹林，這裡的竹子每斬下一節，剖開來就可以做船。

後來在堯的時候，十日並出，百姓都生活在酷熱之中，為了解救百姓的苦難，帝俊就賜給后羿紅色的弓，白色的箭，讓他射下了九個太陽，解救了百姓，使他們過上幸福的生活。

關於帝俊的傳說，出現在《山海經》中，其中《海內經》還講述了帝俊後代在東、西、南、北各方建立國家的故事。這裡我們看到原始先民們根據自然環境和自然規律，因地制宜地進行生產佈局、制訂各種規劃的發展現象。

自然地理環境及其組成成分在空間分佈上存在差異性和相似性，根據這一點將一定範圍的地表區域劃分為具有一定等級關係的地域系統，這就是自然區劃，全稱為自然地理區劃。根據區劃的對象，分為綜合自然區劃和部門自然區劃。

綜合自然區劃，以自然環境整體為對象；部門自然區劃，以自然地理環境的組成成分為對象，如地貌、氣候、水文、動物、植被等，稱作地貌區劃、氣候區劃、水文區劃等。在自然區劃中，根據區劃目的又有具體分類，

如公路自然區劃、農業自然區劃等。

由於自然區劃的對象是等級不同的自然綜合體，因此自然區劃是多級系統的，既是劃分，又是合併。這個系統中包括地帶性區劃和非地帶性區劃單位。對每一個自然地理區域進行劃分，都可以採取自上而下和自下而上兩種方法。自上而下的方法，是經由對地域分異各種因素的分析，在大的地域單位從上到下、或者從大到小揭示其內在差異，逐級劃分。自下而上的方法，是以聚類、組合，把基層較簡單的自然地理區域合併為較複雜的地域。

自然區劃，需要遵循原則如下：1、發生統一性原則；2、相對一致性原則；3、空間連續性原則；4、綜合性原則和主導因素原則。

自然區劃的意義明顯，可以經由研究地域分異規律，探討自然地理環境及其組成部分的特徵、變化和分佈規律；幫助合理地利用自然資源、採取合理地生產佈局和制訂規劃。

 小知識

約翰尼斯‧開普勒（西元一五七一年～西元一六三〇年），德國近代著名的天文學家、數學家、物理學家和哲學家。他提出行星運動三定律（即開普勒定律），指出彗星的尾巴總是背著太陽，是因為太陽排斥彗頭的物質造成的，這是距今半個世紀以前對輻射壓力存在的正確預言。

買來一個州
買不來這裡的人口與人種

人種，指的是人類在一定區域內，歷史上所形成的，在體質上具有某些共同遺傳性狀的人群。

在北美洲的西北角有一塊富饒的土地，它東鄰加拿大，西瀕白令海峽，南部和北部分別是浩瀚無際的太平洋和寒冷無比的北冰洋。這塊土地就是阿拉斯加，美國的第四十九州。

一七二八年，俄國航海家白令首次前往阿拉斯加，因為天氣原因無法登陸，但已經證明了阿拉斯加的存在。一七四一年，白令再次出航，這一次他成功到達阿拉斯加。不幸的是，當白令懷著興奮的心情返航的時候，航船卻不幸觸礁，他和三十名船員遇難，倖存者於第二年才回到西伯利亞。為了紀念白令，人們將亞洲和美洲之間的這段海峽命名為白令海峽。

俄國政府怎能放過一塊自己人探索到的土地？緊接著，阿拉斯加正式淪為俄國的殖民地。原本，俄國沙皇打算以該地為跳板，進一步加強在美洲西部海岸的控制力，進而主宰整個北太平洋地區。

但是，這個目的遭到了美國人的反對，他們宣布「門羅主義」，提出「美洲是美洲人的美洲」的口號，極力將列強趕出西半球。這時，俄國在克里米亞與英、法作戰慘敗，失去了繼續控制北美殖民地的能力。這種情況下，俄國無暇顧及阿拉斯加，於是萌生了一個想法：賣掉阿拉斯加。

美國國務卿威廉·亨利·西沃德聽聞此消息，立刻會見了俄國駐美使節，並多次與之密談有關事宜。俄國沙皇也有意就阿拉斯加問題與美國談

威廉・亨利・西沃德塑像。

判，於是雙方的正式會談開始了。

談判在夜間進行，美國人開出五百萬美元的價格，但俄國人不同意，堅持要價七百萬美元。雙方僵持到凌晨四點，最後美國以七百萬美元外加二十萬美元手續費買下了阿拉斯加。

阿拉斯加面積一百六十萬平方公里，相當於三個法國、七個英國那麼大。如此遼闊的土地僅僅七百多萬美元，實在廉價得很。然而令現代人想不到的是，當年美國國會並不同意購買，很多議員紛紛表態：「內戰剛剛結束，國家百廢待興，經濟十分緊張，不該花錢買一塊荒涼的土地！」當時美國輿論界也持反對態度，他們普遍認為阿拉斯加冰天雪地，人煙荒蕪，購買這樣的土地簡直愚蠢透頂。

在一番激烈爭論下，美國參議院最後終於批准購買阿拉斯加。就這樣，阿拉斯加成了美國的領土。

讓俄國人做夢也想不到的是，阿拉斯加後來竟然成為了美國的一塊風水寶地。阿拉斯加歸美國後不久，就被開採出了金礦，引起了空前的「淘金熱」。二十世紀六〇年代，美國人在阿拉斯加又發現了北美最大的油田，直到現在，阿拉斯加的產油量依然佔全美總產量的七分之一。而且，憑藉著優越的自然條件，阿拉斯加成為北美野生動物的天堂，發展成為世界旅遊勝地。

美國低價購買阿拉斯加，並對其進行成功開發，是地理學中的一大經典案例。但是我們知道，不管地域歸屬於誰，有一點是很難改變的，那就是這

片地域上的人種。印第安人是美洲的土著，因此他們有權利永遠在美洲生活下去。

關於人種，是地理學中的一個重要概念，由法國博物家伯尼埃於一六八四年最早提出，是世界人類種族的簡稱。指的是人類在一定區域內，歷史上所形成、在體質上具有某些共同遺傳性狀的人群。這些體質特徵包括膚色、髮色、眼珠顏色、身高、頭型等。

三千多年前的古埃及墳墓壁畫中，曾經以不同顏色區別人類，將人類分為四種。在這些壁畫中，古埃及人將埃及人塗以紅色、亞洲人塗以黃色、南方尼格羅人塗以黑色、西方及北方人塗以白色。直到今天，我們習慣將人類分為白種人、黃種人、黑種人、褐色人，就是以此為基礎。

十八世紀，歐洲科學家對人類進行了新的劃分，提出了各種不同的劃分方法，比如林奈將人種劃分為野蠻種、怪物種、理智種；居維葉主張把人類劃分為三大種，提出了閃人種、含人種、雅弗人種；不過這種從文化、宗教上對人種進行的劃分，很難被人接受。

其後，被譽為「人類之父」的德國教授布魯門馬赫，第一個用科學的方法對人種進行劃分，他根據膚色、髮色和髮型、眼色、身高、頭型等體質特徵，以及原住居民地，把人類劃為五大人種：

1、高加索人種，也稱作白種人。皮膚白色，頭髮栗色，頭部幾成球形，面呈卵形而垂直，鼻狹細。此人種包括歐洲和西亞、北非的居民，但芬蘭人、拉普蘭人等除外。

古埃及壁畫。

2、蒙古人種，即黃種人。皮膚黃色，頭髮黑而直，頭部幾成方形，面部扁平，鼻小，顴骨隆起，眼裂狹細。西亞以外的亞洲人和北部的因紐特人、拉普蘭人和芬蘭人都屬於蒙古人種，但不包括馬來人。

3、非洲人種，即黑種人。皮膚黑色，頭髮黑而彎曲，頭部狹長，顴骨突起，目光突出，鼻厚大，口唇脹厚，多數人有八字腳。除北部非洲人外，其他非洲人都屬於黑種人。

4、美洲人種，即紅種人。皮膚銅色，頭髮黑而直，眼球陷入，鼻高而寬，顴骨突出。除因紐特人外，其他美洲原住居民都屬於此人種。

5、馬來人種，即棕色人種。皮膚黃褐色，頭髮黑而縮，頭部中等狹細，鼻闊、口大。太平洋諸島和馬來半島居民屬於此人種。

這是人種的地理分類，不過美洲紅種人並不存在，印第安人是黃色人種的分支。所以，在此基礎上，科學家們又增加指紋、血型等指標，使人種劃分與現代科學逐漸結合起來。近百來年，隨著人類遷移量大，混血現象普及，人種出現了新的變化，混血人種不斷增加。美國科學家S.M.長恩，經過十年的醞釀和調查，提出了新的人種劃分方法，認為全世界有九大地理人種，並劃分出三十二地域人種。

小知識

哈羅‧沙普利（西元一八八五年～西元一九七二年），美國著名的天文學家，二十世紀科學史上最傑出的人物之一。他認為太陽系不在銀河系中心，而是處於銀河系邊緣，銀河系的中心在人馬座方向。此一研究為人們認識銀河系奠定了基礎。

南洋公學教師不忘著述《地文學》體現了自然地理學特色

　　自然地理學，為地理學的分支之一，是研究自然環境及其組成部分，並闡明自然地理環境的結構、功能、物質遷移、能量轉換、動態演變、地域分異規律的科學。

　　中日甲午戰爭之後，清政府一步步衰敗，百姓生活在水深火熱之中。黑暗的社會現實激勵著無數有志青年努力救國圖強，張相文就是眾多愛國志士中的一員。身為地理學方面的學者，張相文能夠做的，就是向學生們傳授專業方面的學識，激勵他們的愛國熱情。

　　一八九九年，張相文開始在南洋公學任教，教授中國地理。從此之後，他的大半生都在講臺上度過。在南洋公學教書的時候，張相文整理自己的地理學講稿，編纂而成了兩本教科書：《初等地理教科書》和《中等本國地理教科書》。這兩本地理學的教科書後來多次被印刷，極大普及了地理科學知識。

　　張相文在教學的同時，也不斷汲取新鮮的地理學知識，他自學日文，在很多日文版地理學著作中獲得了很多新知識，並將這些新知識教授給學生。一九〇八年，張相文將自己多年的努力成果，彙集成了一本自然地理巨著《地文學》。在這本書中有中、西對照表十五頁，彩色地圖十餘幅，插圖八十餘幅，內容廣泛，涉及到星界、陸界、氣界、水界和生物界，在當時是一本具有超前學識水準的學術作品。

　　張相文不但重視學術上的研究，還非常重視實地考察，他曾經先後多次

到山東、河北、山西、河南、內蒙古等地進行考察，並且撰寫了相關的考察紀錄和研究論文。

一九〇九年，張相文還參與建立了中國最早的地理學術團體──「中國地學會」，並被推舉為第一任會長。中國地學會的成立，促進了中國地理學與國外地理學的交流，為中國地理學的發展做出了不可磨滅的貢獻。

張先生在自然地理學方面做出了卓越貢獻。自然地理學，為地理學的分支之一，是研究自然環境及其組成部分，並闡明自然地理環境的結構、功能、物質遷移、能量轉換、動態演變、地域分異規律的科學。

根據研究特點，自然地理學分為綜合性和部門性兩個分支科學。綜合性分支科學包括綜合自然地理學、區域自然地理學、古地理學等；部門性自然地理學包括地貌學、氣候學、水文學、生物地理學、冰川學等。

人類的地理知識起源於遠古時期，但是自然地理這個概念始於十七世紀。自然地理學做為一門學科，其發展經歷了知識累積時期、近代時期、現代時期三個階段。

十九世紀以前，地理學以描述地理知識為主，自然地理知識是地理學的一個重要方面。這時期的地理學主要瞭解地表自然現象、山川形勢，遊歷探索等。

十五～十七世紀，地理大發現是地理學探索活動的重要貢獻，大大拓展了人類的視野，證實了地球是圓的，發現了洋流，收集了大量地表自然現象資料。這些資源為後來探討海陸起源、綜合研究地表現象建立了基礎。

德國的瓦倫紐斯就是在總結地理大發現的資源過程中，發表了著名的《普通地理學》。十八世紀，法國的布豐提出人與自然環境的關係。上述這些研究成果，為自然地理學的最終建立提供了理論基礎。

自然地理學的研究對象是地理環境，但是隨著學科發展，研究內容越來越廣泛，除了研究自然地理成分的特徵、結構、成因、發展規律，以及自然地理成分之間的相互關係外，還要研究自然地理環境的地域分異規律，並進行自然條件和資源的評價，為區域開發提供科學依據。另外，自然地理學還要研究在人類干擾控制下，人為環境的變化特點、發展趨勢以及存在的問題，力圖尋求到合理的利用途徑和整治措施。

如今，自然地理學的應用越來越受重視，參與解決農業生產、資源開發、環境污染治理等問題，由此發展形成了環境地理學、應用氣候學等應用性分支學科。

小知識

張相文（西元一八六六年～西元一九三三年），革新中國地理學的先驅、教育家。一九〇一年出版中國最早的地理教本《初等地理教科書》、《中等本國地理教科書》。一九〇八年出版中國最早的自然地理學著作《地文學》。一九〇九年於天津發起成立中國最早的地理學術團體中國地學會，並當選為會長，次年創辦中國最早的地理刊物《地學雜誌》。還著有《泗陽縣誌》、《佛學地理學》、《南園叢稿》和《地質學教科書》等書。

晏子使楚不受辱，
在於懂得人文地理學

人文地理學，是以人、地關係的理論為基礎，探討各種人文現象的地理分佈、擴散和變化，以及地域系統及其空間結構的地理學分支學科，也叫人生地理學。

要說古代懂得人文地理學的聰明人，非晏子莫屬。

一次，他接受齊國國王的命令出使楚國。楚國國君知道晏子個子很矮，就想羞辱他一番，於是對屬下說：「我聽說晏嬰身高不足五尺，手無縛雞之力，只是徒逞口舌之利的說客罷了。你們想想看，有沒有什麼辦法能難倒他？」

有人獻計說：「一般的辦法根本不可能讓晏嬰受挫，我們唯有從他的生理缺陷出發，才能讓他受辱。我倒是有一個辦法……」

等晏嬰到達楚國時，發現城門緊閉，晏嬰命令屬下叫門。裡面很快傳出動靜，但大門依舊緊閉，倒是大門側面的狗門開了，侍從滿臉壞笑地說：「這門足以讓你出入，開大門實在是浪費人力，您不如就從這兒通過吧！」

晏嬰心知肚明，這不過是楚王對他的為難之計，他若是真從這狗洞裡進去，齊國的顏面就蕩然無存了。為了國家尊嚴，他必須想出一個對策來。

於是他笑著對守門的侍從說：「我聽說出使人國，要從大門進入，而出使狗國，則需要走狗洞。我想請大人問一問貴國大王，我到底應該從哪個門進入呢？」

守門的侍從把晏嬰的話一字不漏地轉告給楚王，楚王無可奈何，只好把城門打開，以正常禮儀迎接晏嬰進城。

晏嬰來到了館舍，楚國大臣為他洗塵接風。

宴會結束後，晏嬰到宮廷拜見楚王，楚王一見晏嬰，就毫不客氣地問：「你們國家沒人了嗎？怎麼派你來了？」

「大王，齊國人非常多，走在都城臨淄的街道上，一人呼出一口氣，就能在天上結成雲朵；每人流一滴汗，就能形成大雨。街道上的人都是摩肩接踵，大王怎麼能說我齊國沒人呢？」

「既然有人，」楚王輕蔑地看看晏嬰矮小的身材，「為什麼派了你這麼一個小人來出使我國呢？」

「哦，這個問題啊！」晏嬰裝出恍然大悟的樣子，「我國有個原則，出使大國就派大人，出使小國，就派小人。我被派來出使楚國，就是根據這個原則！」

楚王被晏嬰的話堵得半天沒回過神來。他使了個眼色，兩個士兵押著一個犯人經過他們身邊。

楚王問：「這個人是什麼人？犯了什麼罪？」

士兵答：「這是個齊人，犯了偷竊罪。」

還沒等楚王刁難晏嬰，晏嬰就已經忍不住想要翻白眼了，這也做得太明顯了。

楚王笑呵呵地問晏嬰：「你們齊國人是不是都喜歡偷東西啊？」

晏嬰畢恭畢敬地回答：「大王，我聽說淮河之南有一種桔子味道甜美，

可是一旦將其移種到淮河以北，桔子就變得苦澀難嚥。之所以會有這兩種截然相反的情況，實在是土地的緣故。這個齊人在我國乃是一介良民，可是為什麼來到楚國，卻變成了盜賊呢？這是楚國使他發生了這種變化，齊人之於楚國正如桔子之於淮北，這與齊國又有什麼關係呢？」

楚王哈哈大笑，終於表現出了一國之君該有的風度：「我原本想藉幾個小伎倆來刁難你，沒想到反被你奚落。這是寡人的過錯，請見諒！」

由於晏嬰此行做到了「出使四方，不辱君命」，後人將他在友邦面前所表現出來的態度和風骨，總結成一個成語，那就是「不卑不亢」。

晏子不會想到，他的這番論述已體現出了人文地理學的特色。人文地理學，是以人地關係的理論為基礎，探討各種人文現象的地理分佈、擴散和變化，以及地域系統及其空間結構的地理學分支學科。也叫人生地理學。

「人文」與「自然」對應，構成了地理學的兩個主要分支學科。人文地理學有廣義和狹義之分，廣義的包括社會文化地理學、政治地理學、經濟地理學等；狹義的僅指社會文化地理學。

人文地理學的發展和累積，與自然地理學一樣，經歷了古代、近代、現代三個階段。二十世紀六〇年代以來，隨著社會和科技迅速發展，人文地理學在理論、方法和研究內容等方面，發生了很大變化。

首先，理論上出現了新的發展，由過去的環境決定論、適應論轉變為和諧論，主張以和諧論分析人與環境的關係。

其次，觀察和分析方法不斷革新，一九五五年，美國華盛頓大學率先以數學統計方法培養了一批地理學者。此後，數量方法、航空測量技術和衛星遙感技術的應用，促使地理學有了很大改進。

再次，二十世紀五〇年，系統論創立後，迅速成為地理學的基本方法論。定量計算和系統論思想，促進採用模型來表述地理現象。

第四，行為地理、旅遊地理、城市地理快速發展，成為人文地理學的新分支。

最後，研究目的轉向解決實際問題，面向社會，應用性增強。

人文地理學的發展對於地理學有重要作用。目前，人文地理學與經濟學、人口學、政治學以及環境科學、行為科學結合，為解決世界性的資源短缺、經濟發展規劃、自然災害、環境污染和生態平衡等問題，做出了貢獻。

小知識

伽利略‧伽利萊（西元一五六四年～西元一六四二年），義大利天文學家、力學家、哲學家、物理學家、數學家，被譽為「近代科學之父」。

一六〇九年，他創造了天文望遠鏡，並藉助於望遠鏡先後發現了木星的四顆衛星、土星光環、太陽黑子、太陽的自轉、金星和水星的盈虧現象、月球的周日和周月天平動，以及銀河是由無數恆星組成等等，這些發現開闢了天文學的新時代。著作有《星際使者》、《關於太陽黑子的書信》、《關於托勒密和哥白尼兩大世界體系的對話》、《關於兩門新科學的談話和數學證明》和《試驗者》。

兩小兒辯日
辯出地理學與天文學的關係

天文學與地理學一樣，是一門古老的科學，主要研究宇宙空間天體、宇宙的結構和發展。它與地理學對應，一個研究「天」，一個研究「地」，天地之間是不可分割的，它們互相影響、互相依存。

有一天，孔子到東方去遊學，在途中看見兩個小孩在爭辯著什麼。於是，他停下了腳步，湊上前去詢問他們爭辯的原因。

孔子問他們說：「我看見你們爭辯得那麼起勁，可以告訴我為什麼嗎？」

只聽見其中的一個小孩說：「我覺得太陽在剛升起來的時候距離人是近的，到了正午的時候距離人就遠了。」另一個小孩聽了不屑一顧地說：「不是的，我覺得太陽升起來的時候距離人很遠，在正午的時候距離人就近了。」兩個小孩都很自信地在為自己的觀點辯護。

孔子說：「那你們兩人分別說一下自己的理由，我來給你們當裁

孔子周遊列國圖。

判。」

第一個小孩抬起頭來指著天上的太陽自信地說道：「太陽在清晨剛出來的時候很大，就像車蓋一樣。到了中午的時候，太陽明顯不如清晨的大了。這難道不是距離近看到的東西大，距離遠看到的東西小嗎？」

第二個小孩也不示弱，他反駁說：「清晨太陽剛出來的時候我們都感覺很涼爽，一到了中午的時候就感覺很熱。這難道不是太陽距離我們近的時候天氣熱，距離我們遠的時候天氣涼爽嗎？」

說完各自的理由，兩個小孩開始等待孔子的評判。可是這時，孔子卻皺起了眉頭，兩人的話似乎都很有道理，他也不能決斷誰對誰錯。

兩個小孩開始取笑孔子說：「你真的是見多識廣的人嗎？」

孔聖人無法解答兩個小孩子的問題，是因為當時的科技水準還不能解釋這個現象。我們常常以「上知天文、下知地理」，來形容一個人學識淵博、無所不知，可見天文地理是聯繫在一起的。

故事中的問題，在今天我們當然可以做出回答：清晨和中午的太陽和我們的距離是一樣遠的。據推算，地球距離太陽一億五千萬公里，這麼遙遠的距離，為什麼看起來有大小、冷熱之分呢？原來，大小之分是視覺的誤差，是一種錯覺。同一個物體，放在一堆比它大的物體中時會顯得小，而放在比它小的物體中會顯得大。早晨的太陽從地平線上升時，參照物是樹木、房屋、遠山、天空的一角等，在這樣的陪襯下，太陽自然顯得較大。可是到了中午，太陽高懸正空，參照物是無垠的天空，看起來自然小得多。另外，太陽初升時，背景黑沉沉的，太陽顯得格外亮，也就格外大；而到了中午，萬里晴空，太陽與天空的亮度反差不大，看起來也就顯得小。

在分析這個問題時，我們不僅運用到了地理學知識，也涉及到天文學知

識，這種互為應用、互為影響的特點，正是地理學與天文學的關係。探討地理學，絕對離不開天文學，比如潮汐現象，既是地理學問題，也是天文學問題。

天文學與地理學對應，一個研究「天」，一個研究「地」，天地之間是不可分割的，它們互相影響、互相依存。如果單獨研究某一學科，忽視另一學科，勢必引起不均衡發展。想一想，沒有足夠的天文知識，如何研究地理學？「天」和「地」構成了人類賴以生存的空間環境，經由人類研究，天文學和地理學將更好地為人類服務。

 小知識

詹姆斯·庫克（西元一七二八年～西元一七七九年），英國著名探險家、航海家和製圖學家。他進行的三次探險航行，為人們增添了關於大洋——特別是太平洋的地理學知識的新內容，並且在長時期的遠航實踐中，以增加水果和蔬菜等方法來預防壞血病，為航海醫學做出了重大貢獻。

第二篇

普及面廣

——地理學研究及理論

自然地理學與方志學研究的
一般原理

在地理學研究初期，觀察的目的和內容，主要是針對人類賴以生存的自然資源和地理條件，採用人們共同約定的一系列符號，例如語言、文字、圖畫、數字等形式，把觀察到的各種內容記錄保存下來，為此形成了各具特色、五花八門的地方方志。

在雄偉的唐古喇山上，有許多的河流、冰川和雪峰，其中有三條美麗的河流被人們稱為青藏高原上的三姐妹，她們就是金沙江、瀾滄江和怒江。

三姐妹在青藏高原上快樂地生活著，她們經常去探望德高望重的玉龍山爺爺。玉龍山爺爺在這片土地上生活幾千年了，他教會了三姐妹很多人生的道理，三姐妹都十分尊敬他。

一天，三姐妹又到玉龍山爺爺那裡去探望，玉龍山爺爺就給她們講了一個故事：「相傳，在遙遠的東方和南方都有著十分遼闊的海洋，海洋中也有像三姐妹一樣幸福的三個王子，他們分別是太平洋的兩個兒子東海王子和南海王子，以及印度洋的兒子安達曼海王子。這三個王子都在苦苦等候著公主的出現，但是造化弄人，他們中間沒有一個人能夠如願。眼看著三個王子每天流淚，海洋的水就快乾了，龍王爺爺看不下去了，就告訴他們說在遙遠的青藏高原上

唐古喇山風光。

住著三姐妹，這三姐妹就是他們生命中的公主。只要公主來到這裡與他們相遇，海洋就能夠恢復生機了。

三個王子聽了龍王爺爺的話之後欣喜若狂，他們每天都在自己的家門口張望，期待三姐妹的出現……

講到這裡的時候，三姐妹都瞪大了眼睛好像在催促玉龍山爺爺快點說一樣，可是玉龍山爺爺沒有再講下去。三姐妹急切地問：「那三個姑娘到底是誰呢？為什麼還不去見王子啊？」玉龍山爺爺笑了笑說：「傻姑娘，這三姐妹就是妳們！」三姐妹都很驚異，但是她們還是決定去拯救三個王子。

玉龍山爺爺見三姐妹的意志都很堅定，便決定送她們一程。

三姐妹在玉龍山爺爺的陪同下，離開了自己的家鄉——唐古喇山，去遙遠的地方尋找幸福。她們同時向著東南方奔去，玉龍山爺爺為她們在前方開闢道路，三姐妹在後面緊追不捨。

最後，到達了一個美麗的地方——雲南麗江縣，玉龍山爺爺停下了腳步對三姐妹說：「送君千里，終有一別，妳們各自去尋找自己的幸福吧！」

三姐妹依依惜別之後也分道揚鑣，大姐金沙江去東方找東海王子，二姐瀾滄江去東南方找南海王子，三妹怒江去正南方找安達曼王子。就這樣，在三姐妹依依惜別的地方形成了「三江並流」，三條河流在這一次並流之後，都找到了各自的匯入地，朝著自己的匯入地浩浩蕩蕩向著目標奔流而去。

經過九九八十一天的艱苦跋涉，三位姑娘終於找到了自己的心上人，從此開始了幸福的生活。

三江的發現和三江源頭的探測，表明了地理學研究的內容。在地理學研究萌芽時期和初創時期，人們的觀察是有選擇的，觀察的目的和內容主要是

針對人類賴以生存的自然資源和地理條件，採用人們共同約定的一系列符號，例如語言、文字、圖畫、數字等形式，把觀察到的各種內容記錄保存下來，為此形成了各具特色、五花八門的地方方志。

到了近代，地理學逐漸形成一門新的學科，地理學的觀察也開始引入了各種儀器。隨著交通運輸的快速發展，地理學的觀察範圍逐漸擴大，像古代方志那樣僅憑簡單紀錄，已經無法滿足地理學研究的需要，在這種背景下，各種分析手段應運而生。

地域之間存在的相似性和差異性，是極其普遍的現象，僅憑表面的觀察與紀錄，還不能深入地解決地理學研究的深層次問題。為此，人們研究目光逐漸從比較地理學轉到地理現象的發生、發展以及存在因果關係的研究上，研究手段也逐漸轉變為運用歸納法進行定性分析和定量分析。在某些領域，例如在水文地理學、氣候學、交通運輸、工業、城市等地理學分支中，已經建立了龐大的數理系統。

為了深刻認識和瞭解人類賴以生存的地球表面的環境，並在尊重自然規律的條件下，利用和改造自然環境，發揮人類的主觀能動性。地理學家們採用歸納法，將所觀察到的各種的現象，歸納成要素的規律和地域的規律，加以詳細表述出來，比之古代的方志，已經不可同日而語。

小知識

克里斯多夫‧哥倫布（約西元一四五一年～西元一五〇六年），義大利著名航海家，地理大發現的先驅者。他先後四次出海遠航，發現了美洲大陸，開闢了橫渡大西洋到美洲的航路，使海外貿易的路線由地中海轉移到大西洋沿岸。

家庭教師李特爾
首創分類法研究地理學

分類法在地理學研究中已被廣泛運用。它是將有關地理學的類或組，按照相互間的關係，組成系統化的結構，並體現為許多地理類目，按照一定的原則和關係組織起來形成的地理體系表，做為地理學分類工作的依據和工具。

家庭教師李特爾一直致力於對地理學的研究。他做為法蘭克福一位銀行家兒子的家庭教師，為自己的研究提供了充足的時間和經費，這也為他開創研究地理學的分類法提供了基礎。

李特爾研究地理學有著獨特的方法，也有著獨到的見解。有一次，跟他一起研究的一個學者在與他進行討論的時候問道：「我們的任務就是搞清楚地球上的各種地理要素，為什麼還要進行分類研究呢？」李特爾笑了笑沒有立即回答他的話，過了一會兒，李特爾拿出了他繪製的一幅自然界的循環圖來對他的夥伴說：「地理學其實就是指對地球進行的描述，但是現在這種描述已經被人們所誤解了。地理學也是一門科學，而且它既可以說是一個獨立的研究整體，又是每個分割開來的獨立部分。」他一邊說一邊指著圖畫中繪製的自然界的各種事物，每個部分都有其獨特的功能，但是所有的部分又能形成一個整體。

他接著說：「地理學家的任務就是要把自然的一切現象和形態以及其與人類的關係研究透徹，這樣才能讓大自然造福於人類。而要做到這一點，就必須要求地理學家要能夠對自然進行各式各樣的分類，在這些分類的基礎上

更好地認識大自然。」

後來，李特爾運用歸納的方法，摒棄了先前的理論，他在研究的過程中不僅對研究的對象進行細緻的分類，還對研究對象周圍的自然環境進行分類。例如水、大氣的分佈和運動，都會對地理要素的發展產生不同的影響，這些影響都會作用於地理學的研究。

分類法在地理科學研究中，已被廣泛運用。它是將有關的地理學的類或組，按照相互間的關係，組成系統化的結構，並體現為許多地理類目，按照一定的原則和關係，組織起來形成地理體系表，以此做為地理學分類工作的依據和工具。

分類不僅能夠更系統、更深入地研究地理各類別的性質、特點及應用，而且還能進行比較，進而認識和掌握其事物的發展規律。

在地理學上，大量使用分類法來進行相關的研究。按照分類法，地理學可分為兩大類，包括人文地理學和自然地理學。人文地理學又可以分為經濟地理學、旅遊地理學等；自然地理學又可分為氣象地理學、天文地理學等。

在地理學中，沿著時間順序、發生發展程序上，進行地理環境或事物演化比較，稱為縱向比較，這種比較動態性和預測性都較強。而同一時段，對地理環境和事物的異同性進行比較，被稱為橫向比較，目的是為了揭示比較

對象間的空間分佈差異。經由橫向、縱向的綜合比較，可深入揭示地理環境或現象的空間分異及發生發展規律，為地理學研究提供廣闊的空間。

　　另外，從空間角度來說，根據物距尺度，還可分為微觀、宏觀、宇觀三種地理學比較研究的方法。

小知識

李特爾（西元一七七九年～西元一八五九年），德國地理學家，近代地理學創建人之一。他最早闡述了人地關係和地理學的綜合性、統一性，奠定了人文地理學的基礎。創用「地學」一詞，主張地理學和歷史學結合，堅持目的論的哲學觀點，認為上帝是建造地球的主宰。著有《歐洲地理》、《地學通論》等書。

按圖索驥使良馬變青蛙
違背了綜合評價原則

地理學上，綜合評價法遵循的基本指導原則是，將多個地理評價指標轉化成一個能夠反映綜合地理狀況的指標來進行評價，進而得出一個綜合性的結論。

傳說，天上負責管理馬匹的神仙叫伯樂，因此人間借用這一稱謂，把善於相馬的人也稱為伯樂。春秋時期，第一位被稱作伯樂的人誕生了，他本名孫陽，對馬的研究非常出色，後來人們漸漸地忘記了他的本名，乾脆稱呼他為伯樂。

一次，孫陽受楚王重托去購買千里馬。他跑遍大江南北，去了好幾個國家，特別是盛產名馬的燕趙一帶，可是最終一無所獲。正當他準備從齊國返回楚國時，忽然看到一輛拉鹽的馬車，正吃力地行進在陡坡上。那匹馬見到孫陽忽然昂起頭顱，瞪大眼睛，大聲嘶鳴起來。孫陽聽到這一陣嘶鳴，當即判斷出這匹馬是難得的良駒，於是將其買回楚國。

當楚王看到這匹馬時，不禁皺起眉頭，因為牠太瘦了，簡直不成樣子，他以為孫陽糊弄自己，不高興地說：「我相信你相馬的才能，才交給你買馬的重任。可是如今你買的馬好像走路都很困難，能上戰場作戰嗎？」

孫陽堅定地說：「大王，這確實是匹寶馬。只要精心餵養，不出半個月，就會恢復體力。」

楚王半信半疑，命令馬伕精心餵養，果然十幾天後，這匹馬變得精神飽滿。楚王騎上寶馬，揚鞭疾馳，只覺得兩耳生風，眨眼間已跑出百里之外。

孫陽因此更加受到世人尊重，人們把他看做馬的良師益友。

為了讓更多的人學會相馬，使千里馬不再被埋沒，也為了自己一身絕技不至於失傳，孫陽把自己多年累積的相馬經驗和知識，寫成了一本書，配上各種馬的形態圖，書名叫《相馬經》。

伯樂相馬圖。

孫陽有個兒子，天生愚鈍，資質很差，雖然父親引導他去做一個相馬師，但是他始終沒有興趣。後來迫於生計，才打算接父親的班來研究馬匹。他看了父親寫的《相馬經》，以為相馬很容易，就拿著這本書到處找好馬。可是按照書上所繪的圖形去找，一無所獲。又按書中所寫的特徵去找，最後發現有一隻癩蛤蟆很像書中寫的千里馬的特徵，便高興地把癩蛤蟆帶回家，對孫陽說：「爸爸，我找到一匹千里馬，只是蹄子稍差些。」孫陽一看，哭笑不得，沒想到兒子竟如此愚笨，便幽默地說：「可惜這馬太喜歡跳了，不能用來拉車。」接著感嘆道：「所謂按圖索驥也。」

綜合評價法在地理學研究中應用非常廣泛，它一般是指運用多個指標對多個地理評價對象進行評價的方法，也被稱為多變數綜合評價法。地理學上，綜合評價法遵循的基本指導原則是，將多個地理評價指標轉化成一個能夠反映綜合地理狀況的指標，來進行綜合評價，進而得出一個綜合性的結論。例如，不同地區的地理環境特點，不同國家的人口分佈狀況，各地氣候環境變化規律等，都可以用綜合評價法進行深入研究。

地理學研究的綜合評價法，並不是將多個指標，按照順序逐個完成，而是透過一些特殊的研究處理方法，將多個地理學相關指標綜合一起，同時進

行評價。在評價過程中，再根據不同地理指標的作用及其重要性，進行處理，其評價結果往往不會再是指向明確的、具有具體涵義的統計指標，而是用分值或指數，來表示參評地理學單位的總體綜合狀況，並對參評地理學單位進行總體排序。

綜合評價法常常分為打分綜合指數法、綜合評價法、功效係數法和綜合打分排隊法等幾種方法，主要包括以下幾方面的內容：

第一，要確定綜合評價指標體系，這是地理學綜合評價法的依據和基礎。

第二，要收集相關的地理資料，如果有因為不同計量單位得出的不同資料指標，要進行同度量轉換處理，使之具有相同度量標準。

第三，要確保其科學性，準確地確定指標體系中各指標的權數。

第四，要對經過處理的各種地理指標，進行全面彙總，科學準確算出綜合評價指數或者綜合評價分值。

第五，要根據綜合評價指數或者分值，對參評地理單位進行合理排序，最後得出地理學結論。

 小知識

維達爾‧白蘭士（西元一八四五年～西元一九一八年），法國近代地理學創建人，並長期任教，培養了許多地理學人才，如加盧瓦、白呂納、馬東、德芒戎和布朗夏爾等。在他的宣導下，法國地理學從十九世紀後半葉起走向新的發展階段，形成一個有影響的法國地理學派。其代表作是《人生地理學原理》，此外還有《法國地理大綱》、《東部法國》等書。

「地理學之父」大膽測量地球半徑

地球不是一個正圓的球體，而是一個扁圓的橢圓球體，其形狀是兩極稍扁，赤道略鼓；而且地球的南極、北極也不對稱，地球的外部地形也是起伏多變的。地球的這種不規則形狀意味著在不同的地方測量，其半徑也是不同的。

測量地球的半徑，從很久以前就成為了地理學研究的一個重要的課題，而對地球的半徑研究，最早的正是古希臘地理學家、數學家，被後人譽為「地理學之父」的埃拉托斯特尼。生活在西元前二四〇年的埃拉托斯特尼有著強烈的探索慾望和深入研究的能力，這使他為世界地理學研究的發展，做出了不可磨滅的貢獻。

有一次，埃拉托斯特尼去埃及旅行，在路上他發現一個奇怪的現象：夏至日正午時分，太陽光總是能夠直射進地處北回歸線的阿斯旺地區的深井中，而在相隔僅僅八百公里的亞歷山大卻沒有這種現象出現。如果按照當時地理學上的一個結論——地球是方形，來解釋這一現象的話，是解釋不通的，因為只有地面發生了彎曲，才能使距離很近的亞歷山大不能得到太陽的直射，於是他堅定地認為地球是球面的。

根據以上的推斷，埃拉托斯特尼又進行了大膽的猜想：假如計算出兩個城市之間的距離，再測量出太陽光線與鉛垂線之間的角度，不就可以測量出地球的半徑了嗎？

按照這個大膽的猜想，他開始了測量的行動，在夏至日正午時分，他利用亞歷山大城內高高的尖塔，經過測量得知太陽光線照射亞歷山大城的傾斜

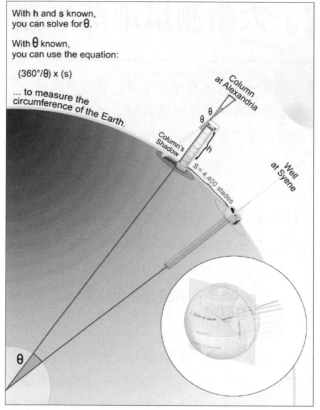

With h and s known,
you can solve for θ.

With θ known,
you can use the equation:

(360°/θ) x (s)

... to measure the
circumference of the Earth.

Column
at Alexandria

Column's
Shadow

Well
at Syene

s = 4,400 stades

θ

埃拉托斯特尼利用幾何原理計算地球半徑。

角為七·二度。

接著，他根據想像製造了一個地球的模型，在模型上他類比出了亞歷山大和阿斯旺的具體位置，然後運用幾何學原理，將照射阿斯旺井底的陽光延長至地心，將亞歷山大尖塔中心線向著地心做垂直延長，測量得知兩線間夾角也正好為七·二度。

根據數學計算的方法，埃拉托斯特尼最後計算出來地球的半徑約為六千四百公里。這一科學的計算結果得出的結論，和一九七一屆國際大地測量和地球物理協會採用的地球半徑的資料，僅僅相差二十九公里。

測量是用資料來描述觀察到的現象，即對事物做出量化描述。地球是一個球體，如何測量地球的相關資料呢？自古就成為擺在地理學家們面前的一道難題。

眾所周知，地球不是一個正圓的球體，而是一個扁圓的橢圓球體，其形狀是兩極稍扁，赤道略鼓；而且地球的南極、北極也不對稱，就海平面來說，北極稍凸，南極略凹；另外，地球的外部地形也是起伏多變的。地球的

這種不規則形狀，意味著在不同的地方測量，其半徑也是不同的。

因此，地球的半徑可分別用三個常用值來表述：從地心到北極或南極的距離，為極半徑，大約六三五六‧七五五公里；從地心到赤道的距離，為赤道半徑，大約六三七八‧一四〇公里；從地心到地球表面所有各點距離的平均值，為平均半徑，大約六三七一‧〇〇四公里。

經過多年的測算，世界上普遍承認的地球半徑是六三七一‧三公里。

地球半徑有時被使用做為距離單位，特別是在天文學和地質學中經常使用，它通常用RE表示。

小知識

尼古拉‧哥白尼（西元一四七三年～西元一五四三年），波蘭天文學家，「日心說」創立者，近代天文學的奠基人。他創立的「日心說」，否定了在西方統治達一千多年的「地心說」，從根本上動搖了歐洲中世紀宗教神學的理論支柱。著有《天體運行論》。

軍事記者的地質勘探之旅

地質勘探即是透過各種手段、方法對地質進行勘查、探測，確定合適的持力層，根據持力層的地基承載力，確定基礎類型，並計算基礎參數的調查研究活動。

很多地理上的新發現並不是地理學家們特意去探索研究出來的，而是從事其他行業的某些人不經意間的發現為地理學愛好者打開了一扇窗，進而引領著地理學的不斷發展。新墨西哥州西北部的那伐鶴地區的古老建築，就是在這種情況下被地理學家們發現和探索研究的。

一八四九年，美國政府派遣一支部隊前往新墨西哥州西北部的那伐鶴地區，打算降服當地的印地安人。為了瞭解當地的地形，保障軍隊運輸和鐵路修建，部隊帶上了一個熟悉測繪技術的上尉傑姆斯·亨非·曾參，和他的兩位助手理查·肯和理查·尼德。

他們三個人都是十分優秀的繪畫藝術家，一路上，他們對這個陌生地方充滿了好奇，尤其是周圍的環境。他們就像是在探險一樣穿梭於一個又一個古老的建築中。這裡的建築跟他們以前接觸到的建築是完全不一樣的風格，暗紅色的石頭配上古老陳舊的顏色，讓整個建築都瀰漫著神祕的色彩，這讓他們更加好奇，決定深入尋找答案。

曾參和理查兄弟忘記了隨行的任務，他們穿梭於各個古老的建築中，勾勒著他們眼前出現的一切，其中有很多的村落遺址和高山峽谷。特別是查科峽谷裡的遺址，對曾參來講，簡直就是一次令人震驚的發現。沿著這條長達十英里的峽谷，屹立著一連串村落的廢墟遺址。大型的村落座落在谷底，其

他的聳立在谷壁邊上，高高地懸在谷底村落之上。每一個村落都是一個單一獨立、向四周延伸的建築，平頂、多層，少則十幾間，多則上百間。曾參和理查兄弟不僅繪製了建築的草圖，還仔細觀察了建築的特點：這些建築都是

查科峽谷遺址。

由磚形石塊壘成的，而且做工十分細緻整齊，每一塊石頭都像是經過了精心雕磨而成的。

回到華盛頓後，他們將繪製的草圖和記載的資料交給了政府的有關部門，引起了地理學家們廣泛的興趣。

後來，不斷有探險、測繪和旅遊的人按照他們提供的路線，前去尋找散佈在其間的廢墟遺址。猶他、科羅拉多、新墨西哥和亞利桑那四州相交接的地帶，成為考古研究的重要地帶。這些建築的主人是安納沙茲人，在之後的很多年，他們的很多遺跡和遺址，不斷被地理學家發現，並進行了充分的研究。

地質學是七大自然科學之一，主要是研究地球及其成因和演化發展。其實際應用非常廣泛，如地震的預測、各類礦產的尋找與勘探、災害性的滑坡、古生物的演化等。

凡是建築在地面上的物體，都要事先搞清楚地下的情況，所以地質勘探和測繪就顯得尤為重要了。

地質勘探即是透過各種手段、方法對地質進行勘查、探測，確定合適的持力層，根據持力層的地基承載力，確定基礎類型，並計算基礎參數的調查研究活動。一般分為物探化探勘查、地質構造勘查、鑽探勘查、航空磁力重力勘查。

勘探的方法主要有以下幾種：坑、槽探；鑽探和地球物理勘探。

坑、槽探即用人工或機械方式進行挖掘坑、槽、井、洞，直接觀察岩土層的天然狀態以及各地層的地質結構，並取出接近實際的原狀結構土樣。

鑽探是指用鑽機在地層中鑽孔，以鑑別和劃分地表下地層，並可以沿孔深取樣的一種勘探方法。鑽探是工程地質勘察中，應用最為廣泛的一種勘探手段，它可以獲得深層的地質資料。

地球物理勘探簡稱物探，它是透過研究和觀測各種地球物理場的變化來探測地層岩性、地質構造等地質條件的。常用的地球物探方法有交流電勘探、直流電勘探、磁法勘探、重力勘探、聲波勘探、地震勘探、放射性勘探。

小知識

白呂納（西元一八六九年～西元一九三○年），法國人文地理學家。他繼承和發展了維達爾‧白蘭士的人文地理學思想，認為人文地理學應著重研究人在地表所做的事業，並把這些事業稱為人文地理學的基本事實；主張人地關係的可能論，認為人對人地關係的形成具有選擇的可能和自由。著有《人地學原理》、《歷史地理學》、《法國人文地理學》等。

懸絲診病抵不過無所不能的遙感術

自然界許多物種在向外界發射電磁波的同時，也吸收外界的電磁波，為此發明了遙感器。遙感器通常被安裝在飛機或者航太儀器上，遠距離的檢測地物和環境所輻射或反射的電磁波，透過對所吸收到的不同的電磁波的處理和分析，來分辨不同的物種的特性。

根據古書上的記載，「懸絲診病」在很多朝代都很盛行，因為在中國古代那個尊卑有序、男女有別的年代，御醫為皇宮中的娘娘、公主們看病，怎麼能夠直接用望、聞、問、切呢？為了解決這一難題，「藥王」孫思邈在給長孫皇后看病時發明了「懸絲診病」的方法。因為他是從民間召來的，不是有職銜的太醫院御醫，太監就有意為難他，先後把絲線拴在冬青根、銅鼎腳和鸚鵡腿上，結果都被他識破，最後才把絲線繫在長孫娘娘腕上。孫思邈診得脈象，知是滯產，便開出一劑藥方，長孫娘娘遂順利分娩。從此之後，御醫們都採用了這個方法。至於懸絲診病的效果具體如何誰也無從知曉，畢竟已經是幾百年前的歷史，即便有記載也無從考證了。

一次，乾隆皇帝的小格格生病了，他命令傳御醫前去診病。但傳話的太監卻沒有告訴御醫到底是誰病了，於是御醫就以為是給哪位妃子看病。

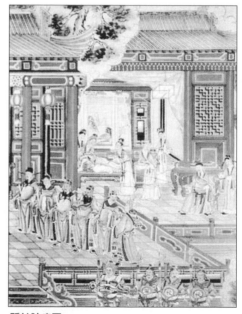

懸絲診病圖。

到了指定的地方之後，太監把牽好的絲線遞給了御醫，御醫坐下來摒氣凝神地捏著絲線，不一會兒他喜形於色地告訴皇上：「啟稟萬歲，娘娘是喜脈！」乾隆聽了之後不但沒有高興的表情，反而有些生氣，御醫這時有點摸不著頭緒了。當他被太監帶到了簾子的後面看「娘娘」時，不由得大吃一驚，原來線的另一端根本就沒有人，而是一把椅子。他「撲通」一聲跪在了地上說：「萬歲，微臣診脈從未有過差錯，這其中一定有什麼玄機，如果劈開凳腿，便能驗證微臣的話是真是假。」

太監們將凳腿劈開之後，御醫迫不及待地上前觀察，只見凳腿中有一個小蛀洞，洞內有一隻小蟲正在蠕動。御醫忙跪下來說：「萬歲請看，凳腿中的小蟲即將要繁衍後代，所以臣診出了喜脈。」

乾隆上前一看，果然是像一隻懷孕的蟲子，於是就相信了御醫的話，讓他為小格格診治。

「懸絲診病」很難找到科學依據，而遙感術的功效卻遠遠超過了這種診病的方法。

自然界許多物種在向外界發射電磁波的同時，也吸收外界的電磁波，針對這一現象，科學家們發明了遙感器，遙感器通常被安裝在飛機或者航太儀器上，遠距離的檢測地物和環境所輻射或反射的電磁波，透過對所吸收到的不同的電磁波的處理和分析，來分辨不同物種的特性。

在通常情況下，物體所吸收到的輻射強度與它自身的溫度和其他物理性質有密切的關係，並且它們是按照波長來分佈的，根據不同的波長和頻率，遙感器分為紫外遙感器和可見光遙感器。

紫外遙感器所選用的是近紫外波段，它的波長一般在○・三～○・四微米範圍以內，常見的紫外遙感器有紫外線攝影機和紫外線掃描器，以及多光

譜照相機等。可見光遙感器能夠接收地物反射的可見光，它所選擇的波長為
〇‧三八～〇‧七六微米，如一些普通的照相機、多光譜掃描器等。

如果按照紀錄資料的不同，遙感器又可分為成像遙感器和非成像遙感器
兩種，如果按照是否帶有探測用的電磁波發射源來劃分的話，它又可分為有
源式和無源式兩種。

每一種遙感器都有它適用的範圍，並且根據其特性，也能起到互補的作
用，如光譜照相機雖然空間幾何解析度高，但是它只適用於晴朗的天氣，陰
雨或黑夜就難以發揮作用，而有源微波遙感器就能適用各種天氣，並且還能
使用波長較長的微波，探測深層的地質特徵。

遙感器在地理研究中起到了不可估量的作用，隨著現代化的進步，它越
來越廣泛地被應用到社會發展的各個方面。

小知識

弗雷德里克‧威廉‧比奇（西元一七九六年～西元一八五六年），英國地
理學家。一八一八年和一八一九年參加了J. 佛
蘭克林和W. E. 帕里的北極探險。一八二一～
一八二三年去非洲北岸探險。一八二五年起
對太平洋進行航海探險，發現了小笠原群
島。一八二七年六月宣布該島為英國領土。
一八三五和一八三七年去南非海洋和愛爾蘭進
行實地考察。著有《一八二一～一八二二年由
的黎波里向東考察非洲北岸的探險記》。

從錯誤百出的第一架地球儀
到模型化

地球儀是仿照地球的樣子，把地球上所有的一切按照一定的比例縮小。這樣做能夠避免平面地圖上存在的一些長度、方向、面積或形狀方面的誤差和變形，可以最大程度地反映地球的真實情況。

馬丁・倍海姆於一四五九年生於德國紐倫堡，他出生在一個從事遠洋貿易的貴族商人家裡，是家裡唯一的男孩。長大後的馬丁・倍海姆，成為了遠近聞名的地理學家和航海家，並且製造了世界上第一個地球儀。

馬丁・倍海姆從二十幾歲的時候就隨船隊去世界各地探險，後來他成為了船隊的副統領。在一次艱難的探險中，因為沒有地圖導致他們的船隊差一點被大海吞噬，隨後他決定製作一個地球儀做為船隊探險的指向標。

這是一個費時又費力的大工程，馬丁・倍海姆結合新舊地理知識、古希臘對世界的猜想、中世紀的地理思想以及航海探險的新結果，繪製了很多的圖畫。他還根據自己的見聞和朋友們的經歷以及很多國家最新的航海資訊，寫了很多故事，描繪了很多怪模怪樣的土著居民以及一些奇異的動植物等等。接著，他把所描繪的圖像以及描寫的土著居民和當地動植物全部繪製在一個直徑有五十一公分的球體上。這個球體被命名為「Erdapfel」，字面意思就是「地球蘋果」，也就是我們現在所說的地球儀。馬丁・倍海姆在地球儀上標註出二千個地名，一百多幅插圖，四十八面旗幟，十五艘船隻，五十多個圖例，以及他所能收集到的各種知識。在地球儀最醒目的地方他寫了一句話：「世界是圓的，可以航行到任何地方。」這是馬丁・倍海姆以及麥哲倫

等航海家，根據自己的航行經驗得出的科學結論。

馬丁‧倍海姆的地球儀為以後的航海和探險做出了巨大的貢獻，也是現在我們所使用的地球儀的雛形。

為了能夠更清晰地認識地球的形象和構造，人們發明了地球儀。地球儀是仿照地球的樣子，把地球上所有的一切按照一定的比例縮小。這樣做能夠避免平面地圖上存在的一些長度、方向、面積或形狀方面的誤差和變形，可以最大程度地反映地球的真實情況。

根據不同的用途，地球儀可分為以下幾種：

1、經緯網格地球儀。這種地球儀上面經線和緯線互相交織，形成經緯網，人們利用經緯網的點線之間的距離與結構，可以精準的確定國家和地區的具體位置。比如它可以給飛機定位，還可以在茫茫大海中為迷航的船隻導航。經緯網多用於軍事、航空、航海等。

2、政區地球儀。這類地球儀用衛星定位資料，按比例畫出等高線，呈臺階狀隆起，用不同的顏色劃分出了不同的地區，高山、平原、盆地、沙漠、峽谷、江河、海峽、海溝

馬丁‧倍海姆製造的地球儀。

等地理資訊看得一目了然。

3、自然面貌的地球儀。這種地球儀表示的是地球的自然面貌，它上面還很細緻的標註了季風的變化以及洋流等。

4、地形地球儀。這種地球儀的表面不再是平滑的，而是凹凸不平，用來形象地表示地球上的起伏不平的高山與峽谷。

除了上述幾種功能以外，人們為了研究天文現象，還製作了天文地球儀，透過太陽與地球之間的公轉與自轉，研究光照的時間，方便人們確定白天、黑夜、季節的變化，以及分析世界時差等。

 小知識

艾德蒙‧哈雷（西元一六五六年～西元一七四二年），英國著名天文學家、數學家，曾任牛津大學幾何學教授和格林威治天文臺臺長。他發現了哈雷彗星，還發現了天狼星、南河三和大角這三顆星的自行，以及月球長期加速現象。主要著作是《彗星天文學論說》。

徐霞客注重地理調查與資料收集

各個歷史時期的古物遺跡遍佈各地，有的裸露在地面，有的則深埋在地下，還有的因為大陸棚的活動而被浸泡在水裡，這就需要對其進行發現、挖掘，然後搜集、整理、記錄等。這種探索方式在科學界被稱為「田園調查」。

徐霞客是中國著名的地理學家，他所著的《徐霞客遊記》成為了地理學研究史上的一部巨作。徐霞客從小就喜歡閱讀有關天文地理、名山大川的書籍，二十幾歲的時候他就帶著僕人去全國各地遊覽山水名勝、探索自然奧祕，足跡遍佈中國華北、華東、華南和西南大部分地區。

因為祖上多是讀書人，所以徐霞客的家族也堪稱是書香門第。他的父親一生不願為官，偏愛遊歷名山大川，受父親的影響，徐霞客小時候也讀了很多歷史、地理以及遊記方面的書籍。

在十九歲那年，徐霞客正打算出去遊歷一番，可是父親突然去世了，按照當時的道德規範，父母在不遠遊，父親雖然去世了，但是還有母親需要照料，所以徐霞客放棄了出門的打算。不過他的母親是一個很開明的人，她知道兒子的心事，便鼓勵他說：「好男兒志在四方，出去遊歷，既能增長見識，又能開闊視野，如果一輩子把自己像小雞一樣困在家裡，又有什麼作為呢？」

母親的話給了徐霞客莫大的信心和勇氣，三年守孝期滿，他便拜別母親，踏上了遊歷名山大川的征程。

有一次，徐霞客去湖南衡陽遊覽風景名勝，在途中從當地人口中得知附

溶洞景觀。

近山上有一個麻葉洞，裡面有神龍虎怪，人們不敢進去。這個說法一下子就勾起了他的好奇心，決定當麻葉洞的第一個探險者。

徐霞客不熟悉當地的地形，決定在當地找一個嚮導。但是當地人都深信麻葉洞中有神龍虎怪，一聽到「麻葉洞」三個字就臉色大變，一個個惶惶然回答說：「快不要提麻葉洞，裡面的妖精年年作怪，前些日子有兩個書生不聽勸，進去就再沒出來！」後來，徐霞客出了高價才勉強找到了一個嚮導，這個人帶著他們主僕兩人走到了麻葉洞口。起初，嚮導一直以為徐霞客是懂法術的人，後來聽說他只是一個書生，根本不懂得什麼法術時，立刻嚇得拔腿就跑了。

徐霞客和僕人舉著火把進入了麻葉洞，那洞口甚是狹窄，僅容一人通過。洞內冷氣襲人，陰森可怖，不時有水珠滴在頸上，令人毛骨悚然。也不知走了多少時間，只見側面突然有一絲亮光出現，主僕兩人忙繞了過去，隨即卻被眼前的奇景驚得目瞪口呆：頭頂的巨石上，齊刷刷裂開一絲狹縫，陽光從縫隙中射入，把洞中的景象映得宛如仙境一般。矇矓中，但見根根石柱從洞頂垂下，棵棵石筍從地上生出，千姿百態，變化萬千，令人目不暇給。徐霞客心中明白，這些所謂的神龍虎怪，是流水侵蝕石灰岩地形時，溶化在水中的石膏逐漸凝結而形成的景象。

在長期的遊歷考察過程中，徐霞客曾經三次遭遇強盜，四次絕糧，但是重重的困難都被他踩在了腳下。不僅如此，他還根據自己親身的見聞和搜集的資料編纂了《徐霞客遊記》，為中國地理學的發展做出了不可磨滅的貢

獻。

各個歷史時期的古物遺跡遍佈各地，有的裸露在地面，有的則深埋在地下，還有的因為大陸棚的活動而被浸泡在水裡，要使人們能夠重新瞭解它們，就需要用科學的方法，對其進行發現、發掘，然後搜集、整理、記錄等。這種探索方式在科學界被稱為「田園調查」，徐霞客便是首創「田園調查」的第一人。

「田園調查」分為參與觀察和深度探索兩個階段。參與觀察首先要選擇有代表性的地段或區域，然後對當地的風土人情和地勢地貌進行認真的瞭解，熟悉當地的縣誌，以及其他一些具有代表性的文獻資料。在掌握這些資料以後，接下來便是與當地政府取得聯繫，獲得他們的支持，開始進一步深入的研究工作。

瞭解當地的風俗，以便能更好地融入其中，對於田園調查來說，是保證深入研究順利進行的首要條件，所搜集的資料主要注重以下幾個方面：

1、盡可能的發現和搜集新材料。

2、在同一個民族的前提下，搜集本地區與其他地區文化之間的差異。

3、搜集資料要客觀準確，以保證調查的真實性。

小知識

勒維耶（西元一八一一年～西元一八七七年），法國天文學家，發現了水星近日點的異常進動，並預言「水內行星」的存在，這個預言雖然後來被愛因斯坦用廣義「相對論」成功解釋，但至今仍未能得到最後的證實。

宦海沉浮的沈括對天文曆法的貢獻

渾天儀由渾儀和渾象兩部分組成，渾儀用來測量天體球面座標，渾象則是用來演繹天象的一種儀器。沈括利用渾天儀，經過比對與研究，最後得出北極星與北極距三度這個重要結論。

沈括出生在一個官僚家庭，在母親許氏的指導下，他十四歲就讀完了家中的藏書。接著，跟隨在外做官的父親雲遊各地，這使他有機會接觸到社會，不僅對當時人民的生活和生產情況有所瞭解，而且還培養了對地理學的濃厚興趣。

他在二十四歲時開始踏上了仕途，由最初的海州沐陽主簿，到後來的縣令，直至後來的進士及第。雖然為官，沈括也沒有放棄對天文地理的觀察與調研。

有一次，沈括在讀書的時候看到了「高奴縣有洧水，可燃」這樣的話，感到十分不解，不知這是一種什麼樣的水，竟然能夠點燃。後來，他去高奴縣做實地的考察，果然發現了一種褐色的液體，當地人稱之為「石漆」，這種液體能夠用來燒火做飯，還能用來點燈或者取暖。於是，沈括將這種「神奇」的液體記載了下來，還為其取了一個新的名字叫做「石油」，並且大膽預言這種液體在以後必將得到全世界廣泛的應用，可以代替松木等來做為燃料。

宋神宗熙寧二年，他參與到王安石的變法運動中，並且受到了王安石的器重，期間他擔任過管理全國財政的最高長官三司使等許多重要官職。王安石變法失敗後，沈括被貶官。三年後，為抵禦西夏，他兼任鄜延路經略安撫

使，因守邊有功，元豐五年（西元一〇八二年），升龍圖閣直學士，後來，又被降職為均州團練副使。哲宗元祐二年，他完成了自己花費十二年心血編修的《天下州縣圖》。次年，沈括功成身退，定居潤州夢溪園，在此安度晚年。在隱居中，他寫出了聞名中外的科學巨著《夢溪筆談》。書中涉及到天文、氣象、地質、地理、文學、歷史、音樂、藝術、數學、物理、化

渾天儀。

學、生物、醫藥、冶金、印刷等十幾個領域的內容，其中既有各種現象的分析，也有理論的闡述和解釋。

　　為了紀念他所做出的卓越貢獻，中國科學院紫金山天文臺將二〇二七號小行星命名為「沈括」。

　　沈括在主持司天監工作期間，為了實測天體運行的情況，以便推算、制訂新的曆法，他改革並創新了幾種重要的天文儀器，其中包括主要的觀測儀器——渾天儀。渾天儀由渾儀和渾象兩部分組成，渾儀用來測量天體球面座標，渾象則是用來演繹天象的一種儀器。為了確認北極星的位置，沈括用了好幾個月的時間，每天晚上觀察北極星，把前夜、中夜和後夜所觀察到的不同的位置都繪製在圖面上，經過比對與研究，最後得出北極星與北極距三度

這個重要結論。

透過對天文的研究，沈括發現節氣的變化與日月的盈虧沒有任何的聯繫，為了解決它們之間脫節的矛盾，他大膽提出廢除以朔計月、以月計年的舊的編年方式，提倡以二十四節氣循環一次為一年的設想。

北宋時期，人們已經發明了指南針，許多人在出遠門的時候，都會用磁石磨成的針來指示方向。可是在使用的過程中，人們發現，指南針的地磁子午線和地理子午線之間，總有一些細微的偏差，沈括把這一發現記錄在《夢溪筆談》裡，提示人們指南針針頭所指的並不是正南方向，而是有偏差的。

除了上述的貢獻以外，沈括還在天文、方志、律曆、音樂、醫藥、卜算都有很深入的研究，並發表著作。英國科學史家李約瑟評價沈括是中國科學史上的一個座標。

 小知識

賴爾（西元一七九七年～西元一八七五年），英國地質學家。他提出「將今論古」現實主義方法論原理和漸變論思想，所著的《地質學原理》是十九世紀有關地質進化論的經典著作。

遠渡重洋的竺可楨
開創氣象資料統一投影

從衛星雲圖上，我們可以清楚地看到地球被一層厚厚的大氣所包裹，這就是大氣層。大氣層的主要成分是氮氣和氧氣，厚度在一千公尺左右，並且在不同的高度會呈現出不同的特徵，分為對流層、平流層、中間層、暖層和散逸層。

説起中國的氣象學，我們自然而然地就想起了竺可楨，他是中國近代氣象事業的主要奠基人，為中國的地理學做出了傑出的貢獻。

竺可楨在很小的時候才學就超出了同年齡的孩子，但是他卻經常被孩子們取笑，因為他的個子很矮，而且很瘦小。有一次，竺可楨行走在教室的走廊裡，迎面走來一群小孩，他們走到竺可楨的身邊的時候就開始嘻嘻哈哈、擠眉弄眼。只聽見其中一個孩子説：「讀書好有什麼用，這麼瘦小，颱風還沒來可能就被颳跑了！」另外的幾個孩子也七嘴八舌地附和著他的話。

聽到了這些話，竺可楨心裡十分難過，他下定決心要努力鍛鍊身體，成為一個對國家、對社會有用的人才。於是，他在當天晚上就制訂了一套詳細的鍛鍊身體計畫，抄了好多份分別貼在床頭上、桌子上等每天都能看到的地方。同時還在鍛鍊計畫書最醒目的地方寫了幾個大字——「言必行，行必果」，用來時刻提醒自己不可放鬆。

從那之後，竺可楨每天都堅持鍛鍊身體，不管颱風下雨從未間斷過。憑藉這份執著與意志，竺可楨的身體越來越棒，再也沒有人取笑他了。良好的身體素質促使竺可楨更加渴望得到更多的知識，他努力學習、研究中國的氣

一九五一年，時任中國科學院副院長的竺可楨在華沙訪問。

象學和地理學，並且取得了令人矚目的成績。

在氣象科學研究中，竺可楨一向十分重視氣象氣候與生產及人類生活的聯繫。早在一九二二年，他就發表過《氣象學與農業之關係》的學術論文。一九三〇年三月，經過竺可楨領導的氣象研究所和全國各方面共同努力，中國政府取締了上海徐家匯發佈氣象預報的顧家宅電臺，開始了由中國人自主發佈氣象預報的歷史。竺可楨還親自主持編印出版了《中國之雨量》和《中國之溫度》兩本書，被認為是中國近代氣象事業發展的明證，也是紀錄上年代最久、涉及臺站數量最多，品質有保證，內容最完整的降水和氣溫資料。

從衛星雲圖上，我們可以清楚地看到地球被一層厚厚的大氣所包裹，這就是大氣層。大氣層也叫大氣圈，它的主要成分是氮氣和氧氣，除此之外，還有少量的氬氣、二氧化碳，以及其他稀有氣體。大氣層的厚度在一千公尺左右，並且在不同的高度會呈現出不同的特徵，根據這些特徵，它可以分為對流層、平流層、中間層、暖層和散逸層。

處在大氣層最底層的是對流層，它與地球赤道的距離是十七公里，與地球兩極的距離是八公里。由於離地球表面很近，地面高溫蒸發上來的水蒸氣都存在這裡，因此雲霧雷電等氣候現象也都發生在這一層。

對流層上面是平流層，它距離海平面約五十公里，這個層面上氧分子在

紫外線的作用下，形成臭氧層，可以保護地球上的生物不受太陽上高能粒子的侵害。這個層面上，氣候穩定，晴朗無雲，適宜飛機航行。

距離地球表面八十五公里的層面叫中間層，從這裡一直到五百公里的地方，是熱層，在這兩層範圍內，經常發生一些奇特的氣候現象，如極光、流星等。因為熱層距離太陽較近，在太陽的輻射作用下，溫度升高，所含的氣體分子或原子被電離，所以形成能夠導電的電離層，能夠發射無線電波，人們利用這一點實現了無線通訊。

從五百公里往上，就是外層，外層溫度高達數千度，且大氣稀薄，從這裡可以直接通向遙遠的星際空間。

大氣層的完整，對人類生存的環境有直接的影響，所以保護大氣層，就是保護地球家園。

小知識

拉普拉斯（西元一七四九年～西元一八二七年），法國著名的天文學家和數學家，天體力學的集大成者。他用數學方法證明了行星的軌道大小只有週期性變化，這就是著名的「拉普拉斯定理」。著有《天體力學》、《宇宙體系論》和《機率分析理論》等。

裴秀提出的製圖六體
是中國古代唯一的系統製圖理論

裴秀是中國歷史上一位傑出的地圖學家，他發明的製圖六體，不僅提出了經緯線在地球上的投影，而且還考慮到現代製圖上的很多主要因素，因此在當時被稱為世界上最完善、最科學的製圖理論，因此贏得了「製圖學之父」的美譽。

製圖在地理學領域是一個至關重要的工作，有了圖形才有研究的依據，因此製圖成為很多地理學家研究的方向。

在中國古代魏末晉初時期，有一位特別擅長製圖的地理學家叫做裴秀，他年少時聰明好學，情操高尚，因為在地理學製圖方面有較高的造詣，所以長大之後擔任地官職務，主要管理國家戶籍、土地、田賦和負責地圖的編製工作。

有一次，他在查閱地理資料的時候，翻開了很久以前的一本地圖集開始查閱某個地方。在仔細觀察的過程中他發現了好多的問題：過去的地圖有記載上的錯誤，這些錯誤又被其他的地圖集或者是書籍延續了下來。而且過去的《天下大圖》是用八十匹絹繪成的，不方便查閱，也不是很詳細。

針對舊的地圖集中的各種問題，裴秀開始編製新的地圖集。他走遍了中國的好多地方，對全國地理逐一做了詳細的調查核實，之後根據調查結果製作成《禹貢地域圖》十八篇，這是中國第一部歷史地圖集。後來，他又將原來用八十匹絹繪成的《天下大圖》，壓縮製成《地形方丈圖》。

這幅新的地圖對山脈、都市、鄉村等地理要素都記載得很詳細，而且攜

帶批閱十分方便，在之後的好幾百年之內，成為人們查閱的標準。

在製圖的過程中，裴秀還總結了前代製圖學的理論，提出了製圖六體，也就是分率、準望、道里、高下、方邪、迂直六條原則，這六條原則相互補充，為後來編製地圖奠定了科學基礎，在中國地理學史上乃至世界地理學史上都有重要的地位。

裴秀是中國歷史上一位傑出的地圖學家，他發明的製圖六體，不僅提出了經緯線在地球上的投影，而且還考慮到現代製圖上的很多主要因素，因此在當時被稱為世界上最完善最科學的製圖理論，其中許多重要的綱領，被很多國家所沿用，裴秀也因此贏得了「製圖學之父」的美譽。

在製圖六體中，裴秀詳細的講解了製圖的要領和方法：

1、分率，分率即製作比例尺，按照真實地形的人小，在圖上按照一定的比例縮小，這個縮小的尺度就是比例尺。

2、準望，準望即在製圖過程中，要明確地貌以及地物之間的方位與關係。

3、道里，用來測定地圖上各個區域之間的距離。

4、高下，就是高程，指的是從某一點到與它相垂直基面的距離，高程有假定高程和相對高程兩種，從某點到假設的水平基面的距離為假定高程，反之到固體基面的距離為相對高程。

5、方邪，方邪是針對地球表面起伏的坡度上的標註。

6、迂直，指的是地理上實際地貌的高低起伏與圖上比例之間的換算。

裴秀的製圖六體是從實際的經驗所總結的，它們之間環環相扣，缺一不可。如果只有圖像，而沒有分率的話，就看不出來實際地勢的遠近；如果有分率而沒有準望的話，即便是知道有這個地方，也不知道它的具體方位；有準望而沒有道里的話，就是知道具體的方位，也不知道通向它到底有多遠；而如果僅有道里，而沒有高下、方邪、迂直等條件對真實的地形加以校正的話，實際的里程與圖上看起來的里程相去甚遠。

 小知識

樂史（西元九三〇年～西元一〇〇七年），北宋文學家、地理學家。他一生中影響最大的一部地理著作是《太平寰宇記》，全書二百卷，約一百三十餘萬字，是繼唐代《元和郡縣誌》以後的又一部採摭繁富的地理總志。

為擴張打掩護的麥金德
提出大陸腹地學說

「大陸腹地學說」又被稱作「陸心說」，如果把整個歐亞大陸和非洲看做是一個世界島的話，離這個世界島最偏遠的地方，就被稱作是腹地。其主要是強調地理位置和地理因素在一個國家的重要程度，它是取決一個國家在世界範圍內，經濟發展和政治統領的必要條件。

地理學有些時候也會影響政治和經濟，體現這種影響最明顯的就是「大陸腹地說」。做為地理學上的一種思想，「大陸腹地說」又影響到了世界的政治和經濟。這一思想是英國地理學家和地緣政治家麥金德提出來的。

麥金德曾經擔任過牛津大學的高級講師和第一任地理系主任，在給同學們上課的時候，他不只一次提到「大陸腹地說」這一觀點。

一次，有一位同學對他的這一思想提出了質疑，麥金德就引用了大量歷史事實說明來自大陸腹地的征服者對邊緣地帶向著三個方向擴張和侵略：向東南方向就是澳洲；向東北方向就是經西伯利亞和阿拉斯加到美洲；向西到歐洲邊緣地帶和南部腹地。

最後，他還告訴了那個同學一句名言：「誰統治了東歐，誰就統治了大陸腹地；誰統治了大陸腹地，誰就統治了世界島；誰統治了世界島，誰就統治世界。」同學們都被眼前的這位老師的話說服了，他們都深信「大陸腹地說」的正確性。

「大陸腹地說」出現的那個年代正值英國對外侵略擴張的時候，這種地

理學上的思想，其實就是在適應當時英國對外侵略擴張的要求，為英國的對外侵略打掩護而已。

這一思想在西方政治生活中影響很深，它曾經一度成為地緣政治學者們鼓吹納粹征服世界的信念，有些西方政治學家甚至認為中、蘇關係的發展也與麥金德的腹地說有關。

大陸腹地學說又被稱作陸心說，如果把整個歐亞大陸和非洲看做是一個世界島的話，離這個世界島最偏遠的地方就被稱作是腹地。麥金德提出這個學說，主要是強調地理位置和地理因素在一個國家的重要程度，它是取決一個國家在世界範圍內，經濟發展和政治統領的必要條件。

世界上任何政治活動，都會選擇一個特定的時間，在特定的地理區域內舉行。因此，特定的地理環境不僅為政治活動提供了有利的空間，還提供資源保障，除此以外，不同的地理區域，所產生不同的歷史文化和風土人情，也有在一定程度上影響著人類的政治行為和歷史發展的趨勢。

　　從地理形勢來看，歐亞大陸邊緣地區，無論是地理環境還是工農業生產條件，都優於心臟地帶。從形式上看，當大陸心臟地區的遊牧民族被有組織的群體所取代時，他們向外擴張的狀體並沒有改變，到了十九世紀，擴展到了一定的程度，他們在海上的勢力被不列顛所扼制，進而形成了不列顛以海軍控制來實現包圍歐亞大陸的形勢。

　　十九世紀，西方很多地理學家就曾經研究了地理位置與國家之間的關係，從柏拉圖的《理想國》到拉采爾的《政治地理學》，從瑞典學者謝倫的《地緣政治學》到斯皮克曼的《陸緣說》，都科學而直觀地探討了這個關係。尤其是在進入二十世紀以後，科恩提出來的「地緣戰略區」和「地緣政治區」更為政治地理學的發展起到了推波助瀾的作用。

小知識

賈耽（西元七三〇年～西元八〇五年），中國唐代著名的政治家、地理學家。他在地圖學上的成就，主要體現在《海內華夷圖》上，並且使裴秀首創的「製圖六體」，在瀕臨失傳的緊要時刻，被繼承了下來。同時，他還開了中國以兩種顏色標註地名的先河。著有《海內華夷圖》、《古今郡國縣道四夷述》、《皇華四達記》、《吐蕃黃河錄》等。

美麗的大峽谷傳說
是侵蝕循環學說的見證

「侵蝕循環學說」是美國地理學家大衛斯於一八八四～一八九九年間提出的一種地形發育理論。他認為地塊開始上升與被逐漸剝蝕夷平，並降低到起伏不大的地面或接近基面的準平原之間，存在著連續的剝蝕過程和地表形態。該學說的假定前提是：①位於潮溼溫帶；②岩性均一；③起始地形是平原；④地殼僅是在開始時有一次急速上升，其後進入長期的穩定。

科羅拉多高原上美麗的大峽谷是怎樣形成的呢？人們都對它的成因做了各種的猜想，但是在印第安人生活的那片土地上卻有這樣一段美麗的傳說：

印第安人在很久之前就生活在科羅拉多高原上，他們有著明確的分工，男人出去狩獵，女人出去摘野果。後來他們學會了種植，就在自己的房子附近種上一些簡單的農作物。他們就這樣在屬於自己的土地上，過著與世無爭的生活。

後來天降大災，科羅拉多高原上突然來了洪水。印第安人四處逃難，上帝看著可憐的人們，心生憐憫，就將人類化為了魚鱉，才讓他們從這場災難中倖免，這也是知道現在印第安人都不吃魚鮮的重要原因。

雖然印第安人在這次的洪水中倖存，但是科羅拉多高原上的洪水依然肆虐，洪水不斷侵蝕著高原上的土地，那些比較堅硬的岩層構成河谷之間地區的保護層，而河谷裡洪水的侵蝕作用十分活躍，於是出現了平臺型大山或堡壘狀小山。

洪水就這樣每天雕刻著大峽谷，一天都沒有停息過。現在我們所看到的大峽谷其實早已經歷了幾十億年的漫長歲月而形成的，這種雕刻依然在繼續著，雖然我們無法察覺水流對峽谷塑

科羅拉多大峽谷。

造的進度，但是隨著時間的演進，展現在我們眼前的一定是更加令人難以置信壯觀的景象。

印第安人的災難，印證了「侵蝕循環學說」。「侵蝕循環學說」的精髓，就是闡述有關地形發育的理論。

「侵蝕循環學說」是美國地理學家大衛斯於一八八四～一八九九年間提出的一種地形發育理論。他認為地塊開始上升與被逐漸剝蝕夷平，並降低到起伏不大的地面或接近基面的準平原之間，存在著連續的剝蝕過程和地表形態。該學說的假定前提是：①位於潮溼溫帶；②岩性均一；③起始地形是平原；④地殼僅是在開始時有一次急速上升，其後進入長期的穩定。

由於地質內部大陸板塊的運動，使地面產生不同程度的上升與沉降，進而形成分水嶺和谷底，然而在氣候變化以及水流的侵蝕下，這些高低不平的表面會逐漸平緩。起初，當地面被板塊運動迅速抬升的時候，雖然下面的河流也在不斷地侵蝕，但是由於地面抬升速度過快，相比之下，河流對谷底的侵蝕要緩慢得多，這時候分水嶺與河谷之間並沒有呈現出太大的高差，地表看起來是平緩的狀態。

　　當地面上升運動結束的時候，河流依然繼續對谷底進行侵蝕性的下切活動，由於分水嶺所受到的侵蝕的作用是緩慢的，所以它與谷底之間的高差便逐漸加大，地表起伏強烈，呈現出明顯的峰谷，河流對谷底的侵蝕到了一定的階段，便逐漸減弱，直至停止，谷底高度不再降低。這時候地面上由於河流水系分佈廣泛，河流對地表的侵蝕開始明顯，分水嶺高度不斷地下降，這時它與谷底之間的高差逐漸縮小，整個地勢在二者相對的作用下又趨於平緩，這樣的活動到最後，由於河流對它們的侵蝕已經達到一定的程度，二者的高差不再發生強烈的變化，在含有一定起伏的狀態下，形成帶有波谷的侵蝕性平原。

　　這樣侵蝕性平原，被稱為準平原。美國地理學家大衛斯對這一現象進行了深入的探討和研究，並提出了「侵蝕循環學說」，地面的每一次抬升，都會重新演繹一遍這個循環侵蝕的過程。

 小知識

　　大衛斯（西元一八五〇年～西元一六三四年），美國地理學家、地質學家，美國地理學奠基人。一八六九和一八九〇年，他先後發表《賓夕法尼亞的河流和河谷》、《紐澤西北部的河流和河谷》兩篇論文，提出「侵蝕循環學説」，用發生學觀點解釋地貌的發生和發展，推動了地貌學的發展，並產生廣泛影響。主要著作有《自然地理學》、《地理學論文集》、《珊瑚礁問題》等。

魏格納在病床上提出大陸漂移假說

「大陸漂移說」認為，在中生代以前，地球上的大陸是一個整體的板塊，這個整體被稱為泛大陸或者聯合古陸，從中生代開始，由於地殼的運動，大陸板塊開始發生裂變，並在潮汐和離極力的作用下，開始分散、漂移。

世界輪廓圖早在西元二世紀就已經出現，在西元十六世紀初的時候麥哲倫進行了環球航行對世界輪廓圖進行了驗證，直到二十世紀初之前都沒有人深究過這幅世界輪廓圖。

一九一〇年的時候，德國著名的地理學家阿爾弗雷德‧魏格納因為生病住進了醫院，他的病床前掛著一張世界地圖，沒事的時候他就盯著那張地圖看。

突然有一天，魏格納在那張普通的地圖上發現了一個不可思議的現象：非洲的西海岸和南美洲的東海岸的輪廓正好是吻合的，假如說將二者拼接一下的話，就會像拼圖遊戲一樣結合在一起。亞洲東部的很多島嶼也是如此，地球上所有的陸地就像是從一塊大的版圖上漂出去的一樣。

據此，魏格納突然有一個大膽的猜想：在遠古時代，地球上只有一塊大的陸地，但是隨著地殼的變化和在海洋中的漂移，這一塊大的陸地就被分成了好多個小塊，每一個小塊都在慢慢地漂向遠方，就形成了現在的這種格局。

魏格納出院之後，根據這個猜想進行了廣泛的調查與研究，他的調查範圍包括世界各地的地層特點、動植物到古生物化石及古代冰川的遺跡。經過

研究，他發現遠古時期非洲的西海岸和南美洲的東海岸確實是連接在一起的，二者的地層中甚至都有同一種類的化石。這種結果更加讓他深信「大陸漂移說」的正確性。

後來，魏格納將自己的調查研究結果公布於世，並發表了「大陸漂移說」的理論。此理論一經發表，就在地理學界引起了軒然大波，很多地理學家針對這種理論又進行了系統的調查論證，證明了其正確性，但是具體是什麼力量導致了這種漂移，還是困擾地理學家們的一個重要的課題。

「大陸漂移說」是解釋地殼運動、海洋與大陸分佈狀況以及它們之間演變過程的一種學說。一九一二年，阿爾弗雷格・魏格納在他的一篇學術論文裡，正式提出來「大陸漂移說」的假設。他認為，在中生代以前，地球上的大陸是一個整體的板塊，這個整體被稱為泛大陸或者聯合古陸，從中生代開始，由於地殼的運動，大陸板塊開始發生裂變，並在潮汐和地球自轉的離極力的作用下，開始分散、漂移。

早在一六二〇年，英國地質學家培根就曾經提出，現在的西半球與歐洲和非洲之間曾經是一個整體的說法。一六六八年，法國的普拉賽也認為，在地球上第一次出現大洪水（巴比倫文明的洪水神話）之前，各個大陸之間是一個整體。到了十九世紀，地理學家修斯對這一說法進行了探索，經過對南半球各大陸上的岩層的分析，他發現這些大陸塊上的岩層非常一致，完全可以把它們合成一個整大陸。修斯把這個假設存在的大陸叫做岡瓦納古陸，它因靠近印度中部的岡瓦納地方而得名。

存在大陸漂移的證據有以下幾點：

1、大西洋兩岸之間海岸線是相對應的，特別是凸角和凹槽都是吻合的。

2、美洲和非洲、歐洲之間在地層、岩石結構上也是一致的。

3、在相鄰的大陸之間，所生存的生物物種都有相近相似的親緣關係。

4、在南美洲、非洲中部南部、印度、澳洲都發生過冰川作用，在其他廣大區域沒有發現冰川遺跡，這表明它們曾經是相連的。

5、現代化的測量資料顯示，大陸仍在緩慢的進行移動。

小知識

阿爾弗雷格・魏格納（西元一八八〇年～西元一六三〇年），德國氣象學家、地球物理學家、天文學家、「大陸漂移說」的創始人。一九一二年一月六日，他在法蘭克福地質學會上做了題為「大陸與海洋的起源」的演講，提出了大陸漂移的假說。一九一五年出版了《海陸的起源》一書，有系統地闡述了「大陸漂移說」。

學者艦長提出海底擴張學說

「海底擴張說」為海底地殼生長和運動擴張的一種學說，是對「大陸漂移說」的進一步發展。它是二十世紀六〇年代，由美國科學家H. H. 赫斯和R. S. 迪茲分別提出的。

赫斯堪稱是地理學上的一個風雲人物，他是美國普林斯頓大學地質系的系主任，曾以運輸中隊中校的身分參加了第二次世界大戰。儘管是去作戰，赫斯仍然沒有忘記自己地質學家的身分，他合理地利用了每一個可以利用的機會來進行地質觀察與研究。

在戰爭期間，赫斯擔任運輸中隊中校，所以他經常能有機會乘坐潛艇進行水下觀察，並發現了太平洋海底有許多頂部平坦的火山。戰爭結束之後，赫斯立刻回到了自己的工作崗位上，發表了在戰爭中觀察到的一百六十個平頂海山，並且以普林斯頓大學第一位地質學教授蓋約特的名義，為這些平頂海山起了名字。

發表了「蓋約特」之後，赫斯就開始針對這種平頂海山進行具體的研究。經過一段時間的調查研究，赫斯發現了一個震驚地理學界的新的學術思想——海底擴張學說。

在一次學術發表會上，赫斯首次表達了這一觀點。他認為，地幔的頂部被稱作大洋，新的地殼由地幔物質在大洋中脊底裂谷處上升形成，而新的地殼又會在海溝處下沉重新返回地幔深處。大洋也並不是永恆的，大約每隔一百萬年洋殼就要更換一次。勒霍姆斯的「地幔對流模式」正好能夠解釋這一個過程，隨著地幔對流的不斷進行，洋殼就會不斷地在大洋中脊處誕生，

全球洋底地貌圖。

又會不斷地在海溝處消亡。就這樣，「海底擴張學說」誕生了，這個學說是以大陸漂移說等思想做為基礎的。

「海底擴張說」的出現，引起了地質學家的廣泛關注，也為以後地質學的發展做了良好的鋪墊。

上個世紀六○年代，赫斯教授在其著名的論文《大洋盆地的歷史》裡，首先提出了「海底擴張學說」。

地球的構成部分有三，分別是地殼、地幔、地核。溫度很高、壓力很大的地幔，如同沸騰的鋼水，不停地翻滾，由此產生激烈的對流，並聚積起強大的動能。做為地殼的大陸和洋底，則被這種動能推動，緩慢地在地幔形成的對流體上移動，並隨著地幔不停地湧升。在持續而強大的地幔湧升力的驅動作用下，洋殼慢慢地撕裂，在裂縫中，就會湧出新的岩漿，這些岩漿經過

冷凝、固結，成為新的地殼，再次被新的湧升流動所推動。如此一來，經過反覆不停地運動，新的洋殼不斷地產生，並把舊的洋殼向兩側逐漸推移出去，這就形成了海底擴張。

一九六五年，又有科學家提出了轉換斷層的概念，這一概念的提出，使岩石圈水平位移在理論上成為可能，由此闡明了由於洋中脊的擴張，新生洋殼和海溝帶的洋殼，經過俯衝消減的消長，達到平衡的關係，證明了擴張與消減速率相等。

洋中脊處，新的洋殼不斷產生，而其兩側，離洋中脊越遠處，洋殼越古老，這又證明了大洋底部在不斷擴張和更新。海底擴張學說，充分解釋了一系列海底地質現象。它的提出，使「大陸漂移說」再次興起，並引導人們發現了地殼存在大規模的水平運動。

 小知識

H. H. 赫斯（西元一九〇六年～西元一九六九年），美國海洋地質學家、地球物理學家。一九六二年，他在《洋盆的歷史》中提出海底擴張的概念，指出在大洋中脊軸部地幔物質上湧，形成大洋地殼；隨著中脊軸部新洋殼不斷形成，先成的洋殼向洋中脊兩側擴張，最後在海溝地區俯衝返回地幔。「海底擴張說」復興了阿爾弗雷格‧魏格納的「大陸漂移說」，奠定了「板塊構造說」的理論基礎。

「好客海」歡迎地理學家前來探討人地關係論的基本原則

人類是大自然的產物，其為生存發展所從事的各種活動，勢必要受到所處的地理位置和自然環境的制約和影響。為此形成了人地關係，這種關係的地域性或地域組合特點，是人文地理學研究的特殊對象。

在古希臘有一個有名的航海家叫做拉斯，他靠著一張地圖走遍了世界的很多地方。後來，他聽說黑海附近幾乎成為了航海家的禁區，很多人都不敢去那裡探險，於是收拾好行囊，率領船隊前去黑海探險。

拉斯的船隊一路上航行得都很順利，快到黑海的時候依然沒有什麼異樣。拉斯和船隊上的船員都在想像著當地的土著居民是什麼樣子、當地會有什麼樣的土特產。正當他們毫無防備的時候，一股大浪湧了過來，他們的船雖然在當時來說很先進，但是卻沒有抵抗颶風大浪的能力，很快就被掀翻了，船員都掉進了海裡。他們靠著身邊僅有的乾糧在海上熬了一天一夜，有幾個船員沒等到過往船隻的拯救就被大海吞噬了。最後，拉斯和僅存的幾個船員被路過的船隻救起，並經過幾番周折回到了故鄉。

拉斯告訴其他的航海家說：「黑海的確是『不好客海』啊！但是相信只要努力就一定能夠征服它。」後來的幾年中，拉斯一直在研究改進船體的構造，還致力於研究黑海附近地形和氣候的特點，以便下一次探險。十幾年之後，拉斯重新豎起了桅桿將船駛向了黑海。

這一次拉斯的船隊大大改進了航海技術，儘管和第一次一樣遇到了颶風

黑海。

和大浪，但是這一次他的船隊成功到達了黑海附近的陸地。航海結束回到家鄉之後，拉斯立即告訴好友：「黑海已經變成『好客海』了！」

人類是大自然的產物，其為生存發展所從事的各種活動，勢必要受到所處的地理位置和自然環境的制約和影響。為此形成了人地關係，這種關係的地域性或地域組合特點，是人文地理學研究的特殊對象。

關於人地關係的研究由來已久，經過漫長的歷史發展過程，人地關係論逐漸產生，並得到了相當的發展。在此過程中，出現過各種關於人地關係的理論。中國古代就有以「天命論」為基礎的「神怪論」和「不可知論」，也有以「人定勝天，天定勝人」為代表的樸素的人地關係思考。

人地關係論取得了突破的新進展，是近代的事情，其中洪堡和李特爾起了非常重要的作用，並做出了突出的貢獻。洪堡提出，地球是一個自然統一體，人類只是其中的一個有機組成部分，為此，地理學研究的對象應該是各

種人文現象和自然現象的地域性結合。李特爾則把人文現象與自然現象的研究結合在一起，認為地球僅僅是人類活動的平臺，地理學的研究任務就是自然界發生的一切現象和形態與人類生存發展所形成的關係。他們的思想，對「環境決定論」的產生和發展起到了關鍵性的作用。

上個世紀五〇年代，英國地理學家斯派特將「環境決定論」和「可能論」進行了折衷，提出「或然論」的思想。同時，還出現了「生態調節論」、「適應論」、「文化景觀論」等觀點，這些論斷從不同的角度，揭示了人地之間不同的相互關係。進入本世紀，隨著地理學數量化的發展，人文地理學的研究更加深入到人地關係的各個微觀領域，綜合性研究人文與自然的統一，促使人地關係論不斷有新的突破和發展。

小知識

尚·巴普蒂斯特·拉馬克（西元一七四四年～西元一八二九年），法國博物學家、教育家，生物學偉大的奠基人之一。「生物學」一詞是他提出的，並最先提出生物進化的學說。他常常從事野外考察，主要著作有《法國全境植物志》、《無脊椎動物的系統》、《動物學哲學》等。

龐貝古城的末日源自火山噴發

泥火山，顧名思義是由泥構成的火山。說是泥，是因為它的的確確是由黏土、岩屑、鹽粉等泥土構成；說是火山，卻又不是一般的火山，通常所說的火山最基本的特徵是由岩漿形成的，並具有岩漿通道，而泥火山則是由泥漿形成的，不具有岩漿通道。不過，泥火山不僅形狀像火山，具有噴出口，還有噴發冒火現象。

愛琴海邊有一座山，據說那是赫爾墨斯造箭的地方。它很美麗，很寧靜，也很雄壯，但卻是一座火山。

西元七九年八月二十四日，這座名為維蘇威的火山終於爆發了。

從清晨開始，一團團的烏雲將天空全部遮掩，熾熱的岩漿從火山口噴出，開始四處奔流，火山灰也瀰漫開來。在龐貝城，老人們都在謨拜上蒼，懇請上帝收回成命，讓火山恢復以往的安寧；中年人都在詛咒著這讓他們足以背井離鄉的災難；年輕人卻都好奇地看著這從來沒有遇到過的自然奇觀。

龐貝城的末日。

但火山灰傾盆大雨似的不停地落下來，很快就淹過了人們的膝蓋，他們只好躲到屋子裡。沒想到這時又發生了地震，建築物搖搖欲墜，使人們又不得不回到大街上。

當天下午，城裡的一部分居民感到火山噴發和地震不會停止，

就早早去避難了。可是，火山的噴出物漸漸在火山上方形成了厚厚的雲層，將周圍籠罩在一片黑暗中。空氣中的火山灰嗆得人喘不過氣來，不斷降落的浮石和火山礫越積越多，堵住了道路，使通行非常困難。這些人也許逃往了現在的摩雷吉內的殘留建築或波塔羅地區的港口，但他們肯定發現想從海路逃跑已經不可能了。另外還有人逃向諾切拉方向。留在城裡的人或被堆積的浮石堵住門窗不能動彈，逐漸窒息而死，或強行逃跑而丟掉性命，也有人被倒塌的建築物壓死。此外，有人逃到沒有浮石進入的屋子，想再從那裡出去；有人逃到樓房最高層，最終被關在了裡面。

一直到傍晚，火山灰還仍然落個不停，房屋被覆蓋了，劇院和高大的公共建築也相繼被吞沒了。最後除了一片灰的曠野以外，什麼也沒有了。

對龐貝末日最詳實的紀錄來自羅馬學者小普林尼。在一封給羅馬歷史學家塔西圖的信中，他寫下了自己的所見所聞：「一朵形狀像松樹似的黑雲出現在火山口，過了一段時間，這朵黑雲沿著山坡滾下來，將周圍的一切都覆蓋了，包括附近的海面。」

小普林尼看到的黑雲是火山噴發出來的熾熱氣體、灰塵和石塊。普林尼報導說，在火山噴發時，地面不斷地顫動，後來地震非常強烈。他寫到，灰塵如同厚厚的板塊一樣落下來，村子裡的人們被迫撤離。海面突然退回去了，然後又被一陣地震逼了回來。今天的地質學家將最後的這個現象稱為海嘯。他還說，太陽被灰塵遮掩，白天如同黑夜。

火山是熾熱地心的窗口，是地球上最具爆發性的力量。與我們常見的火山不同，地球上還存在著泥火山。德國地理學家洪堡最早發現，並首先對泥火山進行了科學的觀察和研究。

泥火山，顧名思義是由稀泥構成的「火山」。說是泥，是因為它由各種黏土、鹽粉、沙礫、岩屑等泥土成分構成，形成的湧動的泥漿；說它是火

山，其實它又不具有岩漿通道。之所以叫泥火山，不僅它形狀像火山，而且具有噴出口，偶爾還會有噴發冒火現象，形成美麗的火山霞景觀。

泥火山的噴泥口，通常情況下很淺，有的可能會間歇地噴發，所噴出的泥漿不斷重塑其堆積的錐體，最後形成新的地形地貌，並從微觀上對周邊的地理環境進行重建和改造。

泥火山的形成原因各不相同，有的形成與溫泉有關，其原因是溫泉中大量的氣體摻雜著少量的水，不停地與周圍岩石發生化學反應，形成沸騰的泥漿，並噴湧而出。溫泉形成的泥火山還有兩種形態，一種被稱為粥鍋，是沸騰的泥漿盆地侵蝕周圍岩塊，其泥漿顏色單一，如同一盆沸騰的粥。另一種則叫顏料鍋，是泥漿盆地被周圍岩石的礦物染成褐、黃、綠或藍色，使其色彩斑斕，就像攪拌後的五彩繽紛的顏料鍋，因此被人們比喻為顏料鍋。

除了溫泉原因，還有一些泥火山是非岩漿造成的泥火山。其原因是地下的甲烷以及其他碳氫化合物氣體與泥漿混合，在壓應力作用下，向上衝出地表，形成錐形的泥火山。

泥火山做為火山的一個種類，分佈十分廣泛，成為自然風光中一道不可或缺的美麗景觀。

 小知識

費迪南・馮・李希霍芬（西元一八三三年～西元一九〇五年），德國地理學家、地質學家。他所著的《中國》一書，是第一部系統闡述中國地質基礎和自然地理特徵的重要著作，並創立中國黃土風成的理論。另外，還著有《當今地理學的任務和方法》和《十九世紀地理學的動力與方向》等。

妖孽說否定了張衡發明的地動儀

地震又稱地動，是地殼快速釋放能量過程中造成振動，期間會產生地震波的一種自然現象。

提起張衡，我們自然而然地想到了中國古代測試地震的地動儀，這位偉大的天文學家於西元七十八年出生在中國南陽西鄂。張衡從小就對天文學很感興趣，長大後，他不僅在中國天文學發展方面做出了卓越的貢獻，在數學、繪畫、地理和文學等方面也取得了令人矚目的成就。

張衡在十七歲時離開家鄉，先後到長安和洛陽求學。這兩個城市是當時中國最繁華的城市，城裡的王公貴族和太監們過的是驕奢淫逸的生活。張衡對這些現象非常看不慣，就寫了《西京賦》和《東京賦》來進行諷刺。

有一天，皇帝召見張衡，他慌忙跟著太監去了皇宮，路上問太監皇上為什麼急著召見他，太監笑而不答，這讓張衡心裡有些不安。

到了皇宮之後，皇帝正在與群臣商議事情，見張衡來了，皇帝就說：「來得正好，我們正在商討一個問題，你也發表一下意見。」接著就有人告訴張衡，說他們討論的問題是「天下人最恨哪類人」。

張衡聽到了這個問題之後，第一反應就是天下人最恨皇帝身邊的太監。這些人根本就不在乎百姓的死活，只管自己吃、喝、玩、樂。更有甚者，某些太監還仗勢欺人，百姓自然最恨這樣的人了。但張衡對當前的政治形式早已了然於胸，所以並未直言指責那些太監，如果他如實回答，肯定會被暗殺。於是，他用眼角的餘光掃視了一下四周，發現旁邊太監也紛紛向他使眼色，便顧左右而言他，用「人自然是怕鬼」的話敷衍了事。

儘管這一次張衡躲過一劫，但是他還是得罪了太監，這些人時時阻撓他的科學研究。

那個時候，中國經常發生地震，皇帝和百姓們都把這種現象看做是不吉利的徵兆。張衡對記錄下來的地震現象經過細心的考察和試驗，發明了一個測報地震的儀器，取名為「候風地動儀」。

據《後漢書・張衡傳》記載，候風地動儀「以精銅鑄成，圓徑八尺」，「形似酒樽」，上有隆起的圓蓋，儀器的外表刻有篆文以及山、龜、鳥、獸等圖形。儀器的內部中央有一根銅質「都柱」，柱旁有八條通道，稱為「八道」，並且設有巧妙的機關。樽體外部周圍有八個龍頭，按東、南、西、北、東南、東北、西南、西北八個方向佈列。龍頭和內部通道中的發動機關相連，每個龍頭嘴裡都銜有一個銅球。對著龍頭，八個蟾蜍蹲在地上，個個昂頭張嘴，準備承接銅球。當某個地方發生地震時，樽體隨之運動，觸動機關，使發生地震方向的龍頭張開嘴，吐出銅球，落到銅蟾蜍的嘴裡，發生很大的聲響。這時，人們就可以知道地震發生的方位。

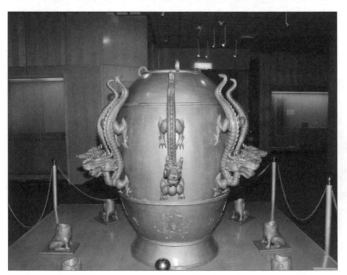

候風地動儀復原圖。

西元一三八年二月的一天，候風地動儀正對西方的龍嘴突然張開來，吐出了銅球。可是，這一天洛陽一點也沒有地震的跡象，更沒聽說附近有地方發生了地震。因此，人們議論紛紛，都說張衡發明的地動儀是騙人的。

過了幾天，有人騎快馬來向朝廷報告，說距離洛陽一千多里的隴西一帶發生了大地震。直到這時，人們才信服地動儀的準確性。

然而，張衡花了大半生的時間研製出來的候風地動儀，不僅沒有得到皇帝的重視，還被認為是邪教頭子製造出來的「妖物」，這一切都源於太監們的從中作梗。他們怕張衡在皇帝面前揭他們的短，就向皇帝講了張衡許多壞話。最後，張衡被調出京城，到地方為官去了。

張衡所處的東漢時代，地震比較頻繁。對於地震，張衡有很多親身體驗。為了掌握全國地震動態，他經過長年研究，在陽嘉元年（西元一三二年）發明了候風地動儀，這是世界上第一架地動儀。但地動儀的內部結構至今還是一個謎，根據前人的猜測，大多認為其內部都柱的工作原理應該與近代地震儀中的倒立式震擺工作原理相似。但也有人對倒立擺結構提出過異議，認為都柱應該是地動儀中不動的支撐件。「都」是集合的意思，說明都柱不是孤柱，應該還附帶八套指向不同方向的機關。

顯然，張衡發明的地動儀，應該具有一般測量儀器具有的性能，即靈敏度和穩定性。這兩個特性是相互矛盾的統一體。做為檢測地震的儀器，地動儀應該具有很高的靈敏度，只有如此，才能即時檢測到發生的地震，但較高的靈敏度，勢必會造成穩定性的不足。如何在二者之間達到最佳平衡，至今是一個令人充滿好奇和猜想的課題。

小知識

朱思本（西元一二七三年～西元一三三三年），中國元代地理學家、地圖學家。他歷時十年繪製而成的《輿地圖》是中國製圖史上的傑作。

周武王治天下選擇適應論

適應論的主要觀點，就是要求人類應該側重關注人和地理環境相互
作用的適應關係，而不是把重點放在人和環境彼此控制的問題上。

武王

受天眷命　繼志前人
遐邇悅服　儀武修文
惟賢是寶　法度彰明
建用皇極　爰叙彝倫

周武王立像。

經過慘烈的戰爭，周武王姬發戰勝了商紂王。他的弟弟姬旦十分高興，開始籌備慶功宴。然而姬發卻沒有弟弟姬旦那麼興奮，他變得異常憂慮，每天晚上都輾轉難眠。此時，他所面對的是一個歷經戰爭瘡痍的國家，局面十分複雜：國家內部有數量眾多的殷商遺民，而領土四周則遍佈著不同的少數民族，對剛剛建立的周王朝虎視眈眈、蠢蠢欲動。東面是夷族部落，南邊是楚人的地盤，最要命的是犬戎，他們的大本營距離鎬京不遠，能夠直接威脅周朝的國都。

一天，姬旦去看望哥哥姬發，姬發便將自己難以入睡的事情告訴了弟弟。姬旦對哥哥的行為十分不解，問道：「天下即將成為您的天下了，您還有什麼好憂慮的呢？」姬發說：「我們雖然打敗了商紂王，但還有一件事一直困擾著我。」姬旦關切地問：「什麼事？」姬發說：「就是商朝滅亡這件事。」姬旦說：「商朝滅亡是他們應得的結果，也是我們的將

士用流血犧牲換來的，有什麼想不通的呢？」

姬發想了想說：「商朝之所以能夠統治天下幾百年是因為上天在幫助他們，然而，我們周人卻推翻了商朝，這說明上天已經拋棄了商朝，我們周人開始得到上天的眷顧。但是，周人建立了周朝之後，誰能保證上天不會像拋棄商朝一樣拋棄周朝呢？我就是在考慮應該怎麼做才不會被上天所拋棄。」

姬旦回去後，便開始和他的謀士討論這個嚴峻的問題，經過幾天的商討，他為哥哥姬發提了兩條建議：一是要建立強大的軍事力量，讓那些殷商殘餘勢力望而生畏；二是採取分封制的辦法，把鎬京和洛邑周圍肥沃的土地劃給天子直接管理，而後把王朝直轄土地之外的領土再分給王室成員、功臣以及古代帝王的後裔，讓他們在地方做「諸侯」，分區管理，輔佐周王。被封的「諸侯」在「封國」內也可以繼續分封，並且下級對上級要承擔繳納貢物、軍事保衛、服從命令等義務。透過這種逐級分封，就結成了一個像金字塔一樣的構造，不僅便於天子的指揮，還能體現出統治的優越性。

姬發十分肯定弟弟姬旦的建議，他在建立了周朝之後就開始廣泛地推行分封制，不僅鞏固了周朝的統治，還有效地統治了西周境內「王」直轄區域以外的廣大地區。

周武王廣泛地推行分封制來治理天下，選擇的是對環境的「適應論」。「適應論」的思想和實踐案例，在古代很多典籍著作中都能夠找到，但是直到上個世紀三〇年代，才由英國地理學家羅士培教授提出來，成為一種理論。

適應論的主要觀點，就是要求人類要注意調節自身與其生存的自然環境的關係。認為人類應該側重關注人和地理環境相互作用的適應關係，而不是把重點放在人和環境的彼此控制問題上。在內涵上，適應論不僅用來闡述自然環境對人類活動的「控制」，也包括了人類對環境的作用和利用環境的各

種可能性。

二戰以後，人們又提出了協調論。協調論認為，不僅要使人類的活動更能順應環境的發展變化規律，更能充分合理地利用環境，而且要對已經被人類活動和自然災害破壞的環境進行修復，對人類和自然環境不協調關係，進行全面調整。

「協調論」和「適應論」是有著本質的區別的。「適應論」強調人類被動適應環境，反映的是人類對自然環境的無奈和消極的適應；「協調論」則重點強調人類和自然環境的關係，是主動地對環境的適應，並對生存環境產生積極的作用。

人類與環境是對立又合一的關係，環境是做為人類的對立面而存在的，並按照自身的規律發生和發展著。同時，人類與周圍的環境又是互相作用、彼此制約並相互轉化的。人類必須與環境協調發展，解決好人類生存發展同環境對立的矛盾，促使人類與環境的協調統一。

小知識

柯本（西元一八四六年～西元一九四〇年），德國氣象學家和植物地理學家。他在一八七六年研究北半球降雨的機率，繪製低氣壓系統綜合路徑圖。一八七九年提出「風速日變化理論」。一八八〇年提出低氣壓系統大致按盛行風方向前進的論點。一九〇〇年提出較完整而簡要的氣候分類法，稱為「柯本氣候分類」，並被廣泛採用。一九〇六年首先創用「高空學」這一學術名詞。一九一四年發現大型天氣現象有十一年的週期存在。著有《氣候學》第一卷《普通氣候學》、《地質時代的氣候》（與A. L. 韋格納合著）、《氣候學手冊》五卷（與R. 蓋格爾合編）等。

孫臏因勢利導巧用環境決定論

環境決定論，最早是德國地理學家拉采爾所提出，他在十九世紀末發表了《人類地理學》一書中，提出人和動植物都是地理環境不斷發展的產物，人類的活動、人類的發展以及人類的理想，均會受到自然界地理環境的嚴格限制和影響。

兵家作戰有很多技巧，實力弱的那一方並不一定會失敗，反過來說，實力強的那一方也不一定會成功。著名的軍事理論家孫臏就是一個善於使用作戰技巧的人，所以他能夠在許多次戰爭中獲勝也是意料之中的事情。

戰國時，齊國人孫臏和魏國人龐涓都曾經拜鬼谷子為師。然而師出同門的孫臏和龐涓感情卻一直都不好。後來，龐涓受到魏王的賞識，做了魏國的大將軍，但有了地位的龐涓還是十分妒忌孫臏的才能。於是，他暗中命人捉住了孫臏，並且砍斷了他的雙腿，還在他的臉上刺字、塗墨。

孫臏受此酷刑生不如死，龐涓卻還假意哭泣，對他關心異常。原來，他是想騙孫臏將《孫子兵法》寫下來送給他。直到有一天，好心人告訴了孫臏事情的真相，他才如夢初醒。經過苦思冥想之後，孫臏終於想到了一個辦法——裝瘋。狡猾的龐涓一開始懷疑他是裝瘋，就讓人把他抬到豬圈裡去。誰知孫臏一進豬圈，就抓吃豬食，並且披頭散髮，傻笑不止。一連好些天都是如此，龐涓這才認為他是真瘋了，便放鬆了警惕。就這樣，孫臏透過裝瘋保住了性命，並逃到了齊國。

西元前三五四年，魏國將軍龐涓指揮大軍包圍了趙國的都城邯鄲。第二年，趙國向齊國求援。齊王任命田忌為將，孫臏為軍師，率軍八萬前往救

援。田忌本來打算帶領軍隊直接去趙國與魏軍作戰，但孫臏認為魏國的精兵都在攻打趙國，國內空虛，如果直接進攻魏國的話，魏國軍隊一定會立刻撤離趙國。最後，田忌採納了孫臏的計謀，決定率軍進攻魏國。龐涓得知消息，非常著急，丟掉糧草輜重，連夜從趙國撤軍回國。

後來，魏國和齊國交戰，齊國慘敗。在撤退的時候，孫臏對田忌說，「魏國的軍隊一向英勇善戰，他們才不會把我們齊國的軍隊看在眼裡，我們要繼續讓他們認為我們很弱小，引誘他們上當。」於是，孫臏決定因勢利導，在撤退途中，有意造成軍力不斷削弱的假象。第一天造了十萬人吃飯的鍋灶，第二天減為五萬人用的鍋灶，第三天則只剩下三萬人用的鍋灶了。龐涓看到齊軍鍋灶日減，以為齊軍膽怯，三天中即逃亡了大半，這才壯起膽子，丟下輜重和步兵，只領輕車銳騎日夜兼程猛追，必欲全殲齊軍，擒獲孫臏。

孫臏在馬陵附近設下埋伏，等龐涓到達這裡的時候，齊國軍隊萬箭齊發，魏軍傷亡慘重，龐涓身中六箭之後拔劍自刎。

馬陵之戰。

魏軍是被孫臏運用的假象所迷惑而潰敗的，這個故事很好地說明了環境決定人的思維。

關於環境決定論，最早是德國地理學家拉采爾提出的，他在十九世紀末發表了《人類地理學》一書，提出人和動植物都是地理環境不斷發展的產

物，人類的活動、人類的發展以及人類的理想，均會受到自然界地理環境的嚴格限制和影響。

其實，早在古希臘時期，思想家們就已經開始注意到人與自然氣候之間的關係。包括柏拉圖和亞里斯多德等眾多思想家都認為，氣候決定了人的性格和智慧。到了十八世紀，法國啟蒙思想家孟德斯鳩在他的著作《論法的精神》中，在古希臘思想家們關於人與氣候關係的理論基礎上，提出了氣候的威力是世界上最高威力的大膽論斷，並指出，應該根據氣候的變化修改相關法律，以便使法律能夠適應氣候所帶來的人們不同性格對社會和生活的影響。

直到十九世紀，人們仍然沒有認識到人類活動對環境的影響，也沒有注意到人類在改變地球面貌方面所起的作用。那時候，人們普遍受到達爾文「進化論」的影響，使得「環境決定論」成為了主流思想。進入上個世紀，人們才開始逐漸認識到，在人類活動與環境變化的關係中，人類處於主動的地位，是環境變化的直接作用者，直接參與到了環境改造的過程中去。環境與人類，互相制約又互相作用，這也是現代「環保論」產生的根源。

小知識

弗里德里希·拉采爾（西元一八四四年～西元一九○四年），德國地理學家，人類學家，近代人文地理學奠基人之一。他一生致力於研究人類遷移、文化借鑑和人地關係，對人文地理學有系統論述。提出國家有機體說，創用「生存空間」一詞，首次說明了文化景觀概念。著有《人類地理學》、《人類史》、《政治地理學》、《地球與生命：比較地理學》等。

第三篇

異象紛呈

——地理學的學科分類及流派

法顯取經獲得的地理知識
為地理學發展階段增光添色

地理學按照發展階段，分為古代地理學、近代地理學和現代地理學三個時期。從遠古到十八世紀末，是古代地理學時期；從十九世紀初到二十世紀五〇年代，歷史上屬於近代地理學階段；從二十世紀六〇年代至今是現代地理學時期。

出生在東晉時期的法顯，是中國佛教史上一位有名的僧人，他曾經一度到海外取經求法，革新中國佛教，成為了中國歷史上傑出的旅行家和翻譯家。

法顯不僅在佛學上有很高的造詣，而且還是一個性情純厚的人。有一年秋天，他和寺院裡其他的僧人正在收割水稻，突然有一群飢民前來搶奪稻穀。其他的僧人都嚇跑了，只有法顯獨自留下。

他對飢民說：「你們需要稻穀，可以隨意來取。你們過去從來不佈施別人，才會有今天的貧窮與飢餓。現在又來搶奪別人的稻穀，來世會更加不堪設想，貧僧實在為你們擔憂啊！」飢民們聽後放下稻穀就想走，法顯還是讓他們拿了一些。寺院裡的僧人都為此嘆服不已。

從此以後，法顯在寺院裡成為了受大家尊重的大師。東晉隆安三年（西元三九九年），已經年近古稀的法顯深切地體悟到，中國現有的佛經遠遠滿足不了佛教發展的需要，於是他下定決心要到海外去取經求法。

這年的春天，法顯從長安出發，向西方天竺（現在的古印度行進），開始了漫長而又艱苦的旅行。雖然沒有神話故事中唐僧遭遇的九九八十一難，

但是法顯一路上也是歷經千辛萬苦，最後在東晉義熙七年完成了這個光榮而又艱鉅的使命，他帶著從天竺取來的經法，坐上商人的船舶，踏上了回家的路。

地理學按照發展階段，分為古代地理學、近代地理學和現代地理學三個時期。

古代地理學時期，是從遠古到十八世紀末，這一段主要記錄的是一些簡單的地理知識，比如中國的《尚書‧禹貢》、《管子‧地員》、《山海經》、《水經注》等。但是由於受當時的條件限制，在各個國家內部，地理學並沒有一個統一的劃分，以致於他們的記載多是片段性的，缺乏一個完整的理論體系。

從十九世紀初到二十世紀五〇年代，歷史上屬於近代地理學階段，在這個歷史時期，曾出現過幾位著名的探險家，比如哥倫布、達‧伽馬、麥哲倫等。

哥倫布在一四九二年到一五〇二年間四次橫渡大西洋，發現了美洲大陸；達‧伽馬於一四九七年從里斯本出發，經好望角、到莫桑比克，然後到達印度西南部重鎮卡利庫特，並滿載交換來的寶石、香料而歸；而麥哲倫在率領船員航海的過程中，證明了地球是圓的……

這幾位探險家的行為很大程度上促進了地理學的發展。與此同時，其他國家也相繼有地理方面的書籍問世，比如德國洪堡的《宇宙》和李特爾的《地學通論》等，這些書籍都很詳細地記載了從自然地理到人文地理等方面的知識。

除此以外，他們的著作還涉及到了氣候地理學以及土壤地理學等，較前一個階段相比，這個階段對地理學有了一個很系統的劃分，對地理學這門學

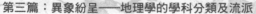
科的理論分析也趨於完整。

　　從二十世紀六〇年代至今是現代地理學時期，由於電腦製圖、地理資訊系統、衛星等高科技的出現以及應用，使得這一時期的地理學被區劃為高科技的產物。世界在進步，科學在發展，隨著高科技的應用，今後的地理學將以更加科學嚴謹的姿態服務於社會的各個方面。

 小知識

阿爾夫雷德・赫特納（西元一八五九年～西元一九四一年），德國地理學家，近代地理學區域學派奠基人。著有《地理學：它的歷史、性質和方法》、《區域地理學基礎》等。

精衛填海填不滿古地理學的貢獻

在復原古地理學的過程中，生物化石起到了不可忽略的作用，比如造礁珊瑚只生存在熱帶、亞熱帶的淺海，同樣棕櫚也屬於熱帶、亞熱帶植物，可是在第三紀時它在北半球卻分佈很廣，這說明在第三紀，熱帶、亞熱帶所跨緯度比現在寬廣。

在中國的上古時代，有幾個很著名的部落，其中姜姓部落的首領叫炎帝。他有一個粉雕玉琢般的小女兒名叫女娃，深得自己的寵愛，簡直是小心翼翼捧在手中般地呵護著。

女娃很喜歡大海，經常纏著父親帶她去海邊玩耍，炎帝對於女兒的要求往往有求必應。但這次公務繁忙，他沒能達成對女兒的許諾。日子久了，小女娃就忍耐不了了，選了個風平浪靜的日子自己駕船出海了。

到了東海邊，女娃玩得很開心，在這太陽升起的地方，堆沙堡、游泳嬉戲，別提有多開心了。看著美麗的海洋，女娃心血來潮想看看海洋的最深處到底有些什麼，於是就獨自駕著小舟往更遠的地方划去。誰知這時天色突然變了，海洋上翻騰起滔天大浪，大海一瞬間吞噬了小舟和女娃年輕的生命。

炎帝得知噩耗，痛哭著來到海邊，他雖然貴為首領，此時也是無力回天。這時，一隻狀似烏鴉、白嘴紅爪的小鳥兒落在了他的肩頭，用自己的小腦袋親暱地摩挲著他的臉頰。

「女娃？」炎帝試探地叫道。

小鳥沒走，繼續在他肩膀上停留，那樣子像極了自己的小女兒。炎帝立刻就明白了，這就是自己小女兒的精魂所化成的鳥兒。

「女娃，跟爹回家去吧！」鳥兒聽這話後，從炎帝肩頭飛走了，盤旋在海灘上空，口裡聲聲叫著「精衛、精衛」。

「女娃，妳要去哪兒？」炎帝追著鳥兒跑。那鳥也不理會他，逕自飛到海邊一個落滿枯木的山上，用紅色的小嘴叼了一根小枯枝，又飛到大海上空，將枯枝丟入大海，如此反復。

炎帝終於看明白了，這女娃是仇恨大海奪取了她的生命，想將海填平。「女娃，不要費力了，海這麼大，妳是填不平的。」炎帝叫道。大海也發出嘲弄的吼聲：「小女娃，別癡心妄想了，再給妳幾億年的時間，妳也做不到的！」可是女娃不聽，依舊重複著先前的動作，不眠不休地銜枝填海。由於她飛翔的時候發出「精衛」的叫聲，人們就把這種由女娃精魂變成的鳥兒叫做精衛鳥。

後來，為壯大自己的力量，精衛和海鷗結了親，生下的雌鳥像精衛，雄鳥像海鷗，牠們都繼承了精衛的遺願——把大海填平。這些小生靈們白天投，晚上也投，大海偶爾也會捉弄牠們，掀起巨浪朝牠們傾覆而來，偶爾有幾個小小的身軀被吞噬，但剩下的，依舊如常。

精衛填海的事蹟被水神共工知道了，共工很欽佩精衛的勇氣，於是助她一臂之力，把高原上的黃沙都用水沖到海裡，海水一瞬間就變黃了。

這時的大海開始驚慌了，它將那些黃沙用力堆到岸邊，後來形成了海塗，海塗漸大，後人開始圍湖造田，世世代代在這裡安居樂業。

自然地理環境在四十多億年歷史進化中，經歷了翻天覆地的變化，這些變化包括大氣的成分，特別是氧和二氧化碳的含量、生物過程、風化過程和土壤形成過程等。

如果用「將今論古」的原則來重建古地理學的話，那麼不能不考慮這樣

的變化，但是這些變化又是遵循一定尺度的，比如在古地理圖上，專家們會很明顯地看出大陸冰蓋的伸展和退縮，海岸線的進退，還可以看出水系和植被的變化。可是要想看到大陸漂移、海底擴張引起的海陸分佈變化，以及造山運動引起的地形起伏變化，就需要在一百零五年以上的古地理圖上才有顯現。除此以外，不同的地理環境所反應的地理變化也是不同的，比如從那些不同類型岩石的生成和分佈上，就可以分辨出是不同的地理環境下的產物。

在復原古地理學的過程中，生物化石起到了不可忽略的作用，比如造礁珊瑚只生存在熱帶、亞熱帶的淺海，所以有造礁珊瑚化石出現的地方說明此地在遠古時期有可能是溫度高於十八度的熱帶、亞熱帶的淺海。同樣棕櫚也屬於熱帶、亞熱帶植物，可是在第三紀時它在北半球卻分佈很廣，這說明在第三紀，熱帶、亞熱帶所跨緯度比現在寬廣。

有孔蟲等一些的水生物的生活環境也有著很嚴謹的劃分，因為有的生物生存在鹽水區，而有的只生存在淡水區，根據這個就可以分辨出遠古地理的淡水或者是海水的分佈情況。根據植物的年輪可以分辨出當時氣候以及降水季節變化，比如年輪非常明顯的，可以判斷為當時溫度很高，而年輪紊亂或者是有異樣的，說明當時有異常的溫度出現過。

小知識

安特生（西元一八七四年～西元一九六〇年），瑞典地質學家，考古學家。他先後發現了周口店和仰韶文化遺址，使得嚴謹的西方考古學正式在中國的土地上落地生根，被稱為「中國考古學創世紀的拓荒者」。著有《中國遠古之文化》、《中國史前史研究》等。

獨具特色的中國方志
在地理學上的地位

地方誌又被稱為方志，方志對當時的風俗、物產、輿地以及故事傳
說等，都有很全面的紀錄，並且還根據地理、沿革、風俗、教育、
物產、人物、名勝、古跡以及詩文、著作等做了很仔細的分類。

方苞於康熙三十八年出生在桐城，從小喜歡讀書的他一心想得到皇帝的
重用，希望謀個一官半職為一方百姓造福。可惜，他在康熙五十年的時候因
受到戴名世《南山集》案的牽連，而被判刑兩年。從監獄中出來之後，方苞
便流落到民間，後來改名易姓，叫歐陽宏。

有一天，歐陽宏在駱馬湖鎮上的茶館裡結識了一個老者，兩人相談甚
歡，大有相見恨晚之意。後來，這位老者將歐陽宏帶到他的驛館裡喝酒聊
天，兩人聊到「東宮洗馬」的笑話時，都各自發表了非同尋常的看法。方苞
看出眼前這個見多
識廣、學識淵博的
老者不是平凡人，
便再一次仔細觀察
了一下這位老者，
發現老者眉宇間散
發出不平凡的氣
息，肯定不是普通
人。但當時的歐陽
宏怎麼也沒有想到

康熙皇帝南巡圖。

這個人就是當今聖上——自己多年前就想為其效力的康熙皇帝。

康熙自然也很欣賞歐陽宏的學識，他看出眼前的這個中年人聰明過人，如果再聊下去的話，可能就會暴露了自己的身分。於是他連忙叫來張廷玉，岔開了「東宮洗馬」的話題。康熙在接下來的談話中著重考察了歐陽宏的學問，發現這個人才思敏捷、學識淵博，對事物總有自己獨到的見解。不由得在心裡暗暗稱讚道：「這個人真是個人才，如果將他和高士奇相比較的話，有過之而無不及，看來我要考慮任用他了。」

康熙回到皇宮之後，吩咐大臣去調查歐陽宏的底細，竟然發現他是戴名世《南山集》案的牽連者。幸而，康熙並沒有因為這個案件而改變對歐陽宏的看法，他依然將歐陽宏召到了皇宮中。歐陽宏看到眼前的天子之後不禁大驚失色，連忙跪下說：「草民有眼不識泰山，竟然在皇上面前失禮。」康熙笑道：「不知者無罪，朕賞識你的學識，決定將你召入上書房，你可願意？」歐陽宏有點受寵若驚，他跪在地上大呼道：「謝主隆恩，能夠為皇上效力是草民三生修來的福氣。」

從此，歐陽宏便成為唯一一個以平民身分進入上書房的人，大臣們多以宰相的身分對待他。進入上書房的歐陽宏致力於編輯各種書籍，這些書籍經後人彙編成為《方望溪先生全集》，其中包括很多地理學上的知識，為地理學做出了傑出的貢獻。

地方誌又被稱為方志，方志的起源有兩種說法，一種是從史記中剝離開來，另一種說法是從古代地理學中傳繼下來的。方志對當時的風俗、物產、輿地以及故事傳說等都有很全面的紀錄，並且還根據地理、沿革、風俗、教育、物產、人物、名勝、古跡以及詩文、著作等做了很仔細的分類。

方志的發展分為地記階段、圖經階段和方志等三個階段。在歷史上，從東漢至南北朝，這一時期被劃為地記階段，它所記錄的主要是當時的一些風

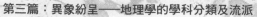
土人情，而且敘述也比較簡單，代表作有東晉常璩的《華陽國志》等。

到了隋、唐至北宋時期，方志的紀錄形式就很完整了，不僅把紀錄做了體系和類別的劃分，而且還根據官署、河流、驛道、學校、寺廟、古跡、歌謠等具體的專案做了插圖。以圖配字，可以更加詳細和形象的說明當時的風土與人文。在宋王所做的《玉海》中，就配了很精細的插圖，這樣的作品還有《沙州圖經》、《西川圖經》等。

到了南宋時期，方志的格局就已經非常成熟了，這個時期也是地理人文發展最鼎盛的時期，所以同時也促進了方志的發展。一時間也湧現了許多非常有代表性的方志作品，比如《太平寰宇記》、《元豐九域志》，以及被稱為「臨安三志」的《乾道臨安志》、《淳祐臨安志》、《咸淳臨安志》等。

方志的類型是很全面的，它涵蓋了天文、地理、歷史古跡、江河湖泊、遊覽路橋以及政治、經濟等，具有資治、教化、存史等三大功能。由於它的這些特徵，使得方志成為參考歷史的重要依據，時至如今，各地依然有組織的在撰寫方志。

小知識

王士性（西元一五四七年～西元一五九八年），中國明代人文地理學家，被譽為「中國人文地理學的開山鼻祖」。著有《五嶽遊草》十二卷、《廣遊志》二卷、《廣志繹》五卷及《玉峴集》等。其中《廣志繹》凡山川險易、民風物產之類，巨細兼載，眼光獨到，是一部很有價值的人文地理學著作。

追趕太陽的夢想追出地理學思想史

地理學因為其豐富的思想內涵而成為聯結自然科學與社會科學之間的橋樑，從上古時期的一些史詩、哲學、歷史叢書中，人們逐漸發現了地理方面的知識，進而把它從這些資料裡面揀選出來，成為一門新的學科。

「夸父追日」是《山海經》中經典的神話故事，殊不知，「夸父追日」跟地理學思想史也有著密切的關聯。

相傳在很久以前，中國北方有一座巍峨高峻的大山，山林的深處生活著一群力大無比的巨人。這些巨人的首領名叫「夸父」，是幽冥之神「後土」的孫子，「信」的兒子。因為首領叫夸父，所以這群人就被稱作「夸父族」。這一族人的特點是個個身材高大、力大無比，耳朵上喜歡戴著兩條黃色的蛇為耳飾，乍看起來很可怕，其實夸父族的人性情都很溫柔善良，與人為善，勤於勞動，族民素質極高。

但是，他們生活的地理環境並不是很優越，地處極北，天氣寒冷，山上的雪剛要被融化，太陽就已經向西方落下去了，人們總是生活在寒冷之中。因為太陽光很少，能種的東西也不多，即使辛辛苦苦地勞作，糧食總是不夠吃，好在大家一直齊心齊力，彼此照顧，所以總能度過難關。但長期的貧瘠生活導致了夸父一族的人十分渴望溫暖舒適的自然環境，該如何才能讓自己的境況改變呢？夸父做了一個勇敢地決定，他對族人們說：「太陽很少眷顧我們，我要追上它將其制服。」眾人聽了都很意外，他們勸夸父說：「還是不要去了，太陽那麼遠，怎麼能追得上呢？即便是追上了，太陽那麼熱，也沒辦法制服它呀！」可是夸父下定了決心要去，誰也攔不住，大家只得將他

送到山口，為他祈禱一路平安。

夸父向著太陽升起的地方——東海行進，他勇敢地向前奔跑著。太陽在空中移動，夸父在地上飛快地追趕，他越過一座座大山，跨過一條條河流，不管多麼疲憊他都沒有停止過。有時候，實在是跑不動了，夸父就躺在地上微微打一個盹，醒來的時候，他抖落掉鞋裡的土，形成了許多土山。餓極了的時候，夸父就用三塊石頭支起一個鍋架來煮飯，於是就形成了三座鼎足而立的高峰。

夸父距離太陽越來越近了，他不斷地鼓舞自己說：「很快就到了，再堅持一下……」可是距離太陽越近，夸父就越渴。經過艱辛的跋涉，夸父終於在黃昏的時候追上了太陽。當他親眼見到那一輪火焰燃燒，又紅又大的火球在自己面前的時候，激動萬分，立刻伸手向太陽抓去，可是雙手剛一伸入了太陽的光輪，一股熾熱之氣便順著臂膀襲向了夸父的全身。他頓時覺得口渴難耐，這才想起自己已經一天都沒喝水了，於是，連忙將太陽抱住，向距離此處最近的黃河與渭河跑去。但太陽的熱度將兩條河的水蒸發了大半，夸父飲下那一小部分的河水根本不足以解渴，太陽的熱度又在蒸烤著他，怎麼辦呢？熱量的夸父隱約記起在北方有大澤，名叫瀚海，縱橫有幾千里，裡面的水應該足夠自己飲用，想到這兒，他立刻向北方跑去。這一路上他只覺得自己的身體越來越燙，周圍的景物也越來越模糊，意識似乎已經不在了一般，最後定格在眼前的畫面是：自己的家鄉紅日照耀，溫暖的陽光灑遍整個山脈，族人們歡欣雀躍，麥苗在風中輕輕搖擺……

「砰」的一聲，夸父的身體像一座高山般倒下去了，這個有著美好理想的逐日者因為受不了烈日的炎熱，而被活活地渴死了。臨死之前，他牽掛著自己的族人，於是將自己手中的木杖扔了出去，木杖剛一落地，便入土化作了一片枝繁葉茂的桃林。

　　地理學因為其豐富的思想內涵而成為聯結自然科學與社會科學之間的橋樑，從上古時期的一些史詩、哲學、歷史叢書中，人們逐漸發現了地理方面的知識，進而把它從這些資料裡面揀選出來，成為一門新的學科。

　　地理學的發展起初並不是一帆風順的，在西元五世紀到十五世紀，由於受宗教壟斷勢力的扼制，歐洲地理學的發展可以說是舉步維艱，只有當時的中國，在地理學方面，有了長足的發展，無論是從地理志還是從地圖、理論等角度來說，都具備了很高的水準。

　　地理學真正面向全球發展，是在十五世紀到十七世紀之間，這時期地理學的發展中湧現了一些不同的學派和觀點，尤其是到了十九世紀後期，更科學縝密的思想不斷湧現，使地理學走向近代時期，並且依照這些觀點中空間尺度的不同，地理學又被做了更細緻的劃分。在這個時期，有很多地理學家終其一生為地理學收集了很多寶貴的資料，付出了艱辛的努力。在對地理學核心和基礎探索中，出現了許多不同的意見和辯論，進而使這一領域的思想極為活躍。

　　在地理學思想歷史中，有幾部最有力度的代表作，分別是詹姆斯的《地理學思想史》，赫特納的《地理學，它的歷史、性質和方法》，哈特向的《地理學性質》和《地理學性質透視》以及哈威的《地理學解釋》等，這些著作都詳細地記載了地理學的形成和發展。

小知識

　　哈特向（西元一八九九年～西元一九九二年），美國地理學家。他對地理學的基本理論問題研究有重大貢獻，繼承了傳統地理學的區域觀點，總結了德國赫特納及美國索爾的理論，成為區域地理學理論的繼承者。其代表性著作是《地理學的性質》和《地理學性質的透視》。

讀萬卷書行萬里路的酈道元
為《水經》做註是中古地理學的繁榮時期

在早期的部分書籍裡，有關地理方面的紀錄是輕描淡寫的，即便是僧人帶回來大量完整的資料，但是受當時教會和《聖經》的制約，地理知識只被做為風土人情穿插在書裡，由此可見當時地理學水準的低下和不被重視。

一千五百年前，在中國的山西省大同市的一座山上，曾經出現過十分壯觀的景象。那是一個平凡的日子，人們像往常一樣到田裡去勞作，這時候出現在眼前的景象著實將人們嚇怕了：山頂上噴出了高達數百公尺的岩漿，瞬間晴朗的天空變了顏色，岩漿所到之處一切都化為了灰燼……這就是中國最早記載的火山噴發的景象，記錄者就是著名的地理學家酈道元。

酈道元於西元四世紀出生在范陽涿鹿，他和父親都曾經做過北魏時期的地方官員。酈道元不僅在研究地理學上有很高的造詣，而且在官場上也很清廉、不畏權貴。

他中年的時候曾經被任命為山東青州的刺史，上任的時候發現，這個地方的治安非常差，盜賊充斥街道，百姓生活困苦。因此，他打算對其進行嚴加整治，並發展當地的文化教育事業。

酈道元剛上任沒多久，就遇上了一個棘手的案子。某天，有位老人在衙門門口擊鼓鳴冤，酈道元便派人將他請到衙門裡。

酈道元詢問道：「老人家，您為何擊鼓？有什麼冤情嗎？」老人「撲通」一聲跪在地上，一邊哭著一邊說：「大人，您一定要為小人主持公道

啊！小人年過四十才得一小女，自然寵愛有加，小女雖然算不上是國色天香，但長得也算標緻。沒想到惡霸蔣虎看上了我家姑娘，非要將她帶走。今天一早他又派人來我家送聘禮，說再不交出女兒就要殺了我的妻子、燒了我的房子。大人，您一定要為小人做主啊！」說到這裡，老人已經泣不成聲了。

酈道元讓人給老人搬來了椅子，然後告訴老人說：「老人家請放心，我一定徹查此事，秉公處理。」老人家連聲道謝。送走了老人之後，酈道元立刻派人調查蔣虎的底細和他做過的壞事，這一查還真查出了大事。

派去的人回來告訴酈道元說：「蔣虎是人盡皆知的惡霸，他平日遊手好閒，靠著做生意的父親資助。而且聽說他還很有來頭，在京都有一個做大官的舅舅給他撐腰，所以很多地方官都不敢招惹他。」

酈道元笑著說：「我管他什麼大官不大官的，只要在我的管轄範圍內犯了法，我就要制裁他。你不用管這麼多，繼續查！」

後來查出來的事情更加讓人怵目驚心，這個蔣虎並不是頭一次犯這樣的罪。在不久前，他看上了一個人家的女兒，那家父親寧死不同意將女兒嫁給他。沒想到那家的父親卻莫名其妙地死了，雖然大家

《水經注》。

水經卷一

漢桑欽撰

後魏酈道元注

河水一

崑崙墟在西北

153

都心知肚明是蔣虎幹的，可是他買通了前任的官吏，並沒有受到處罰。

酈道元知道了這件事情之後十分生氣，決定將蔣虎繩之以法。於是，他立即叫人逮捕了蔣虎，蔣虎還以為他的舅舅能夠救他，可是還沒等來他的舅舅出面他就已經被執行了死刑。

酈道元所著的《水經注》，全面而系統的介紹了水道所流經地區的自然地理和經濟地理等諸方面內容，是一部歷史、地理、文學價值都很高的綜合性地理著作。全書三十多萬字，詳細介紹了中國境內一千多條河流，以及與這些河流相關的郡縣、城市、物產、風俗、傳說、歷史等。

《水經注》集中反映了中國古代地理學的繁榮，這與歐洲中世紀時期地理學的曲折發展，形成了鮮明的對比。

隨著羅馬教會和希臘教會的分裂，二者之間的文化也同時分裂開來，這樣就使得一些僧侶跋山涉水，遠渡重洋去學習外面的知識。當時羅馬基督教曾越過地中海區域進入歐洲的北部諸地，這些朝聖者的腳步遍佈了整個西歐，帶回來大量的旅行報告。

在早期的部分書籍裡，有關地理方面的紀錄是輕描淡寫的，即便是僧人帶回來大量完整的資料，但是受當時教會和《聖經》的制約，地理知識只被做為風土人情穿插在書裡，由此可見當時地理學水準的低下和不被重視。

除了僧人以外，還有一些探險家也為地理學做出了傑出的貢獻，十世紀曾出現過馬蘇第、伊本·胡、卡勒或者穆卡達西等人，十四世紀曾出現過伊本·拔圖塔等人。

就拿拔圖塔來說，他的故鄉是坦吉爾，從故鄉出發，然後經北非洲到麥加，接下來漫遊敘利亞、波斯、美索不達米亞等地方，此次航行他歷時二十四年，最後由喀山、經錫蘭島和東印度群島到達中國，並於一三四九年

返回故鄉。他遊歷最大的發現是：大地是圓的。

那時候，很多新知識是很難被人接受的，尤其是大地是圓的一說，就遭到了教會強烈反對，他們無論如何也不會認可大地的另一面還有人類居住。而要想證明這些新發現，則必須找出科學的依據，按照亞理士多德的「原素論」所講，水是環繞地球流淌的，因此證明一面是崛起的，而不是如教會所說是平的，這樣的意見在很久以後終於得到了認可。

 小知識

斯坦因（西元一八六二年～西元一九四三年），英國探險家。他三次去中亞探險，所獲敦煌等地出土文物和文獻，主要藏入倫敦的英國博物館、英國圖書館和印度事務部圖書館，以及印度德里中亞古物博物館。編著有《千佛洞：中國西部邊境敦煌石窟寺所獲之古代佛教繪畫》一書。

瓦倫紐斯成為地理學分類的第一人

地理學第一次分類，被分為普通地理學和特殊地理學。前者主要是描述地球的情況，解釋以及分析一些自然現象的性質；而後者則具體描述了各個國家的位置，以及它們的地理結構、火山、岩漿、礦石的分佈與形成的要素。

瓦倫紐斯是德國著名的地理學家，他於一六二二年出生在漢堡附近的小鎮希茲阿克。早年時期的瓦倫紐斯致力於學習哲學、數學、物理學和醫學。後來，他對地理學產生了極大的興趣，開始研究地理學，並且取得了令人矚目的成績。

瓦倫紐斯是對地理學進行分類的第一人，他將地理學分為普通地理學和特殊地理學，他的很多學術著作和理論都對世界地理學的發展產生了重大的影響。

瓦倫紐斯的成就不僅源於自己的努力，還得益於大學時期一位老師的教誨。他在大學的時候並不是一個按部就班上課的學生，專業成績並不好，於是他便一步步墮落了，開始蹺課、抽菸、喝酒、賭博，反正學校裡不該學的東西他全都學會了，而學校裡應該學的東西他一點都沒有學會。

儘管瓦倫紐斯天天蹺課，但是有一位老師的課他從來都不缺席，不知道是因為這位老師講課風趣幽默，還是因為這位老師的學術思想非常合他的胃口，反正這位老師的課是他唯一合格的課程。

那位老師也很欣賞瓦倫紐斯，經常會問他一些問題，也會讓瓦倫紐斯大膽提出自己的疑問。有一次，瓦倫紐斯問了這位老師一個問題：「老師，別

人都說現在的大學生比馬鈴薯還便宜，對嗎？」老師笑了笑，並沒有當面回答這個問題。

過了幾天，老師請瓦倫紐斯到家裡吃飯。兩人聊著聊著就說起了馬鈴薯，於是老師走進廚房，拿出一個發青的小馬鈴薯說：「看見了嗎？這個馬鈴薯已經長成畸形了，又那麼小，所以它不值錢。」隨後，老師又拿出來一個大馬鈴薯，說：「這個馬鈴薯就很受歡迎。」

老師放下馬鈴薯，對若有所思的瓦倫紐斯說：「記住，馬鈴薯和馬鈴薯也是不一樣的。」那一天以後，瓦倫紐斯對自己進行了認真的反思，他似乎明白了老師的話。從此，他不再蹺課，不再抽菸喝酒，而是開始鑽研各種學問，終於成為了一個「值錢的馬鈴薯」。

瓦倫紐斯把地理學分為兩部分：普通（或通論）地理學、特殊（或專門）地理學。前者主要是描述地球的情況，解釋以及分析一些自然現象的性質；而後者則具體描述了各個國家的位置，以及它們的地理結構、火山、岩

漿、礦石的分佈與形成的要素。

他的《普通地理學》原為拉丁文，後被譯成多種歐洲文字，其內容包括四個方面，數理地理、氣象學、水文地理和地形。

數理地理方面，按「日心說」論述了地球的分帶，並按最長日的日照時間劃分氣候區，還講了經緯度的確定方法和地圖投影法。

氣象學方面，指出由於赤道地帶和高緯度地帶接受太陽熱量不同，極地冷而重的空氣必然向赤道流動。這是走向解釋世界風系的第一步。認為風是空氣的水平運動，由於太陽自東向西移動，風也來自東方。

還詳述了印度洋的季風，指出熱帶一年分乾溼兩季。水文地理方面，認識到墨西哥灣流的存在，地中海水面低於大西洋。主張地中海和紅海之間開鑿運河。地形方面，認為大山是和地球共生的，小山則由風蝕形成。《普通地理學》影響地理學一個多世紀。

小知識

瓦倫紐斯（西元一六二二年～一六五〇年），德國地理學家。著有《日本和暹羅王朝記》和《普通地理學》（又譯《通論地理》）。

泰勒主張地理學統一性

人與自然是緊密聯合在一起的，自然地理的變化離不開人類的作用，若把二者分開，根本得不到一部完整的地理學知識。

泰勒於一八八〇年出生在英國倫敦，他是澳洲著名的地理學家，同時也是澳洲和加拿大地理學研究的奠基人。他曾經參加過南極考察，致力於研究冰川學、地貌學和人種地理學。在泰勒的學術著作中，他堅持地理學的統一性，強調人類受自然環境的深刻影響。

然而，泰勒在少年的時候並不懂得努力和付出，直到經過一件事情之後，他才一下子改變了。

上中學的時候，泰勒的一位老師將他帶到一個地下室裡做實驗。兩人在做實驗的時候，老師對泰勒說：「孩子，何不趁年輕埋頭苦幹，成就一番事業呢？」泰勒不以為然地回答說：「老師，我的人生才剛剛開始，何必那麼著急呢？我還沒有為我的人生做一個清晰的規劃。」老師搖了搖頭說：「時間可是不會等人的！」泰勒似乎沒有聽到老師的話，他還在專心於手中的實驗。

這時，老師突然將電燈關掉了，屋裡漆黑一片。他點燃了一根火柴，對泰勒說：「趁著現在我手裡的火柴還沒有熄滅，你趕快在這實驗室裡選一樣東西帶出去吧！」透過一絲微弱的光，泰勒看到了老師凝重的表情。他立刻四處尋找，然而還沒等找到自己想要拿走的東西時，地下室又恢復了漆黑一片。泰勒抱怨說：「我還沒選好東西，就什麼也看不到了。」老師說：「你的青春就像這燃燒的火柴一樣，轉瞬即逝，所以你要好好珍惜！」

聽了老師的話，泰勒若有所思。

回到學校後，泰勒就像變成另外一個人似的，他開始珍惜每一個學習的機會，並最終獲得了成功。

關於地理學的統一與分裂，一直是爭論焦點，很多學者都對此爭執不休。德國傑出的科學家洪堡認為，地理學雖然是複雜的，但是複雜中又隱藏著必然的統一性，包括人類也都是自然體不可缺少的一部分，應該把這兩者算在一起，進行認真細緻的挖掘和研究。雖然他的說法得到了李特爾的認可，但是這樣的說法卻遭到了地理學領域其他學者們的反對，以佩舍爾為首的人認為，地理學應該針對地球做研究。地球的研究只包括地球表面構造以及內部岩層的變化，並找出它們變化的原因和形成的特徵。這樣的研究與人類是沒有什麼關聯的，因而不該包括人類。

德國地理學家赫特納也同樣宣導地理學的統一性，可是要想達到統一性的話，就離不開人類文化。他認為，區域研究包括地理現象與社會經濟現

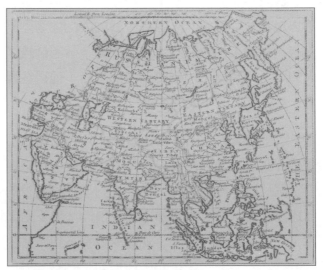

亞洲古地圖。

象，二者缺一不可，人與自然是緊密聯合在一起的，自然地理的變化離不開人類的作用，若把二者分開，就根本得不到一部完整的地理學知識。

鑑於這樣的矛盾，後來就有人提出把地理學分為人文地理和自然地理，還有的人認為應該把地理學分為自然地理學與經濟地理學。直到阿努欽所著的《地理學理論問題》一書問世，人們才對地理學有了一個更科學的劃分。阿努欽在書中指出，地理學有著與其他學科不同之處，因而不能簡單按照地理、人文來劃分，人類發展過程中遇到的人口、資源、環境、能源、城市化等問題，都是與自然地理有著密不可分的關聯，無論將其劃為無人類的自然還是無自然的人類，都是極為幼稚和荒唐的。

小知識

阿努欽（西元一八四三年～西元一九二三年），俄國地理學家，人類學家。他堅持統一地理學的觀點，認為地理學是關於地球的包羅萬象的科學，既研究自然地理、生物地理、人文地理，又研究區域地理。著作有《古代歐俄地形概念的發展》、《伏爾加河上游地區的湖泊及西第維納河上游》、《日本：地理概論》等。

不做狀元郎回鄉畫地圖的羅洪
先促進繪圖法科學化

地圖就是依據一定的數學法則，使用製圖語言，經過製圖綜合，在一定的載體上，表達地球（或其他天體）上各種事物的空間分佈、聯繫即時間中的發展變化狀態的圖形。

在明朝有一位著名的地理學家，他生於官宦家庭，但卻沒有官場的浮躁之氣，一心治學。他在少年時期就聰明好學，勤奮刻苦，為官時依然不忘讀書學習，所繪製的地圖極大地促進了中國地理學的發展。這個人就是羅洪先。

羅洪先為人十分正直，他從來不會為眼前的利益而動搖自己的原則。

有一次，一個有名的富人聽說羅洪先在地理方面很有造詣，於是便托人找到羅洪先，並將他請到了住處，大擺宴席進行款待。

富人在宴席上對羅洪先説：「聽説您通曉地理，今日將您請到寒舍有一事相求。」

羅洪先客氣地説：「有什麼事您直説無妨。」

富人説：「我想要為家族選一塊墓地，您通曉地理、風水，希望您能指點一二，當然報酬您不用擔心。」於是，他命令下人拿來了一張銀票，上面數額竟然是一千兩銀子。

羅洪先很驚訝，隨後鎮定地回答説：「對不起，我的指點並不值那麼多錢，您還是另請高明吧！」説完拂袖而去。

　　嘉靖八年（西元一五二九年），羅洪先殿試第一中了狀元，任翰林院修撰。這個官職為他遍覽天下圖籍和掌握國家文獻資料提供了方便。當時，明世宗迷信道教，官場更是一塌糊塗。羅洪先看不慣朝廷的腐敗，即請告歸。嘉靖十八年（西元一五三九年），他出任廷官，因聯名上《東宮朝賀疏》冒犯了世宗皇帝而被撤職。從此羅洪先離開官場，開始了學者的生活。

　　從此，他投身於地理學研究中，並親自外出調查收集資料，以計里畫方之法，創立地圖符號圖例，繪成《廣輿圖》。為了延續這種歷史悠久的繪圖法，羅洪先開始改編朱思本圖，在改編的過程中，他很多地方都採用了畫方之法，將其不斷完善和加以發展，使地圖更科學實用。不僅如此，他還將七尺的《輿地圖》改編成分幅地圖集的形式。在中國圖籍的歷史上，圖籍歷來以規模龐大為主要特點，但是這種特點明顯的弊端就是不容易保存，羅洪先將圖籍改編成為了分幅地圖，是中國繪圖歷史上的一大進步。

　　地球是一個橢圓形的球體，它的表面分佈著高山、峽谷、河流、沼澤、沙漠等，那麼如何真實而自然地表述它們呢？科學家們研究出一個比較適合的辦法，那就是為地理學繪圖。

　　所謂的地圖，就是利用數位語言，按照一定的法則，有選擇地以二維或多維形式與手段，在平面或球面上表示地球（或其他星球）若干現象的圖形或圖像，它對每一個要表述的對象都有嚴格而全面的數學、符號、文字註記等。

　　最早的地圖是蘇美人繪製的，距今約四千七百年。那時製作地圖選擇的材料多是黏土陶片，人們在陶片上繪製山川、海洋以及自己所居住的城鎮，藉此以告訴後人，他們對自己所居住的環境已經有了初步的認識。

　　後來，人們所選擇的製圖工具就寬泛了很多，比如近代在太平洋附近發現的海島圖，就是用柳條、貝殼編綴的。

托勒密繪製的地圖。

希臘著名的數學、天文、地圖學家托勒密的著作《地理學指南》對古代地圖產生了深遠的影響，他在書裡附帶了二十七幅地圖，這二十七幅地圖採用了新的經緯網，同時創建了兩種新的世界地圖投影。該圖在西方古代地圖史上因為具有劃時代意義，而一直被沿用到十六世紀。

中國西晉有個裴秀，也是一位知名的地圖學家，他總結了前人的經驗，發明了製圖六體，即分率、準望、道里、高下、方邪、迂直，前三個指的是比例尺、方位和距離，而後三個則是比較和校正不同地形引起的距離偏差。他在此基礎上又詳細考證古今地名、山川形勢和疆域沿革的基礎上，結合了當時晉朝的「十六州」而分州繪製的大型地圖集，繪製了《禹貢地域圖》十八篇。

 小知識

羅洪先（西元一五〇四年～西元一五六四年），中國明代傑出的地理製圖學家。他精心繪製的兩卷《廣輿圖》，是中國歷史上最早的分省地圖集。

為國爭光的李四光
創建地質力學學派

地質力學既研究地殼運動產生的各種形變現象的規律，也研究由地殼運動產生的物質的變化規律，以及兩者的相互聯繫。反應地殼運動的一切現象都是它考察研究的對象，包括構造體系的規律、海洋運動的遺跡、岩漿活動的現象、變質岩帶的發生和礦產的形成等。

提起李四光，我們自然而然地就會想到中國的地質學，可以說李四光是中國地質學的鼻祖。一八八九年出生於湖北黃岡縣的李四光是家裡的第二個兒子，父親因此給他起名叫李仲揆，後來在上學的時候他才給自己改了名字叫李四光。

李四光小時候十分聰慧好學，他善於接受新事物，學習新知識。十四歲時他就擁有了和同年齡人不一樣的抱負，他想要學習從西方興起的新知識，如地理學、生物學等，而不想成為「四書五經」的奴隸。一天，李四光聽說在省城新開了一個高等小學堂，只要自認為學習不錯，又想學習新知識的學生都可以去報考，成績優秀的話還可以出國留學。他聽到這個消息之後立刻與父母商量，父母尊重他的選擇，送他去了省城。

不久，李四光以十分優異的成績考取了南路高等小學堂。在學校裡他努力學習新的知識，就像一個急需知識來餵養的嬰兒一樣。在以優秀的成績畢業之後，李四光先是

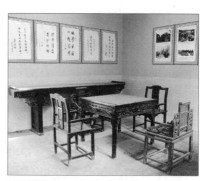

李四光故居。

被派到日本學習造船，後來又被派到英國學習地質學。學成後，國外的科研所都給了他優厚的待遇，但是李四光沒有任何留戀，毅然回到了祖國。他一心想要發展中國的地質學，好盡快趕上西方國家發展的步伐。

回國之後的李四光一心一意從事科學研究，他每天都要工作到深夜才騎著自行車回家。當很繁忙的時候，他甚至連回家吃飯都忘記了。有一次，他的妻子見他還不回家吃飯，就吩咐女兒去叫他。這時候，他正在寫一篇學術論文，寫得入神竟然忘記了時間，也忘記了飢餓。

女兒在他的身邊站了好久，他都沒有注意到。只是偶爾抬頭看了她一眼，又低下頭繼續寫，並不理會女兒。女兒也不敢作聲，李四光見她還不走，就問：「妳是誰家的孩子，快回家吧！不然媽媽等妳會著急的。」原來李四光太入神了，竟然沒有認出這是自己的女兒，女兒生氣地說：「爸爸，媽媽不是等我等著急，是等你等著急了呀！」李四光這才注意到原來眼前站著的是自己的女兒，他連忙微笑著說：「我這就回家，很快就寫完了。」

晚年的李四光因為常年的勞累而得了疾病，但是他依然關注著對地震的研究。他經常分析大量的資料，還堅持自己去實地進行考察。就在他離開人世的前一天，他還懇求醫生說：「能不能再給我半年的時間，半年之後地震預報的探索工作就會有結果了。」

地質力學是運用力學原理研究地殼構造和地殼運動規律及其起因的學科。反應地殼運動的一切現象都是它考察研究的對象，包括構造體系的規律、海洋運動的遺跡、岩漿活動的現象、變質岩帶的發生和礦產的形成等。

地質力學的研究內容可概括為四個方面：

1、構造體系的深入調查研究，包括構造體系類型的劃分、構造形跡的力學性質的鑑定及其空間排列規律、岩石力學性質及構造應力場的分析、構

造運動時期和構造體系形成時期的鑑定、現代地殼運動和活動的地應力的觀測、岩石內流體運動和構造型式對油、氣的動態與油氣集中的控制作用、各級構造體系對礦產分佈規律的控制作用、構造應力場與地球化學場及地球物理場的聯繫。

2、全球大地構造體系的特點和分佈規律，以及與各種構造體系同時發生的沉積建造、岩漿岩建造、變質岩建造和礦產資源的生成聯繫。

3、古生代以來全球大陸運動和海洋運動問題。首先著眼於中國及鄰區石炭－二疊紀大陸運動與海水進退規程。

4、地殼運動問題。包括：區域性升降運動與水平運動的聯繫；地球角速度的變化和潮汐作用對於大陸運動和海洋運動的影響；太陽輻射的變化和地殼運動與地球運動對古氣候變化的作用等。

地質力學在礦產和水文地質、工程地質勘查、地震地質、地熱地質以及地區穩定性研究方面，特別是對中國石油、煤田和若干金屬礦產的預測，以及解決重大工程建設和大型礦山開發中遇到的地質問題，都起了重要作用。但在李四光著作中提出的一些地質問題，如地殼運動規律，地殼岩石圈、水圈、氣圈、生物圈在運動中的相互聯繫，礦產資源時空分佈規律等，迄今還沒有解決。

小知識

玄奘（西元六〇二年～西元六六四年），唐代著名三藏法師，佛教學者、旅行家，與鳩摩羅什、真諦並稱為中國佛教三大翻譯家。所撰寫的《大唐西域記》，是研究印度、尼泊爾、巴基斯坦、孟加拉以及中亞等地古代歷史地理之重要資料。

克里木戰爭促成天氣預報誕生 是氣象學的偉大成就

天氣預報就是應用大氣變化的規律，根據當前及近期的天氣形勢，對未來一定時期內的天氣狀況進行預測。

現在人每當出門前都會查一下天氣預報，看一下今天的天氣如何。殊不知，我們離不開的氣象學竟然是因為一場戰爭而發展起來的。

一八五三年到一八五六年，沙皇俄國與英、法兩國之間，因為爭奪巴爾幹半島而爆發了著名的克里木戰爭。在這場大規模的戰爭中，雙方爭得你死我活，每一方都使出了渾身解數來作戰。一八五四年十一月十四日，俄國和英、法兩國掀起了大規模的海上交鋒。雙方在黑海展開激戰的時候，突然一陣風暴來臨了。這場風暴使得海上頓時像炸開的鍋一樣沸騰起來，英、法軍隊的戰艦差一點被風暴吞噬。

在為自己逃過一劫而慶幸的同時，英、法軍隊的指揮官也開始了反思，假如他們能夠摸清作戰當天的天氣情況的話，不就會大大增加勝利的籌碼嗎？於是，法軍作戰部給巴黎天文臺臺長勒佛里埃寫了一封信，要求他仔細研究一下風暴的來龍去脈。接到了命令之後，勒佛里埃立刻展開了行動，因為當時沒有電話，所以勒佛里埃給各個國家的天文氣象工作者寫了信。最後，他收到了二百五十多封回信，根據回信的內容，勒佛里埃進行了整理和彙總，最後得出的結論是：黑海的風暴來自於茫茫的大西洋，這股風暴自西向東橫掃了整個歐洲。就在海戰的前幾天，這股風暴還襲擊了西班牙和法國。

克里木戰爭。

　　勒佛里埃將這些資訊全都告訴了法軍作戰部，為此，法軍作戰部提出了一個建議：為何不在歐洲大西洋沿岸設氣象站呢？這樣不就能即時傳達氣象資訊，在作戰中避免不必要的損失嗎？這個建議在法國引起了強烈的回響，勒佛里埃本人也很支持這樣的做法，在他的推動下，法國的科學院開始討論建立氣象站的事宜。在勒佛里埃的主導和社會各界的推動下，法國在一八五六年成立了世界上第一個正規的天氣預報服務系統，這也是我們現在看到的天氣預報的雛形。

　　大自然的天氣是千變萬化的，剛才還晴朗朗的天，轉眼就狂沙四起，暴風驟雨，怎樣才能掌握天氣變化的規律呢？為此，世界各國人民都在很早的時候，就開始了對天氣的觀測以及探究。

　　據甲骨文記載，中國早在三千多年前就開始了對氣象的研究，到了北魏

時期，著名的農業學家賈思勰在他的綜合性農書《齊民要術》裡，又對氣候的一些現象做了很詳細的註解，並用一些諺語來表述，告訴人們何時播種、何時收割，比如布穀催春種，意思是說布穀鳥啼鳴的時候，農民就可以開始耕田播種了。美國也有天氣方面的諺語，比如「傍晚天空紅，水手樂無窮」，意思是說晚上如果晚霞紅遍天際的話，第二天必定是個無風無浪的大晴天。諸如此類的諺語還有「月亮長毛要下雨」、「天上鉤鉤雲，地下雨淋淋」等，都是利用一些自然現象告訴人們如何預知天氣。

西元一三二年，中國的張衡發明了風向儀──相風銅鳥，用來預測天氣，使用方法是，選擇一片開闊地，豎起一根五丈高的杆子，然後在杆子的頂端放置一個會隨風轉圈的銅鳥，這樣便可以根據銅鳥轉動的方向來確定風向了。當然由於受當時的條件所限制，對天氣的判斷多出於人們日常生活的經驗，這樣的天氣預報的方式是不準確的，不過它畢竟有一定的道理。後人在此基礎上又發明了更合理的預報方式。

克里木戰爭促成天氣預報誕生。天氣預報就是根據氣象觀測資料，應用天氣學、動力氣象學、統計學的原理和方法，對某區域或某地點未來一定時段的天氣狀況，做出定性或定量的預測。

它的發展可分為三個階段：

1、單站預報。十七世紀以前人們透過觀測天象、物象的變化，編成天氣諺語，據以預測當地未來的天氣。十七世紀以後，溫度錶和氣壓錶等氣象觀測儀器相繼出現，地面氣象站陸續建立，這時主要根據單站氣壓、氣溫、風、雲等要素的變化，來預報天氣。

2、天氣圖預報。一八五一年，英國首先經由電報傳送觀測資料，繪製成地面天氣圖，並根據天氣圖製作天氣預報。二十世紀二〇年代開始，氣團學說和極鋒理論先後被應用在天氣預報中。三〇年代，無線電探空儀的發明、

高空天氣圖的出現、長波理論在天氣預報上的廣泛應用，使天氣演變的分析，從二維發展到了三維。四〇年代後期，天氣雷達的運用，為降水以及颱風、暴雨、強風暴等災害性天氣的預報，提供了有效的工具。

3、數值天氣預報。二十世紀五〇年代以來，動力氣象學原理、數學物理方法、統計學方法等，廣泛應用於天氣預報。用高速電子電腦求解，簡化了的大氣流體力學和熱力學方程組，可即時做出天氣預報。尤其是六〇年代發射氣象衛星以來，衛星的探測資料彌補了海洋、沙漠、極地和高原等地區氣象資料不足的缺陷，使天氣預報的水準顯著提高。

小知識

張騫（約西元前一六四年～西元前一一四年），中國漢代卓越的探險家、旅行家和外交家，對絲綢之路的開拓有重大的貢獻。當時西域諸國無史籍記載，張騫所報導，備載於《史記》、《漢書》中，是研究中亞史所根據的原始資料，具有重要的歷史價值。

上帝派來的克魯格曼
提出新經濟地理學理論

人文地理學是一門以地理關係為基礎，來探討人文現象的學科。它所研究的範圍不僅包括地理的分佈、擴散與變化，還包括人類社會活動的地域結構的形成和發展規律。

二〇〇八年十月十三日，美國經濟學家、普林斯頓大學教授保羅‧克魯格曼，成為了本年度諾貝爾經濟學獎的獲得者。業內人士沒有誰感到意外，所有人都認為克魯格曼是實至名歸的，因為他提出了「新經濟地理學」理論，將地理學思想與經濟學結合起來，開創了一種新型的地理學和新型的經濟學。

一九七四年，克魯格曼在耶魯大學求學，努力汲取各方面的知識，然而年輕氣盛的他在研究過程中也栽過不少的跟頭，但是導師最終帶他走出了錯誤觀念。

在耶魯大學求學的時候，克魯格曼經常會從事一些地理學方面的研究。有一段時間，他的研究老是出現一個資料的錯誤，他反覆地做著各種假設都沒能弄明白問題到底出在哪裡。後來他有點灰心了，每天上課都打不起精神。克魯格曼的變化，他的導師都看在了眼裡，希望能夠幫助自己的弟子度過這個心裡的障礙。

有一天，克魯格曼的導師將他帶到了辦公室。他首先跟克魯格曼進行了一些關於課程上的交談，然後拿起一杯牛奶放在水槽的邊上，並且示意讓克魯格曼看著。克魯格曼不解地看了看牛奶，又看了看導師。

兩人都沉默了一會兒，突然，導師就像想起什麼一樣推倒了牛奶杯子，牛奶順著杯子口流進了水槽。

克魯格曼說：「多可惜呀！好好的一杯牛奶。」

這時候，導師語重心長地說：「牛奶已經流乾了，不管你如何後悔也沒辦法挽回了。你現在能做的就是要把過去的失敗忘記，然後接受新的挑戰。只有這樣，你才會收穫更多。」

克魯格曼聽了之後陷入了沉思，沒過幾天，他再一次充滿信心地回到了研究中，並且不久他就取得了突破性的進展。在以後的「新經濟學理論」研究中，他依然沒有忘記導師對他說過的話，這也是他取得重大成就的原因之一。

在地理環境中，若沒有人類的存在，那將會死氣沉沉，沒有任何生機可言。所以，人文地理就應運而生。

人文地理學是一門以地理關係為基礎，來探討人文現象的學科。它所研究的範圍不僅包括地理的分佈、擴散與變化，還包括人類社會活動的地域結構的形成和發展規律。從所研究的課題上來說，人文地理有廣義和狹義之分，廣義的人文地理學包括社會地理學、政治地理學、經濟地理學等，狹義的人文地理學則指社會文化地理學。

最早的地理知識方面的敘述多是片段性的，但是地域文化的特徵已經凸顯，比如在《禮記‧王制》中，就有「廣穀大川異制，民生其間者異俗」這樣的記載，顯示當時的人們已經知道了地域的不同，對人類思想所產生的影響和變化。

而在西方，人們一直把地球做為日出而作、日落而息的家鄉來研究，所以在被稱為「歷史之父」的希羅多德和旅行家斯特拉波的著作裡，就很仔細

地論證了很多人文的地理現象。

　　進入十九世紀，人文地理得到了快速的發展。這一時期各國都針對人文地理做了自己的研究和考察，德國的地理學家李特爾在他的《地理學——地理對人類素質和歷史的關係》一書中，就很科學地闡述了自然現象與人文現象的相互關係，並且他認為自然是人文的基本原因，同時特別強調：「土地影響著人類，而人類亦影響著土地」。他還在《歐洲》一書中，以前言的形式告訴人們，大地上所出現的這一美好的景色，皆因為是自然與人文的完美結合，二者被完美地安排在一起，恰恰體現了自然與人文的不可分割性。

 小知識

　　鮑曼（西元一八七八年～西元一九五〇年），美國地理學家。其最具權威的著作為《戰後新世界》，主要論述第一次世界大戰後的世界政治地理問題，分析了特定地區的地理條件、歷史背景和特殊問題。另外還著有《祕魯南部安第斯山》、《拓荒者的邊界》、《森林地文學》、《地理學與社會科學的關係》等。

班固的精神之旅
開創了正史地理志的先例

《漢書‧地理志》做為中國第一部以「地理」命名的地理著作，是由東漢學者班固撰寫，為《漢書》十志之一。在書中，班固對漢代郡縣封國的建置，以及各地的山川、戶口、物產、風俗和文化等做了綜述，保存了漢代及其以前的許多珍貴的地理資料，是中國地理歷史上一部具有劃時代意義的著作。

在漢朝建立了二百多年之後，出現了一個偉大的地理學人物，他就是班固。班固生活的年代正是漢朝的鼎盛時期，王朝的空前繁榮促進了經濟的發展和版圖的迅速擴大，這些都對地理學提出了進一步發展的要求。這時候的地理學，不僅僅是對地理資料的大量記述，還包括準確的測繪和統計，而班固是第一個做到這些的人。

班固自幼十分聰慧，九歲的時候就能夠背誦很多詩詞歌賦，當地的人都叫他「小神童」。有一次，鄰村一個自認為很有才學的人聽說了班固的聰穎，就想考考他，實際上就是想讓班固丟臉而已。這個人來到了班固家裡，他大張旗鼓地說要來考考班固，所以很多好事者都來看熱鬧，擠滿了班固家裡的院子。

班固應聲出來，這個人一見班固就問：「聽說你是個『神童』？那我來考考你如何？」班固雖然有點膽怯，但最後還是同意了。那人開始問秦朝時候發生的大事，沒想到班固對答如流，那人並不滿足，繼續提問，依然沒有難倒班固。到了最後，弄得這個人都不知道問什麼好了，才終於放棄，前來

班固畫像。

觀看的人都為班固的表現鼓掌。

長大之後，班固遍覽群書，在父親的影響下，他開始研究史學。在父親去世後，班固趁著在家裡守喪的時間，整理了父親的《史記後傳》，並開始撰寫《漢書》，沒想到因此而釀成一段悲歡離合的經歷。起初班固私修史書，有人上書明帝，告他私撰國史，班固因此被捕下獄，全部書稿被抄。他的弟弟為了哥哥奔走上書，並將哥哥寫的《漢書》送到明帝的手中，明帝看後十分欣賞班固的才學，不僅從監獄中釋放了班固，還任命其為蘭臺令史。因蘭臺為當時皇家藏書之所，所以班固有飽覽皇室藏書之便等良好的著書條件，於是精心修史凡二十餘載。西元九十二年，外戚竇憲失勢，班固曾依附於他而顯赫一時，因此受牽連而入獄，同年死於獄中。此時，凝聚著他幾十年心血的《漢書》尚未完成，所幸的是，他的妹妹班昭繼承哥哥未竟的事業，完成《八表》的編寫，同郡學者馬續又代著《天文志》，終於使《漢書》成為一部完整的史書。

班固創作的《漢書·地理志》，為我們今天保留了豐富的地理資料，是研究中國古代地理的重要參考。

中國最早的地理志出自於《禹貢》，《禹貢》具體寫於什麼年代，現在已無從考證，不過裡面記載的內容是大禹治水所經過的地方以及治水的過程，據後人分析，原作者是以大禹治水所經過的路線來向人們講述地理知識。但《禹貢》裡面所記載的，只是一些很簡單很初級的地理知識，到了西

漢時期，在司馬遷所著的《史記》裡，也未見提到地理知識的隻言片語，比如在提到秦始皇滅六國將天下劃分為三十六郡的時候，並沒有將這三十六個郡的地理位置和面積說明清楚，不能不說是一種遺憾。

這樣的事情引起了東漢史學家班固的注意，在他所著的《漢志》一書中，建議行政區分劃出大致的地理框架，然後每個位置上再註明有什麼特別的地理現象以及風土人情，比如某個區域有高山、峽谷、江河等；關中的風俗特點是「五方雜厝，風俗不純其世家則好禮文，富人則商賈為利，豪傑則遊俠通姦」，而淮陽地區則是「婦人尊貴，好祭祀，用史巫，故其俗巫鬼」，此類的註解很多。有了這樣的記載，後人要想瞭解什麼地方有什麼風俗的話，只要看書裡所介紹的就一目了然了。

基於這樣的考慮，班固在《漢志》一書中詳細地標明了郡縣的地理位置，並且根據歷史階段的不同，進行新、舊對照。不僅如此，他還在將書中所提到的四百多條河流的流向以及沿途所經的地方都做了記載。為了完成這本書，班固不僅查閱了大量的史書，而且翻山越嶺，考察走訪了大部分地區。

至今，《漢志》依然是中國歷史上最完整的一部地理學方面的書籍。

小知識

羅爾德・亞孟森（西元一八七二年～西元一九二八年），挪威極地探險家，第一個到達南極的人。主要著作有《南極》、《我做為探險家的一生》等。

追蹤罪犯
追出第四紀冰川地層學遺跡

冰川是寒冷地區多年降雪聚積、經過變質作用所形成，具有一定形狀並能自行運動的天然冰體，分為大陸冰川和山嶽冰川兩大類。

在浩瀚的北大西洋上，一艘船正在全速前行，此時洋面上無風無浪，這是航行一個月以來難得的一個好天氣，所有的人都來到甲板上看風景。就在大家興致勃勃地談論著目的地的時候，船突然重重地顛簸了一下，站在甲板上的人沒有防備，都狠狠地摔了一跤，然後船停了。

肯定是出什麼事情了，眾人紛紛跑回船艙，一個叫勃朗寧的船員跑進船長室，正當他想詢問船長的時候，卻發現船長背靠在駕駛座上，頭向一邊歪著，雙臂下垂，已經死去了。

「船長死了，我們的船很快就要沉了，請大家趕快上救生艇逃生吧！」船長被人謀害了，這是勃朗寧的第一反應，他呼喊著，所有的人都驚恐萬分地跳上了救生艇，全然不顧船上滿載的貨物。

二十年以後，為了尋找凶手，同時也為了查明父親的死因，船長的兒子再次駕駛這艘船來到了大西洋。離父親遇害的洋面越來越近了，船長的兒子想起勃朗寧曾經說過的話：「我跑進船長室，但是已經晚了，我想尋找一些有用的蛛絲馬跡，可是一無所獲，而且船長的身上沒有一點血跡。」

船長的兒子看著身邊的勃朗寧沉思著，他覺得勃朗寧肯定知道很多祕密。果然，在吃飯的時候，他注意到勃朗寧悄悄地從口袋裡拿出幾片白色的藥，然後轉過身，又溜到船長室，把藥片放進了船長兒子喝咖啡的杯子裡。

「你這是在做什麼？你的行為我已經看到了，我想二十年前你也是這麼做的吧？可是你這樣做的目的是什麼呢？」

勃朗寧猛一回頭，看到船長的兒子正怒目圓睜地盯著自己。「你的父親，也就是那個可惡的船長，在一次航行中，他故意害死了我父親，進而佔領了我父親全部的財產。現在，你又來調查這件事，那麼就讓你去跟你的父親作伴吧！你們都是一樣的人，生性殘暴，很多船員都強烈要求改善伙食，可是你從來也沒答應過，餓死的船員被你狠狠地丟進大海，今天，你就去餵魚吧！」

「你簡直瘋了。」兩個人在駕駛室裡扭打起來。這時候，船失去了控制，一頭向前方的巨大的冰川撞去。

在地球的兩極，由於氣溫長期在零度C以下，大量的積雪尚未融化，便又疊加了新的積雪，它們在一起經過一層一層擠壓，致使面積越來越大，而形成龐大的冰體。冰體發育到一定的時期，已無法支撐自身的重量，就開始下落，由於高處的溫度低，低處的溫度逐漸增加，在冰體滑落的過程中，它的體積便逐漸地溶化變小，到了最底部，便形成舌狀冰川。冰川的表面是凹凸不平的，有的還有很深的裂痕，這樣的裂痕被稱為冰隙。

山嶽冰川。

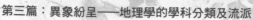

　　根據冰川所處地理位置的不同，可分為大陸冰川和山嶽冰川兩大類。發育在大陸棚上的就叫做大陸冰川，發生在山上的叫做山嶽冰川，山嶽冰川的形成需要具備一定的條件，若是山體的坡度太陡的話，存不住積雪，就難以形成冰川。

　　冰川冰帶以較快的速度向低緯度推進的時期叫做冰期，而介於兩個冰期之間的這段氣候溫暖的時期叫間冰期。歷史上，地球曾出現過三次大規模的冰期，一次是距今六億年以前的寒武紀大冰期，一次是距今二到三億年以前的石炭-二疊紀大冰期，而最近的一次是在距今大約二、三百萬年之間。

　　冰川主要屬於第四紀氣候特徵，它們的大量出現距今約二、三百萬年前，那時候地球大陸冰川的覆蓋面積已經達到百分之三十。由於地理位置的不同，冰川的發育也是不盡相同的，比如在歐洲大陸，冰川的覆蓋面曾達到北緯四十八度，在亞洲的北部以及西伯利亞地區，冰帶的範圍就相對小了很多，特別是在中國，幾乎沒有被冰帶所覆蓋。

 小知識

阿爾布雷希特·彭克（西元一八五八年～西元一九四五年），德國地理學家、地質學家。他致力於自然地理學，特別是地貌學的研究，首創「地表形態學」一詞。他在其學生E. 布呂克納的協助下，撰成《冰川時期的阿爾卑斯山》一書，將阿爾卑斯山的第四紀冰川時期劃分為三個間冰期和四個冰期，創立了第四紀冰川地層學。另外還著有《地表形態學》。

留著大鬍子的哈威
致力於理論地理學的研究

理論地理學是研究一些地理現象，以及尋找它們在發展的過程中所遵循的規律。它以存在於地理系統中的物質、能量和資訊的行為和運動為線索，研究出地質運行的普遍規律，以便更深層次地探索這門學科的哲理和內涵。

在西方地理學研究史上，有一個影響力極大的人物，他致力於研究理論地理學，並且形成了完整的理論體系，為世界地理學的新發展做出了傑出的貢獻。這個人就是一九三五年出生於英國，後來移居美國的大衛·哈威。

二十世紀五〇年代，地理學的發展仍然有很大的侷限性，大家都按照以往的模式做研究，幾乎沒有什麼大的突破。但是，大衛·哈威卻在一個老學者的影響下，大膽開創了地理學新的研究方向，於是理論地理學應運而生了。

當時，哈威在劍橋大學讀書，他和同學曾經去採訪一個老學者。採訪期間，老學者問了他們一個問題：「當暴風雨來臨的時候，你們站在一座大山的腳下，而山上的泥石流滾滾而下，這時候，你們是選擇向風雨猛烈的山頂上跑，還是向平坦的窪地跑呢？」這時候學生們似乎心有靈犀地相視一笑，他們異口同

聲地回答説：「當然是窪地！」

老學者搖搖頭説：「不對，你們應該向山頂跑。如果你們跑向窪地，那你們註定會被泥石流淹沒，然而你們要是往山頂上爬的話，儘管跋涉的路途很艱辛，但是你們每向上走一步就多了一分生存的希望。」

聽了老學者的話，哈威感慨頗深。後來，在學術研究上，他擺脱了人們慣用的研究方向，另闢蹊徑，找到了一個地理學新的研究方向——理論地理學。儘管研究道路上艱辛重重，但他還是攻克了一個又一個的難關，最終收穫了成功。

理論地理學是研究一些地理現象，以及尋找它們在發展的過程中所遵循的規律。它以存在於地理系統中的物質、能量和資訊的行為和運動為線索，研究出地質運行的普遍規律，以便更深層次的探索這門學科的哲理和內涵。

早期的理論地理學，只是對地理分佈形式做了一些簡單的數字方面分析，而近代的理論地理又加入了地理過程與地理系統的研究，這些地理體系包括地理環境、區域、地方以及全球等。這裡面有關於環境與區域的學說，屬於一種狹義的地理學內容，它們在與地方以及全球學說融會在一起以後，變成廣義的地理理論學。

在學術界，很多的學者專家都不提倡為地理學單立一門學科，原因是地理學帶有明顯的應用特色，完全可以把它歸納到其他應用學科的理論中去。不過這個說法並沒有得到認可，因為地理學一邊連著自然環境，一邊連著社會經濟，既有對自然系統的探討，又包含對人文系統的研究。

理論地理學是人類最早熟悉的知識，而在人類進步的過程中，沒有一樣能夠脱離地理學理論。從民族的發展到時代的興衰以及文明火種的繁衍，沒有一樣不受到地域環境的影響，從另一個角度來說，地理學理論的產生，與

人類的生產生活是息息相關的。

　　真正的理論地理學產生於二十世紀六〇年代，在這之前，雖然也有很多的地理學家曾提出過很重要的地理理論，但是終未形成體系。一直到一九六二年，在美國人邦奇出版的《理論地理學》一書裡，才對理論地理學有了很系統的闡述。

小知識

　　道庫恰耶夫（西元一八四六年～西元一九〇三年），俄國自然地理學家、土壤地理學的奠基者、土壤發生學派的主要創始人。他最早提出土壤是在母質、氣候、生物、地形和時間五種因素相互作用下，形成的歷史自然體的概念，創立「成土因素學說」，並劃分出俄國的主要土壤帶。主要著作有《俄國的黑鈣土》和《關於自然地帶學說》等。

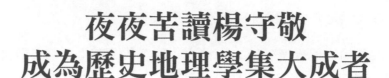

夜夜苦讀楊守敬
成為歷史地理學集大成者

歷史地理學是地理學的一個分支，主要研究人類歷史時期的各類地理問題，特別關注歷史中的地理演變與地理過程。

楊守敬於一八三九年生於宜都陸城一個商人家庭。儘管從小就和金錢打交道，但是楊守敬絲毫沒有被銅臭味腐蝕，他運用金石考古等多種方法研究《水經》、《水經注》，成為了名副其實的歷史地理學集大成者。

在楊守敬十歲的時候，做了一輩子生意的爺爺對他說：「敬兒，爺爺今年已經七十多歲了，身體已大不如從前，為了咱們的這些家業，你還是不要再讀書，跟著我在鋪子裡學做生意吧！等你上手了，我也可以放心地享享福了。」聽了爺爺的話，楊守敬也不好推辭，他只說：「爺爺，我還這麼小，站著還沒有櫃檯高，還是先讀書，過幾年再學做生意吧！」爺爺這時候有點不高興地說：「你爹像你這樣大的時候都已經自己打理鋪子了，他那時候也沒有你讀的書多，但是算帳速度很快，可以同時打兩把算盤。可惜你爹死得早，要不然我也不會耽誤你的學業，但是咱們的家業你也不能不考慮呀！」

聽了爺爺的話，楊守敬也不願意看到他老人家因為沒有人繼承家業而難過，於是他告訴爺爺：「那您以後教我做生意吧！」爺爺高興地點了點頭。從此，楊守敬就不再去學堂了，每天到爺爺的鋪子裡學做生意。

楊守敬的母親出身於書香門第，她懂得讀書的重要性，看到兒子因為做生意而荒廢了學業，不由得心急如焚。晚上睡覺的時候，母親因為兒子荒廢學業的事情而翻來覆去睡不著覺，起來的時候卻看見兒子的房間裡還亮著

燈，於是她輕輕推開兒子房間的門，發現楊守敬正在燈下專心讀書。母親心疼不已地說：「白天在鋪子裡忙了一天了，晚上還要回來學習，你的身體哪吃得消啊！」於是就命令他趕緊睡覺。

第二天一大早醒來，母親去楊守敬的房間發現兒子依然在讀書。等楊守敬去了鋪子之後，母親偷偷地走進了他的房間，看見桌子上有一張紙，上面寫著一首詩：「白晝營生夜秉燭，經商習文兩不誤。楊氏男兒早自立，事成須下苦工夫。要慕古人與前賢，前懸樑來錐刺股。發奮識遍天下字，立志閱盡人間書。」

母親看完這首詩之後，不禁淚如雨下。也正是由於楊守敬的這種專心致志、刻苦學習的精神，才促成了他對歷史地理學研究的巨大成就。

歷史地理學是地理學的一個分支，很早的時候就已經受到人們的關注。歷史地理的研究是以不同歷史時期的地理環境為對象，而所謂的歷史時期是指在地球上有了人類以後，地理環境所發生的變化。人類在地球上繁衍生息，利用和改造地理環境，給地理環境帶來的一系列的變化，都是歷史地理研究的範疇。

楊守敬的書法作品。

歷史地理按其發展的內容可分為三個階段，早期是沿革地理的起源，中期是沿革地理向歷史地理演變，後期是歷史地理的形成。

中國的歷史地理最早應該追溯到東漢時期，在東漢史學家班固的《漢書‧地理志》一書中，就已經有了地理歷史的影子。到了宋代，有很多的文獻，如《太平寰宇記》、《元豐九域志》、《輿地廣紀》、《輿地紀勝》

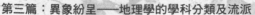
等，足以證明歷史地理已經形成一個獨立的科目。到了清朝，又出現了顧祖禹的《讀史方輿紀要》和晚期楊守敬的《歷代輿地圖》，而這兩部著作被稱為中國歷史上關於歷史地理學方面的經典之作。

在十八世紀的科尼斯堡大學裡，德國天文學家康得開始向學生們講授自然地理，與此同時，德國另外兩位地理學奠基人洪堡和李特爾也就自然地理和人文地理的研究做出了傑出的貢獻。這兩者都與歷史地理學之間緊密相連，深深地影響著歷史地理的發展，因為早期的歷史地理就是從研究人文地理開始的。

早期人們在研究歷史地理的時候，總是擺脫不了人文地理的影子，一直到二十世紀五〇年代，科學家克拉克才向世人強調歷史自然地理的重要性，它絕不可同其他學科混淆，此後經過學者和專家們認真的研究和系統的總結，歷史地理被分為歷史自然地理、歷史人文地理、區域歷史地理和歷史地圖等四個項目。

小知識

顧祖禹（西元一六三一年～西元一六九二年），中國明末清初沿革地理學家。他所編寫的《讀史方輿紀要》是一部記敘地理沿革、戰爭形勢的歷史地理專著，不僅是歷史地理研究者必讀之書，也是歷史研究者不可缺少的重要史籍。

鯀的傳說與地域分野

地域分異是指地球表層自然環境及其組成要素在空間分佈上的變化規律，即地球表層自然環境及其組成要素，在空間上的某個方向保持特徵的相對一致性，而在另一方向表現出明顯的差異和有規律的變化。

大禹治水的故事至今還在民間流傳，然而鯀的傳說卻不為大多數人所知。事實上，鯀的傳說跟地域分野有著密不可分的關聯。

遠古的時候，堯繼承王位做了帝王，他是一個有文韜武略，又能體恤百姓的人。天下在他的治理下十分太平，人們生活安居樂業。然而好景不常，有一年，水災突然來襲，天下頓時洪水滔天，百姓的莊稼被水淹沒，牛、羊等牲畜都被水沖走，房子也被洪水沖垮了，存活下來的百姓怨聲四起。

看到了這樣的景象，堯心如刀割，於是召開部落聯盟會議，商量治水的問題。鯀平日勤奮好學，又通曉一些地理知識，四方部落首領都認為這個差事非他莫屬，於是都舉薦鯀去治水。堯對鯀不大信任，首領們說：「現在沒有比鯀更強的人才，你試一下吧！」堯才勉強。

鯀來到了大河邊上，他望著寬闊的河面不知道應該從何處下手。這時，一群群「鴟龜」出現在了他的面前，這些「鴟龜」在地上爬著，牠們的尾巴在地上留下了一條條的痕跡。鯀以為這些「鴟龜」是上天派來挽救他的使者。於是便命令下屬依「鴟龜」在地上留下痕跡築堤堙堵，以為這樣就能夠防治洪水。然而一晃九年過去了，洪水絲毫沒有退卻的意思。

這時候，舜被舉用，代替堯管理政務。他到地方巡視的時候，發現鯀治

水絲毫沒有進展，於是將這件事如實稟報給了堯，並且建議堯將鯀放逐於東海。後來鯀慘遭祝融的毒手，但他死後三年身體都沒有腐爛，人們都很奇怪，於是有人剖開了他的肚子，竟然生出了禹。

隨後，鯀被化為了黃熊，投入到羽山下的深淵。他強忍著巨痛越過高峻的山嶺向西行進，企圖到崑崙、靈山等神巫眾多的地方求神靈救活他，但最後還是沒能逃過這一劫。鯀死後，他的兒子禹繼續治水，很快水患被消除，天下又恢復了太平。

地域分異指地球表層自然環境及其組成要素在空間分佈上的變化規律，即地球表層自然環境及其組成要素，在空間上的某個方向保持特徵的相對一致性，而在另一方向表現出明顯的差異和有規律的變化。

地域分異有著它自己的規律，研究地域分異的規律對人類活動來說，有著極為重要的意義。雖然至今為止，科學界並沒有對地域分異研究出一個統一的規律，但是它初步可以分為如下幾個方面：

1、在太陽的輻射下，因為緯度的不均而形成的緯度地帶性。

2、原始的以及後來因地勢變化而發生的大地構造上的自然的區域分異。

3、因為海陸之間的相互作用而產生的乾溼度地帶性。

4、大陸與高山之間的垂直地帶性。

5、由地形、地面組織和地下水層分佈不均引起的地方性分異。

地域分異規律是人類在對大自然的分析和探索中逐漸認識的，中國早在二千多年前，就有了地域分異的概念，古書《尚書‧禹貢》就以自然分界為原則，把名山大川以及河流平原分為九個大州。而在十九世紀，德國的洪堡也提出了地域分異的觀點，他的原則是根據氣候給植被帶來的影響，進而分

析出植被的地域分異規律。

在對地域分異規律的探索中，人們還發現了一個現象，那就是有許多的自然地帶並不是連續的，尤其是在那些大的山脈以及高原之間，還會出現垂直帶現象，這表明地域分異規律既有著地帶性差異，也有著非地帶性差異。而人們所總結的非地帶性，則包括由於地勢的構造、地勢地貌的分異以及岩石在地層內部的活動，而引起的非帶狀分佈的特性。

小知識

弗拉第米爾·伊萬諾維奇·維爾納茲基（西元一八六三年～西元一九四五年），蘇聯礦物學家，地球化學奠基人之一。他開創了「物圈地球化學」支學科，提出矽酸鹽結構的理論，並被證實。著有《地殼礦物史》、《地球化學概論》等。

可怕的魔海
提醒人們關注環境生態學

環境生態學，是指以生態學的基本原理為理論基礎，結合系統科學、物理學、化學、儀器分析、環境科學等學科的研究成果，研究生物與受人干預的環境相互之間的關係及其規律性的一門科學。從學科發展上看，環境生態學的理論基礎是生態學，它由生態學分支而來，但同時又不同於生態學。

喜怒無常的大海總是令人捉摸不透，從古至今不知有多少生命葬身海底。同時，大海也在提醒著我們要關注環境生態學，要不然會有更多的生命遭到「魔海」的吞噬。

一九二六年七月的一天，英國航海愛好者亨利‧巴可索特和他的五個好朋友踏上了前往美國的旅程。他們六人當時都是學生，這一次出海是利用暑假的機會感受旅行的驚險和刺激，但他們駕駛船舶的技術並不高超。

啟程的時候天氣很好，海上沒有一點風浪，他們懷著興奮的心情踏上了旅途，並沒有意識到一場巨大的災難正在慢慢地向他們走近。

航行到第五天的時候，天氣突然發生了變化，海上風浪滔天，大雨傾盆而下。他們從沒見過這樣的景象，一個個嚇得臉色煞白。小船瞬間就像要被海浪撕爛了一樣開始左右搖擺，桅桿也折斷了，甲板上的東西全部都被海水捲走了。

「我們只能聽天由命了，船已經無法駕駛了。」亨利‧巴可索特難過地說。大家都很害怕，但是還心存希望，他們希望能有過往的船隻來營救自

己。

恐怖的暴風雨天氣終於結束了，當眾人好不容易鬆了一口氣的時候，可怕的事情又發生了。天剛濛濛亮，亨利‧巴可索特看見幾條白蛇般的物體蜷曲著身體爬上了他們的甲板。他大叫起來，招呼所有的人聚集到甲板上，拿著各種可以拿的工具敲打「白蛇」的頭部，「白蛇」便掉到海裡去了。

到了白天，他們定睛一看，發現那些東西根本就不是「白蛇」，而是一種帶有吸盤似的海草，但是這種海草看起來似乎很有進攻力。

六人商量了一下，決定駕駛小艇趕快離開這個鬼地方，要不然他們有可能都會變成海草的食物。

於是，他們分配好工作，輪流划船和拍打爬上小艇的水草。幸運的是，他們在擺脫海草不久後，就遇上了一艘前往美國的船隻而獲救了。

以研究生物的生存條件以及它們與生存環境之間的相互關係為對象的學科，叫做生態環境學。

所謂的生物包括原核生物、原生生物、動物、真菌、植物等五大類，而環境是指地理環境。在學科分類上，生物與環境各自有著自身的獨立性，但是二者之間又有著千絲萬縷的關聯，所以也就產生了「生態環境」這個新名詞。

研究生態環境對我們所居住的這個星球有著舉足輕重的作用。一個生態系統的組成有兩大部分，一個是「無機環境」，而另一個則是「生物群落」，無機環境指的是構成生態環境中的非有機因數，比如陽光、水、空氣、溫度、風等，在整個生態環境中，無機環境是基礎，它的優劣直接關係到生物群落繁衍與豐富程度。

地球上生物種群的生存無不時刻受著環境的影響，而它們的活動同時也在潛移默化地改變著環境。從生物鏈的角度上來說，植物所生長出來的葉子和果實為昆蟲提供了食物，而昆蟲又是鳥類的食物，鳥被鷹和蛇捕食，而鷹和蛇同時又扼制著草原上鼠類的氾濫。而從環境的角度來說，一片肥沃的草原上，如果沒有獅子和豺狼的身影，而任其牛、羊成群的發展，那麼這片草場遲早會變得光禿，這也體現了保持生態平衡的重要性。

　　隨著社會的進步與發展，人類的活動愈加頻繁，森林火災、火山爆發、工業廢氣、生活燃煤、汽車廢氣、核爆炸等，致使地球上的環境問題層出不窮。現在的生態環境學主要是針對如何改善和遏制地球上出現的溫室效應、酸雨、野生動植物瀕臨滅絕、土地沙漠化等現象的發展，來做進一步的探索與研究，進而還人類一個綠色環保的地球。

小知識

　　愛德華‧大衛‧戈德堡（西元一九二一年～），美國地球化學家。他從化學角度對海水、海底沉積物的海洋生物進行了研究，在海洋環境的年代變化和冰河年代的劃定等方面的研究做出了貢獻，後來致力於環境科學的研究。著有《地球科學與隕星學》一書。

揭開「五彩湖」神祕面紗
體現了地緣政治意識的萌芽

地緣政治學又稱地理政治學，它根據各種地理要素和政治格局的地域形式，分析和預測世界或地區範圍的戰略形勢和有關國家的政治行為，並把地理因素視為影響甚至決定國家政治行為的一個基本因素。

在西藏北部有一個很奇妙的湖，隨著陽光照射角度的變化，湖水會呈現出多種不同的顏色：水面上，有的地方顯露出海藍色，有的地方呈現著翠綠色，有的地方輝映成橙黃色。人們以石擊水，那蕩漾起的漣漪，卻能反射出粉紅色和雪青雙色波光，向四周擴散開去，宛如一道道美麗的彩虹。由於湖水會變化成五種顏色，當地人把它叫做「五彩湖」。

傳說在很久以前，這裡只是一片平原，平原附近有一個小村莊，農民在平原上種植各種莊稼，風調雨順，日子過得倒也安穩。

可是有一年，天逢大旱，再深的井裡也打不出來一點水，不要説莊稼顆粒不收，大地裂開了口子，就連那些工作的牲畜，也被渴死了。

這樣下去，總不是個辦法，於是人們開始籌辦祭品，向河神祈求雨水。

可是河神卻提出了一個無禮的要求，他要求人們送一個姑娘做祭品，並警告説：「如果三天後不送來的話，那麼這個村子至少三年不會降下一滴雨，村裡的人唯一的出路就是逃荒要飯。」

誰家的姑娘願意去呢？大家都把目光投向了族長，族長也一籌莫展。他

有一個十八歲的女兒，知道了這個事情以後，便替父親擔憂了起來。

三天以後，族長的女兒做出了決定，她告訴父親：「讓我去吧！為了全村的鄉親，就算是死了，我也會永遠守護這片大地。」

女兒穿上了節日的盛裝，走上了祭臺。這時候，只見狂風大作，眾人都被塵土迷住了眼睛。當他們把眼睛睜開的時候，發現族長的女兒已經不見了，只聽見有人喊道：「快看，天上的仙女下凡了。」

所有的人都跑過去觀看，只見仙女飄落的地方，出現了偌大的一個湖，湖水在陽光的照耀下，呈現出各種不同的顏色。從此，人們又過上了安樂的日子。

人們把「五彩湖」歸結為一個美麗的傳說，其實它是大自然的傑作，隨著地殼的變動，海底變成陸地，而陸地中的低窪處自然就成了湖泊。

當地由於氣候溼熱而形成的紅土，使湖水看起來像紅色的；強勁的北風會帶來黃土，黃土沉積於紅土上，又使湖水呈黃色；隨著時間的變化，乾旱和強烈的光照一點點地蒸發湖水，岸邊就會露出白色的石膏層，在陽光的折射下，湖水又呈白色的；而湖水的深層底部，又是藍色或綠色的。這就是「五彩湖」的成因，同時也體現了這個地方人們地緣政治意識的萌芽。

很早以前，歐洲人所有的行為基本上都侷限在大陸上，自從哥倫布航海發現美洲大陸以後，他們便開始了由海上擴張領土的意識。

英國地理學家麥金德認為，隨著領土的不斷擴張，人們的私慾也在不斷膨脹，歐亞大陸因為有著天然的地理優勢遲早會成為兵家必爭之地。因此，他提出的「地緣政治論」告訴人們，很多情況下，人類的鬥爭不是因為觀念，而是對領土的控制慾。

然而，眾多的專家學者卻不這麼看，西元五〇〇年到一五〇〇年，隨著突厥和蒙古人大量的入侵，人口的急遽增長，生態環境的惡化以及生存資源的減少，都從不同程度上影響著歐亞大陸的地理價值。

蒙古兵入侵俄羅斯。

如果你到歐亞那些貧民區走一走，很明顯就能感覺到資源緊缺給生存帶來的壓力。再加上周邊一些國家密織如麻的導彈防禦系統，使得歐亞大陸已經失去了可以用來研究的區域痕跡。

所以，從這個角度上來說，麥金德的地緣政治論應該做出很大程度的修改。

小知識

奧格（西元一八六一年～西元一九二七年），法國地質學家。他一生中最大的成就是對地槽學說的新發展和對地史學研究的奠基性貢獻。著有《地質學專論》和《地質學教程》。

智築冰城的故事讓人想到景觀學

景觀學是地理學的綜合性分支學科。在人類生存的空間，既有自然科學，也有人文科學，而景觀學所研究的是如何把這兩者藝術化地結合在一起，其主要的核心思想就是怎樣協調人與自然的關係，使其更好地服務於生活和社會。

天氣的自然變化在很多時候，都成為了古代戰鬥的籌碼之一，孔明的草船借箭就是好的例子，在不費一兵一卒的前提下獲得了勝利。在這個故事中，曹操吃了大虧，然而風水輪流轉，他在對抗西涼的戰鬥中也沾了天氣的光，而戰勝了對手。

三國時期，曹操北定中原，於是調集兵馬討伐西涼並殺死了西涼人的首領馬騰。馬騰的兒子馬超非常孝順，而且他又是天下有名的虎將，自己的父親被曹操害死了，他怎肯就此甘休，於是親率兵馬東進，迎戰駐紮在渭北（今黃土高原中南部的渭河附近）的曹軍。

曹操的軍隊因為長期作戰，再加上這次是長途跋涉，已經十分疲憊。這個時候西涼軍隊頻頻來襲，曹軍隊抵擋不住，每一次交鋒都損失慘重。為了防範西涼人的進攻，曹操打算取渭河的沙土來修築營寨大牆，但因沙土粒粗屢築屢塌，曹操為此苦惱不堪。

這個時候，當地的一位通曉天象的隱士求見曹操，並且獻上了一個計策，他說：「這一段時間以來，渭水一帶烏雲密佈，夜間的時候一定會刮大風，北風之後天氣一定會轉冷。颳起北風之後，你命令士兵運來沙土堆成小山形狀，接著往上面澆水，天亮的時候，這座土山就會變成一座『冰城』

了。」聽了這位隱士的計策之後，曹操如獲至寶，立刻命令士兵照此行動。果然第二天早上，一座「冰城」出現在了他的面前。

馬超及部下來到「冰城」下一看，都大為震驚。冰城險峻光滑，西涼兵久攻不下，損失十分慘重，官兵士氣低落，軍心開始動搖。此時，靜候在「冰城」內的曹軍待機衝出營寨，一舉擊潰了馬超的西涼軍。

曹操聽取了隱士的良策，利用冷鋒天氣的變化，運土潑水築成冰寨城牆，保存了實力，並打敗了馬超。這個故事不禁讓人聯想到了地理學的綜合性分支學科——景觀學。

在人類生存的空間，既有自然科學，也有人文科學，而景觀學所研究的是如何把這兩者藝術化地結合在一起，其主要的核心思想就是怎樣協調人與自然的關係，使其能夠更好地服務於生活和社會。

景觀學一說最初是由德國地理學家拉采爾提出來的，他建議把景觀學做為地理學的研究中心。景觀學分為原始景觀和人文景觀。原始景觀是指原始狀態下，沒有遭到人為改造與利用的景觀。而如今人類的科學發展使得我們幾乎能夠染指地球所有的角落，所以相對來說，能夠遺留下來的原始景觀就顯得尤為珍貴。

為了保護這樣的景觀，很多國家已經著手行動，美國亞利桑那州西北部的科羅拉多大峽谷之中，有許多天然的峭壁、高峰、小丘等，它們光怪陸離，五光十色，不同的岩石層均代表不同的年代和不同的氣候，是不可多得的地理景觀化石。而另一處原始景觀位於洛磯山脈的北部和中部的山間熔岩高原上，海拔二千多公里，那裡不僅有多年被河流沖刷而成的大峽谷，而且還有種類繁多的原始植被，如冷杉、紅松、雲杉等，除此以外還有各種動物，像鹿、麋、美洲野牛、駝鹿等。

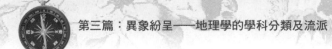

人文景觀又被稱作是文化景觀，它是人們在自然景觀的基礎上，注入了文化內涵而形成的一種景觀，可以表現在生活的各個方面，比如建築、服飾、音樂等。

在人類所居住的這個星球上，奇異的峽谷、光怪的溶洞，無不滲透著大自然的鬼斧神工，而人類也恰恰是在這其中發現了美學，發現了美學的藝術價值。

 小知識

尼古拉·尼古拉也維奇·巴朗斯基（西元一八八一年～西元一九六三年），俄羅斯經濟地理學家，經濟地理學區域學派創始人。他在經濟地理學理論方法、國家及區域經濟地理學、經濟地圖學、城市地理學及地理教學方面均有較大貢獻。著有《蘇聯經濟地理》、《美國經濟地理》、《學校經濟地理教學法概論》、《經濟地理、經濟地圖學》、《經濟地圖學》等。

元朝使節團在南洋見識了
理想的國家模式

組成國家的三要素是：國土、政權和居民。國土指的是有政治疆域的領土，政權是有一個權威的組織，而居民就是指佔據該地域的人類團體，由此可見，政治學與政治地理學是完全不相干的兩種概念。

十世紀到十三世紀是真臘文明最燦爛的時代，中國的史書將其稱為「安哥時代」。真臘的繁榮引起中國元朝統治者的極大興趣，在滅了南宋之後，曾經一度進犯占城和安南，之後又侵入了真臘，也就是現在的柬埔寨地區。

為了能夠成功入侵真臘，元朝政府組織了一個使節團，事先瞭解真臘的情況。元貞二年二月，使節團從明州出發來到了溫州港。在港口，人們穿著節日的盛裝來為這些勇士們送行，使節團的團長站在船上的最高處向百姓們招手，然後，大呼一聲：「起錨，出發！」船漸漸地駛出了港口。

使節團一路上歷經了千辛萬苦，用了一個月的時間來到了占城。他們在占城逗留了很久，不是因為他們與占城王國交涉或者談判拖延了時間，而是因為遇到了逆風以及內河水道淺水期，所以他們必須等到河水上漲的時候才能前往真臘，要不然路途會更加艱辛。

使節團在占城耽誤了四個多月的時間，接著他們出發去了真臘。來到了真臘之後，他們被眼前的繁榮景象驚呆了。這裡的街道上商業十分繁榮，琳瑯滿目的商品看得人眼花撩亂。

使節團還得到了真臘王室的熱情接待，王室在他們的宮廷中大擺筵席來

歡迎這些來自遠方的客人，當然他們並不知道這些人來這裡的真實目的。

使節團在真臘逗留了一年之久，等待海上的西南季風以及河水的上漲。大德元年六月，使節團開始起程回國，並於八月十二日順利抵達寧波，整個旅程耗時一年半的時間。

使節團成員之一的周達觀回國後編寫了《真臘風土記》，書中詳細地記載了當地的氣候、地域分區等。這本書不但有著重要的地理學研究價值，還成為元朝進攻真臘的依據。後來，元朝發兵攻打真臘，但是天公不作美，由於地理以及氣候條件的限制，未能取得成功。

在古希臘偉大的哲學家柏拉圖所著的《理想國》中，曾細緻地描寫了理想的國家模式，而古羅馬學者也在其著作《地理學》一書中，提到了大政治區域有效功能的一些必備的條件。從此，政治地理學一詞便被當作一門學科進行研究與探索。

最早發表關於政治地理學專著的是拉采爾，拉采爾是德國著名的人文地理學大師，在他的專著中，他是這樣描述政治地理學的：政治地理學研究的對象是國家與土地之間的關係，如果把人類生存的地球視為一個空間的話，那麼這個空間一定要有它特定的組織性，也就是說，把人們心中的國家由一個抽象的概念，轉化為地域上的理念，進而使人們更加清晰地認識到什麼是國家。

組成國家的三要素是：國土、政權和居民。國土指的是有政治疆域的領土，政權是有一個權威的組織，而居民就是指佔據該地域的人類團體，由此可見，政治學與政治地理學是完全不相干的兩種概念。拉采爾強調，每一個國家都只不過是地球表面上的一部分，甚至是附在地球上的一種有機生物，是人類的一部分，那麼從這個角度上來說，政治地理也就是人類地理的一部分。

　　拉采爾崇尚達爾文進化論，他把國家看成是地球上的有機附著生物，生物的生存競爭規律是優勝劣汰，而國家的強大與羸弱在拉采爾看來，也不脫離這樣的軌道，它如同生物一樣，從誕生到成長，到強大，再到滅亡。自然界裡的弱肉強食同樣適用於國家之間的競爭，如果鄰國沒有強大的實力，那麼這個國家必然向其進犯。

小知識

塞奇威克（西元一七八五年～西元一八七三年），英國地質學家。他與R.I.麥奇生合作，共同研究了德文郡的葉岩和砂頁，並提出「泥盆紀」的命名。著有《英國古生代岩層劃分概要》。一九〇三年正式開放的劍橋塞奇威克博物館，就是為紀念他建造的。

第四篇

膽略之旅

——世界地理大發現

腓尼基人開啟海上探險之旅

腓尼基人不但是精明的商人，更是勇敢的航海家，他們海船在地中海來往遊弋，還穿過直布羅陀海峽，經常出沒波濤洶湧的大西洋。現今，直布羅陀海峽的兩個座標就是用腓尼基的神來命名的，被稱為「美爾卡爾塔」。

在希臘神話中，有一段關於腓尼基的傳說。腓尼基公主歐羅巴被萬神之王宙斯變形為牡牛拐走之後，國王阿革諾耳非常痛苦，立刻派遣自己的長子卡德摩斯帶著兄弟們四處尋找，並告訴他們，找不到妹妹不許回來。

一轉眼，三年過去了，卡德摩斯始終沒有妹妹歐羅巴的消息，但是父命難違，他不敢回家，只好帶領隨從四處流浪。

為了能找到一個安身立命之處，他跪在卡斯泰利阿聖泉邊，請求太陽神阿波羅賜給他神諭。阿波羅告訴他：「在前面的草原上有一頭沒有套軛具的小牛，牠會帶領你一直往前。等牠躺下休息時，你可以在那裡建一座城市，並命名為底比斯。」

卡德摩斯十分歡喜，剛要起身，忽然前面草地上出現一頭母牛。他連忙朝著太陽神祈禱，感謝神靈護佑，並跟隨母牛一路前行。

母牛帶著卡德摩斯穿越凱菲索斯河後，站在岸邊抬頭大叫，回頭看看卡德摩斯及他的隨從，然後滿意地躺在草地上。卡德摩斯見此，滿懷感激之情，跪在地上親吻這塊陌生的土地。

為了向眾神表示敬意，卡德摩斯派僕人到附近的森林中取泉水做為獻給神的祭禮。

那是一片人跡罕至的原始森林，裡面的樹木盤根錯節，潛伏著各種奇異而危險的動物。在一個拱形的深谷中，一股涓涓流淌著的泉水在山石間湧出，蜿蜒流轉穿過了層層的灌木。

卡德摩斯的僕人們來到泉水邊，剛想彎下腰來打水，一條毒龍突然出現在他們面前。這個可怕的怪物眼睛噴射著火焰，膨脹的身體裡充滿了毒汁，對著這些陌生的闖入者張開了血盆大口。僕人們嚇得呆立在原地，渾身的血液像是凝固了一般，水罐都從手中滑落下來。

毒龍把牠遍佈鱗甲的身軀盤成滑膩膩的一堆，蜷縮成直立的弓形，然後抬起半個身體，發起了攻擊。這些可憐人根本來不及反應，有的被咬死，有的被毒氣熏死，無一倖免。

卡德摩斯見隨從遲遲沒有歸來，決定親自去尋找他們。結果他發現了死

卡德摩斯與毒龍搏鬥。

亡的隨從，還看到了罪魁禍首——毒龍。為了替隨從們報仇，他用盡力氣與毒龍搏鬥，並最終將其制服。

這時，女神雅典娜出現了，她告訴卡德摩斯：「把毒龍的牙齒種在泥土裡，這是未來種族的種子。」卡德摩斯聽從了女神的話，在地上開了一條寬闊的溝，將龍的牙齒放在了土裡。

不一會兒，泥土下面有了動靜，一個身披鎧甲的武士從土裡站出來，很快地，地下長出了一整隊武士。卡德摩斯驚奇極了，他正想投入新的戰鬥，卻聽一個武士喊道：「不要拿武器反對我們，不要參與我們之間的戰爭。」說完，他抽出利劍朝著從土裡長出來的另一個武士砍去，與此同時，其他武士也都揮動手中的武器互相殘殺。

最後只剩下五個武士，其中一人率先回應雅典娜的建議，放下武器，願意和解。他們達成了一致，並歸順卡德摩斯，聽從他的領導，與他一起同心協力建造新城。

新城建造好了，按照太陽神的旨意，取名底比斯。由此，勇於探險的腓尼基人的城邦又壯大了。

在地中海東岸曾經生活著一個古老的民族——腓尼基人，他們曾創造過

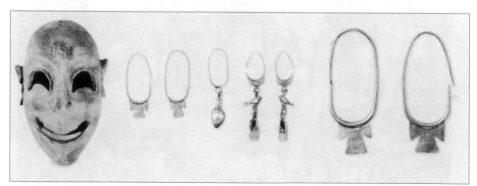

腓尼基人的飾物。

高度發達的文明。在西元前十世紀到西元前八世紀，他們的文明達到了鼎盛。

腓尼基人生活的地方非常獨特，前面是浩瀚無際的大海，背後是高大的黎巴嫩山，這種天然的地理環境註定了腓尼基人不能成為農耕民族，因為他們沒有適宜耕作的土地。但是，腓尼基人憑藉著自己的智慧發展手工業生產，靠著一雙雙靈巧的手製造出精美的玻璃花瓶、珠寶首飾、金屬器皿及各種武器等。生產出來精美的手工業品之後，有個重要的問題就是要將它們賣出去，光靠賣給自己民族的人是遠遠不夠的，也就是說腓尼基人得要穿過洶湧澎湃的大海與其他民族進行交易。

聰慧的腓尼基人從埃及人和蘇美人那裡學習造船工藝，製造出了一種輕巧卻很結實的船。他們製造的船船身狹長，前段高高翹起，中部建有交叉的桅桿，兩側設雙層檣櫓，主要靠船槳和風帆前行，一艘船可以同時搭載三到六人，由這樣的八到十艘船組成一個船隊向海洋彼岸的國家前進。

腓尼基人的船隊不僅航行到地中海的很多港口，還曾穿過直布羅陀海峽，進入波濤洶湧的大西洋，在直布羅陀海峽至今還有以腓尼基神命名的座標——美爾卡爾塔座標。腓尼基人憑藉著嫻熟的駕船技巧，一度到達了法國的大西洋海岸、英國的大不列顛群島和非洲好望角。

直到現在，北非依然流傳著關於腓尼基人航海的傳說：「腓尼基人曾經駕船到達了北非的古埃及，古埃及的法老尼科熱情地迎接了腓尼基幾位英勇的航海戰士。在為腓尼基人準備的酒宴上，為了確認腓尼基人是否有高超的航海技術，法老問他們說：「聽說你們腓尼基人有著高超的造船技術和航行技術，是這樣嗎？真是這樣的話，我想考驗你們一下。若你們從埃及出發沿海岸線一直向前，並保證船一直在海岸的右側，假如你們能夠回來的話，我有重賞；假如你們回不來的話，以後就不要對外宣揚自己高超的航海技術

了。」腓尼基人毫不猶豫地接受了法老的挑戰，帶著法老為他們準備的食物和水，開始了艱難的航行。一晃幾年過去了，埃及法老以為腓尼基人回不來了，覺得很失望。但是幾年後的某一天，這幾個腓尼基勇士真的又回到了埃及。法老聽著他們的見聞，看著他們帶來的各地的奇珍異寶，不禁對腓尼基人肅然起敬。

腓尼基人憑藉著自己的智慧和勇敢取得了豐碩的成果，他們曾經一度建立了海上霸權，壟斷了航海和貿易，成為強大的城邦國家。

 小知識

亨利希‧謝里曼（西元一八二二年～西元一八九〇年），德國的地質學家和考古學家，現代考古學的奠基人之一，也是第一個運用攝影進行考古學研究的人。出於一個童年的夢想，他執著地放棄了商業生涯，投身於考古事業，使得荷馬史詩中長期被認為是文藝虛構的國度：特洛伊、邁錫尼和梯林斯，重現天日。

北歐海盜發現冰島和格陵蘭島

冰島位於北大西洋中部，靠近北極圈，全島總面積十萬三千平方公里，冰川達到八千平方公里。格陵蘭島是世界上最大的島嶼，在北冰洋和大西洋之間，面積二百多萬平方公里，但全島百分之八十以上被冰川覆蓋，是名副其實的「冰島」。

北歐海盜是指來自挪威、瑞典和丹麥的那些無惡不作的強盜，他們經常活躍在西北歐的海岸線上，搶掠過往船隻的財物，人們都被這群海盜的心狠手辣嚇得心驚膽戰，因此臭名昭著。然而就是這些海盜，有時候也能夠成為航海探險的功臣，冰島、格陵蘭島的發現就要歸功於他們。

西元八世紀時，北歐海盜非常猖獗。在挪威有一個名叫納得多德的海盜，在一次航行的時候被風暴吹離了航線，來到了達法羅群島西北方的一座荒島上。當時這個島上正下著雪，於是納得多德就給這個島起了一個名字叫做「雪島」。不久之後又有一個瑞典人也是因為同樣的原因來到了這個荒島上，並將這個荒島命名為「加達紹爾」。

這兩個人先後到達這個荒島之後，為了吹噓自己的成就，對這個荒島進行了大肆渲染，將其描繪成一個世外桃源似的地方。這種描述果然引起了海盜費洛基‧維爾格達松的注意，他決定要去這個島上生活。

西元八七二年左右，費洛基‧維爾格達松帶著他的家人，從挪威出發駛向這座島嶼。到達了之後，他才發現這座島嶼並不像人們描述的那樣美好，只不過是一個寒冷無比的荒島而已，一氣之下，他將這座島嶼命名為「冰島」。

冰島的苔原風光。

　　與冰島的發現有著異曲同工之妙的是格陵蘭島。格陵蘭島是世界最大的島，北歐海盜中最凶暴殘忍的「紅鬍子」艾迪克，和費洛基‧維爾格達松一樣聽信了一些到過那裡的人的描述，帶著家人來到格陵蘭。當他踏上島嶼時，也發現自己被騙了，寒冷無比的島嶼上人煙稀少。不過艾迪克十分狡詐，他為了吸引別人來這裡定居，就將這座島嶼命名為格陵蘭島，也就是「綠島」意思。

　　真是令人唏噓，作惡多端的北歐海盜，幾乎每一個人都是了不起的水手，更了不起的是，他們所進行的那些令人刮目相看的航行，還成就了人類航海史上的奇蹟。

　　海盜們意外發現的冰島和格陵蘭島，成為人類地理學中的大發現之一。從九世紀後半葉，挪威開始向冰島移民，並建立議會和冰島聯邦。此後冰島先後隸屬於挪威和丹麥，不過在一九○四年，冰島獲得內部自治，成為獨立

自主的國家。其後在一戰和二戰中，冰島先後被德國和美國、英國進駐。一九四六年，冰島再次獨立，加入聯合國。

在地理學上，冰島的發現和開發都是人類偉大的事業。冰島位於北大西洋中部，靠近北極圈，全島總面積十‧三萬平方公里，冰川達到八千平方公里。

冰島是歐洲第二大島，海岸線長達四千九百七十公里，全境四分之三都是海拔四百公尺以上的高原，而且還被冰川覆蓋。島內火山很多，有一百多座，其中二十多座是活火山，隨時都會噴發。

從這一點講，冰島可說是冰火之國。海拔二千一百一十九公尺的哈納達爾斯和努克火山是全國最高峰。實際上，冰島整個國家都建立在火山岩石上，島內幾乎沒有土地可供開墾。而且冰島屬於寒溫帶海洋性氣候，變化無常。從冰島的地理環境可以看出，冰島不適宜農業生產，因此在古代人跡罕至。

可是隨著地理開發，冰島的其他優勢逐漸發揮了作用。冰島是世界溫泉最多的國家，多瀑布、湖泊和河流，最長的河流長達二百二十七公里。由於受到墨西哥灣暖流影響，冰島與同緯度的其他地方相比，溫度較高，夏季日照時間長，秋冬季可見極光。

所以有「冰島不冷」的說法。冰島人憑藉自身優勢，發展漁業、工業、旅遊業，經濟十分繁盛，今日的冰島是一個高度發展的發達國家，人均國內生產總值排名世界第五，人類發展指數世界排名第一。

格陵蘭島雖然名為「綠色之島」，卻遠沒有冰島富有生機。這個世界上最大的島嶼，在北冰洋和大西洋之間，面積二百多萬平方公里，但全島百分之八十以上被冰川覆蓋，五分之四的面積位於北極圈內，全年氣溫低於

0℃，有的地區甚至達到-70℃，是名副其實的「冰島」。

格陵蘭島南北縱深遼闊，主要由高聳的山脈、龐大的冰山、壯麗峽灣和貧瘠裸露的岩石組成，只有西海岸少數地區有少量綠地和樹木，適合人類居住的面積約有十五萬平方公里。

由於自然條件極其惡劣，交通困難，格陵蘭島成為一些瀕危植物、鳥類和獸類的避難所，富有冰晶石等礦產，水產豐富，如鯨、海豹等。

雖然人煙稀少，但格陵蘭島的景色極為壯觀，可以見到極光；在沿海岸的許多地方，可以看到冰體運動、冰川斷裂等現象。

小知識

戈登・柴爾德（西元一八九二年～西元一九五七年），澳裔英籍考古學家。他先後提出「新石器革命」（食物生產的革命）和「城市革命」概念，為日後農耕、家畜飼養和文明起源問題的研究奠定理論基礎。被公認為二十世紀前期最有成就的史前考古學家。

阿拉伯帝國的擴張之路

阿拉伯人擅長航行，在航海業、造船業和帆船駕駛技術等方面都做出過貢獻。他們累積了大量航海必需的地理知識和其他知識，在長期的航行過程中，他們研究和詳細記述了印度洋上的季風，而且利用季風縮短了航行時間。

哈里發們歷經了千辛萬苦建立起阿拉伯帝國，接下來的任務就是要鞏固自己對阿拉伯帝國的統治，還要滿足本民族對商路和土地的要求，這就要求哈里發們要積極對外擴張，發展自己的羽翼。

第一任哈里發伯克爾對敘利亞擴張戰爭的勝利，激勵了接下來繼任的哈里發們，他們都滿懷信心地展開了對其他民族的征服行動。西元六三五年，阿拉伯帝國第二任哈里發歐麥爾發動了阿拉伯歷史上空前的大征服運動。

這一天，哈里發歐麥爾率領著大軍從阿拉伯帝國出發前往拜占庭和波斯帝國。有「安拉之劍」之稱的哈立德‧伊本‧韋立德將軍，率領著英勇的阿拉伯戰士穿過了人跡罕至的敘利亞沙漠，到達了雅穆克河畔。在那裡，兩軍開始了激烈的戰鬥，英勇的阿拉伯戰士一舉殲滅了五萬拜占庭大軍，敘利亞的首府大馬士革的城牆上，飄起了阿拉伯人勝利的旗幟，街道上響起了阿拉伯人勝利的歡呼聲。

經歷了短暫的勝利的喜悅之後，阿拉伯人又開始了新的征程，四萬阿拉伯將士從佔領的敘利亞揮師東進，這次戰鬥的目標是伊拉克地區。六三七年，哈里發的軍隊佔領了伊拉克，將士們在伊拉克進行了勝利的狂歡之後又背起了行囊，接下來他們終於要向波斯地區逼近了。

幾年的艱苦奮戰，阿拉伯人最終於六四二年在卡迪亞戰役中徹底擊敗了波斯軍隊，征服了已有四千多年歷史的波斯帝國。與此同時，西征的軍隊也頻頻報捷，六四〇年，阿拉伯人佔領了埃及。哈里發這次真的成為了亞歷山大的主人。

第三任哈里發奧斯曼依然繼續進行著擴張戰爭，他帶領著阿拉伯人先後征服了亞洲的呼羅珊、亞美尼亞、阿塞拜疆以及非洲的利比亞等地區。為了配合征服行動，他還在小亞細亞沿岸建立了一支強大的海軍。

經過長達七十八年的對外擴張，阿拉伯帝國的版圖空前擴大。在阿拉伯帝國的統治之下，被征服地區的文明也在不斷融合，最終形成了全新的阿拉伯文明。在阿拉伯人的推動下，散落的文明得以聯合起來，增進了各個文明之間的交流與進步。

阿拉伯人的擴張戰爭，無意中促成了一次又一次地理發現的過程。尤其是跨越海洋作戰的經歷，促進了航海業、造船業和帆船駕駛技術的發展，使他們累積了大量航海必需的地理知識和其他知識。在長期的航行過程中，他們研究和詳細記述了印度洋上的季風，而且利用季風縮短了航行時間。這些勇於冒險的古代阿拉伯人，在他們的地理書籍中記錄下大量海洋地理資料。

十三世紀之後，阿拉伯的航海技術得到新發展；十五世紀初，鄭和下西洋時，這位穆斯林後裔，雇用了阿拉伯國家的嚮導來為他的船隊導航，而順利到達東非。阿拉伯不乏卓越的航海家，十六世紀的伊本·馬吉德，出生於航海世家，以熟諳在江海大洋中航行聞名於世，被阿拉伯海員尊為「保護神」。正是有了他的指引，來自葡萄牙的達·伽馬才能順利渡過印度洋，開闢了通往印度的新航路。

在這個時期，阿拉伯航船的裝備更加先進，已經擁有航海儀器如指南針、等高儀、量角儀、水陀等，還繪製了座標、海圖和對景圖。隨著設備越

來越先進，阿拉伯航海家的活動範圍也逐漸擴大，他們頻繁光顧西歐沿海、非洲的東岸、北岸和西北岸，到達了亞洲的南岸和東南海域，在菲律賓、馬來半島都留下了他們的足跡。

可以說，遼闊的阿拉伯帝國培養了一大批冒險家和地理學家，他們不僅開創了地理學的很多新發現，還為後世留下各種地理學著作，成為後人認識中亞、西亞、北非等地理概貌的經典文獻。

小知識

墨卡托（西元一五一二年～西元一五九四年），荷蘭地圖學家。通曉數學、天文學、地理學、地形測量學，精於書法、雕刻圖版等技術。他先後繪製「巴勒斯坦地圖」、「世界地圖」和「佛蘭德地圖」。一五五四年編製出歐洲地圖，一五六九年首次採用正軸等圓柱投影編製航海圖（世界圖），這種投影後稱墨卡托投影。晚年所著《地圖與記述》是地圖集巨著，轟動世界。

到中國拾黃金的馬可‧波羅

《馬可波羅遊記》，是一二九八年威尼斯著名商人和冒險家馬可‧波羅，所撰寫其東遊的沿途見聞。該書在中古時代的地理學史、亞洲歷史、中西交通史和中義關係史諸方面，都有著重要的歷史價值。

馬可‧波羅出生在義大利威尼斯的一個商人家庭，受父親尼科洛和叔叔馬泰奧的影響，少年時期的他就熱衷於到世界各地去旅行。在馬可‧波羅小的時候，他的父親和叔叔經常到東方經商，他們曾經來到元大都並朝見過蒙古帝國的忽必烈大汗，忽必烈大汗熱情地迎接了他們，還讓他們帶回了寫給羅馬教皇的問候信。父親和叔叔經常向馬可‧波羅講起他們在東方旅行時的見聞，這些都在小馬可‧波羅的心裡埋下了想要去東方旅行的種子，尤其是想去中國。

馬可‧波羅一行人離開威尼斯。

十七歲那年對於馬可‧波羅來說是特殊的一年，因為在這一年，他的父親和叔叔拿著教皇的回覆信和禮品，帶領馬可‧波羅與十幾位旅伴一起向著中國出發了。他們沒有料到，這次的旅行之路一點都不平順。

當他們在一個小鎮上

買東西的時候，被幾個強盜盯上了，強盜認定了他們是有錢人，於是趁著夜深人靜大家正在熟睡之際抓住了他們，並將他們關押起來。幸而馬可‧波羅的父親見多識廣，有勇有謀，找個機會帶著兒子逃離匪巢，父子兩人經過千辛萬苦找來了救兵，打算解救同伴。可是，強盜神出鬼沒，早已不見蹤影。幸運的是，馬可‧波羅的叔叔逃脫了強盜的魔爪，並且找到了他們。死裡逃生之後，親人相見，不由得激動地擁抱在一起。

　　儘管遭遇了如此不幸，但並沒有削弱他們去東方的決心。他們匆匆忙忙地趕到了霍爾木茲，希望在那裡可以遇到去中國的船隻。可是事情並沒有想的那麼順利，他們等了足足兩個月，結果也沒有等到一條船。水路不行，只能改走旱路，他們已經別無選擇。做好了應對一切艱難險阻的心理準備後，馬可‧波羅和父親、叔叔收拾行囊，踏上東去的茫茫之旅。

　　他們從霍爾木茲一直向東走，穿過了荒無人煙的伊朗沙漠，跨過了陡峭險峻的帕米爾高原，一路上他們躲開了強盜、猛獸的侵襲，克服了疾病、飢渴的困擾。終於有一天，他們遠遠地看見了新疆。

　　美麗的喀什、華麗的和田玉器、碩果纍纍的果園，這裡的一切都吸引著馬可‧波羅的目光，令這位第一次出遠門的少年驚嘆不已。在新疆短暫地停留了幾天之後，他們又繼續向東行進，穿過塔克拉瑪干沙漠，來到古城敦煌，在這裡他們瞻仰了舉世聞名的佛像雕刻和壁畫。接著，他們又穿過河西走廊，到達了上都——元朝的北部都城。他們再一次受到了忽必烈大汗的熱情接待，大汗邀請他們向元朝的大臣講述一路上的所見所聞，並且十分賞識年輕的馬可‧波羅，極力邀請他在朝廷任職。

　　從此，馬可‧波羅定居中國，融入到中國社會中。他利用到各地巡視的機會走遍了中國的大好河山，見識了中國的繁華與富有，寫下輝煌巨著《馬可波羅遊記》。直到一二九五年末，極度思念家鄉的馬可‧波羅才回到了闊

別十幾年的家鄉。

馬可‧波羅的中國之行及其遊記，在地理學中具有重要意義。在當時的歐洲，人們把他和他的遊記當作神話，認為是「天方夜譚」。無數富有冒險精神的西方人讀了《馬可波羅遊記》後，紛紛東來尋訪中國，促進了中西方的直接交流。

在馬可‧波羅之前，中西方的交流主要透過中亞地區，而且交往只停留在以貿易為主的經濟聯繫上，缺少直接的接觸和瞭解。中國從西漢張騫通西域開始，開闢了絲綢之路，對西方進行較為積極地認識和探索，唐朝時一大批西方商人來到中國，加深了中國對西方世界的認識。西方對於中國的瞭解較為膚淺，多半停留在道聽塗說的間接接觸上，因此對東方世界懷著神祕和好奇的心理。

馬可‧波羅在中國十幾年，以其親身經歷，加上所見所聞，對中國以及西亞、中亞、東南亞各地有了較為深入的瞭解。在他的遊記中，詳細記載了當時中國的政事、戰爭、宮廷祕聞、節日、民俗等，尤其是元大都的經濟文化民情風俗，還有西安、揚州、蘇州、杭州、福州等各地的商業繁榮景象。遊記第一次較為全面地向歐洲人介紹了中國，將一個地大物博、文明發達、歷史悠久的中國形象，展現在世人面前。

在真實的紀錄基礎上，馬可‧波羅在遊記中採取了略有誇張，甚至神話般的描述，更激起了西方人的好奇心，為他們打開了一扇地理之窗，掀起一股東方熱、中國熱。此後，數不清的歐洲人湧向東方，學習東方，進而給歐洲帶來巨大變革。

首先，當時許多很有價值的地圖，是參考《馬可波羅遊記》繪製的，許多偉大的航海家就是憑藉這些地圖揚帆遠航，探索世界。

其次，《馬可波羅遊記》大大豐富了歐洲人的地理知識，打破了中世紀西方神權統治的禁錮，以及傳統的「天圓地方說」。

再次，《馬可波羅遊記》鼓舞了一代又一代歐洲人，哥倫布、達‧伽馬、安東尼‧詹金斯、馬丁‧羅比歇等偉大航海家，都是在讀了此書後才踏上尋訪東方之旅的，可見它對十五世紀歐洲的航海事業起了多麼巨大的推動作用。據說，當年哥倫布遠航的目的地本是中國，因為他讀了《馬可波羅遊記》後，非常希望瞭解富庶的中國，沒想到意外地發現了美洲大陸。

最後，毋庸置疑，《馬可波羅遊記》對於促進中西方直接交流和聯繫的意義重

元世祖忽必烈出獵圖。

大，給中世紀的歐洲帶來新的曙光，而且給這個世界帶來巨大影響，是一個時代的象徵，其積極作用永垂不朽。

小知識

馬可‧波羅（西元一二五四年～西元一三二四年），世界著名旅行家和商人。一二五四年生於義大利威尼斯一個商人家庭，也是「旅行世家」。他在中國遊歷了十七年，回到威尼斯之後，寫出《馬可波羅遊記》。

葡萄牙人遭遇「殺人浪」
而發現好望角

「好望角」的意思是「美好希望的海角」，但最初卻稱「風暴角」。強勁的西風急流掀起的驚濤駭浪常年不斷，這裡除風暴為害外，還常常有「殺人浪」出現。

一四八七年八月，葡萄牙航海家迪亞士奉葡萄牙國王若奧二世之命，率領兩艘輕快帆船和一艘運輸船從里斯本出發，前往傳說中的印度。這是他的第二次東方之行。迪亞士智勇雙全，這一次，他懷著堅定的信心，打算探索一條繞過非洲大陸最南端通往印度的航路。

迪亞士沿著以往航海家們走過的航路，首先到了加納的埃爾米納，經過艱難的航行後，一四八八年一月抵達盧得瑞次。

好望角。

不幸的是，在盧得瑞次周圍，迪亞士的船隊遇上了空前強烈的風暴，船員們嚇得心驚膽戰，無心航行。更糟糕的是，船員中流行起疾病。這一下，船員們再也不肯繼續前行，他們詛咒風暴和疾病，並開始思念家鄉、思念父母妻兒，想打道回府，因此數次請求返航。迪

亞士不肯就此罷休，他多次苦心勸說船員們，最後力排眾議，說服了船員們重新豎起桅桿，向南進發。

經歷了十三個晝夜的風暴洗禮之後，迪亞士和他的船隊終於迎來了風平浪靜的一刻。由於在海上漂泊日久，迪亞士對具體的方位已經失去了清楚的意識，他命令他的船隊掉頭向東航行，可是多日之後他們依然沒有看到陸地。迪亞士這才意識到他們可能已經繞過了非洲的最南端，於是他又率領船隊折向北方行駛。

一四八八年二月的一天，一個船員驚喜地叫起來：「陸地！我好像隱約看到了陸地。」在他的驚呼聲中，大家驚異地順著他手指的方向望去，看到了一個隱藏了多少個世紀的壯美的岬角。他們感慨著這一路的奔波，一致認同將這個岬角命名為「風暴角」，後來達‧伽馬又將這個海角命名為「好望角」。

迪亞士本想繼續向印度洋地區航行，但是船員們飽受航行中的折磨，都很想快點回到家鄉，於是他們決定返航。迪亞士和他的船員們經過艱難的航行，終於揭開了好望角神祕的面紗，又為世界航海史掀開了新的一頁。

「好望角」位於大西洋和印度洋的匯合處，在世界地理中佔據舉足輕重的地位，是穿梭往返歐亞之間的必經之地。這裡一年四季狂風呼嘯，怒濤洶湧，巨浪一般在六公尺以上，有時高達十五公尺左右，在十四～十五世紀成為了航海家們需要征服的對象。

這個地方常年受西風急流的影響，驚濤駭浪從未間斷過。有的航海家將這裡的浪稱為「殺人浪」，這種浪不同於一般的海浪，在風大的時候，浪頭如同懸崖峭壁，後部則像緩緩的山坡，海浪可高達十五到二十公尺。

而且好望角又靠近南極，當極地風肆虐的時候，海浪的情況更加複雜，

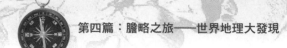

因此這個地方一直是航海家們最害怕的地段，「殺人浪」會隨時吞沒船隻，要了他們的命。

好望角的發現，為西方各國進入富庶的東方，打開了一扇方便之門。在蘇伊士運河之前，這是歐洲進入東方的唯一通道。許多船隻在這裡補充淡水和食物，檢修船隻。直到今天，每年仍有三、四萬艘巨輪通過好望角。西歐各國的糧食、戰略資源、石油的運輸都要通過這裡。

關於好望角的「殺人浪」，科學家經過多年研究認為，巨浪除了與大氣環流特徵有關外，還與當地海況和地理環境關係密切。好望角處於西風帶上，西風強勁有力，十一級大風司空見慣。同時，南半球地域小而水域遼闊，有「水半球」之稱，好望角接近南緯四十度，從此直到南極圈，是圍繞地球一周的大水圈。在遼闊的海域，海流突然遇到好望角陸地阻擋，形成巨浪，就是理所當然的事情。

 小知識

巴爾托洛梅烏‧繆‧迪亞士（約西元一四五〇年～西元一五〇〇年），葡萄牙著名的航海家。他於一四八八年春天最早探險至非洲最南端好望角的莫塞爾灣，為後來另一位葡萄牙航海探險家達‧伽馬開闢通往印度的新航線，奠定了堅實的基礎。

哈德遜在格陵蘭海和巴倫支海上的航行以及對北部大河的再次發現

人類遠洋航行探險分為四個階段：近岸遠洋航行、跨洋遠洋航行、環球航行和極地冰海航行探險。極地冰海航行探險，比起同時期在溫帶、熱帶地區的航行探險，危險程度高出很多，是最艱難的探險活動。

商人們對探索新航線的慾望是永無止境的，一六〇七年，英國莫斯科貿易公司的商人們為了尋找新的市場，任用了船長亨利·哈德遜——一個並不出名而年紀又稍大的航海家。他們提供給哈德遜的是一艘排水量約為八十噸的帆船和十二名船員。哈德遜的任務就是要尋找到達日本的北部海道路線。

一六〇七年五月一日，一個陽光明媚的日子，哈德遜率領他的船員們從泰晤士河河口出發，朝著浩浩蕩蕩的大海開始了征程。進入了六月之後，哈德遜的船隊始終在很順利的條件下沿著格陵蘭島的東海岸前進，航行一段時間之後他到達了一個海角，在北緯七十三度附近。在這裡他的船隊受到了冰塊的阻攔，無法順利向前航行，於是他調轉了方向，朝著東北方向前進。

六月底的時候，哈德遜發現了一個海島，他滿心歡喜地以為這是一片新的土地，然而這只不過是西斯匹次卑爾根群島的一個島嶼。在這個島上短暫停留之後，他們又開始了征程。當他們航行到北緯八十度二十三分的時候，遇到了一個不可逾越的冰塊區，沒辦法，哈德遜只得率領船隊返航。

就這樣，哈德遜和他的船隊返回了倫敦。儘管在這次航行中，他們也取得了一定的地理發現成果，瞭解到格陵蘭海裡蘊藏著大量可供捕撈的巨鯨和

海獸。但是莫斯科貿易公司的商人們並不滿意，對他們來說，這遠遠沒有達到此次出海的目的。

幾年後，哈德遜又接到了莫斯科貿易公司的命令，再次出海探索，然而依舊一無所獲。

屢遭失敗，哈德遜的航海能力遭到懷疑，無人願意雇傭他航海。這時，剛剛成立不久的荷蘭西印度由於人才匱乏，無奈之下請他出馬，希望能夠發現北部海道。

哈德遜帶領船隊航行，一路上他仔細地考察，細心地推測，在北美海岸進行了大量試探性地探索，並進入後來以他的名字命名的哈德遜河。這是一條寬闊的大河，一開始，哈德遜把它當作了海峽入口處，沿河航行了二百多公里，最後才絕望地返航。

這次北美海岸的探索意義非凡，然而當時人們並不這麼認為，他們以為哈德遜又一次失敗了。所以，接下來哈德遜為英國西印度公司服務，帶領一艘排水量五十五噸、配備二十三名船員的航船出海時，他便遭到了來自船員的深度懷疑。

大家不相信他、排擠他，幾乎到了要暴動的程度。公司沒有辦法，只好派遣一名哈德遜並不認識的軍官跟隨船隊，負責船隊事務。

一六一〇年四月十七日，哈德遜的船隊駛出了倫敦港。不久之後，他就把公司派遣的一名「監督員」送上了岸，真正駛入了大海，向著冰島方向前進。哈德遜沒有明確的目標，他帶領著船隻在格陵蘭島周圍、沿著封凍的海峽北岸緩慢行駛，他小心謹慎，時刻擔心發生意外，企圖尋找到通往太平洋的道路。

在這片海域的航行，使他第二次發現了昂加瓦灣，並完成了對拉布拉多

半島的整個北部海岸的發現。

按說，這是了不起的地理發現，可是哈德遜似乎註定是悲劇人物，船員們不認可他，也不認可他的發現，他們對這個船長極其不滿，最終演變成暴動。哈德遜一生躲過了無數海濤風浪、冰山死角，但沒有躲過這次劫難，他的生命在自己終生徘徊的海域畫上了句號。他當然不知道，日後以他名字命名的哈德遜河，還有他死去的那片海灣也被命名為哈德遜灣。

哈德遜在北美沿岸進行的探索，是當時英國人在寒帶地區積極探索西北通道的又一個例證。從十六世紀七〇年代到十七世紀三〇年代，隨著哈德遜灣的發現，他們又發現了格陵蘭島西部地區、世界第二大群島——加拿大北極群島的近一半地區，取得了重大的地理發現成果。

在探索發現中，英國人接觸到愛斯基摩人，開闢西北通道，這促成了人類遠洋航行探險的第四階段。這四個階段分別為：近岸遠洋航行、跨洋遠洋航行、環球航行和極地冰海航行探險。

極地冰海航行探險，比起同時期在溫帶、熱帶地區的航行探險，危險程度高出很多，是最艱難的探險活動。

這也讓我們瞭解到哈德遜一生的航海活動，充滿著怎樣的艱難險阻。由於西北航道的探險活動，遠離探險者的祖國和文明地區，很難得到就近支援，因此也鑄就了西北探險與東北探險相比，更加艱苦。這恐怕也是哈德遜的船員們最終暴動的原因之一。

極地冰海航行探險是整個地理大發現時代最苦最難的，是屬於富有冒險精神、堅忍不拔的人的活動。

在探尋西北新航路的過程中，由於英國實力增長和資本主義發展，他們充當了主要角色。之前葡萄牙等西歐國家的人已從海路抵達過印度、中國和

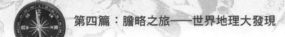
日本，但他們的動因不過是走捷徑，與英國人的探險有著本質區別。

英國人在西北地方的探索，並沒有帶來什麼直接經濟效益，也沒有發現貴重的資源，而且由於嚴寒不適合移民定居。但是這些前仆後繼的探航活動，具有極大的求知性和科學考察性。

十九世紀，西方又開始了西北航路的探尋，這時的探險具有科學考察性和一定體育競賽性。雖然當時科技有了極大發展，但是極地冰海航行探險依然危險重重，其中在一八四五年，英國人約翰‧佛蘭克林率領的兩艘蒸氣船上一百二十九人全軍覆沒，無一生還。

為了尋找他們，英國探險家麥克盧爾率領船隻從太平洋、北冰洋進入加拿大北極群島，結果連續三個冬天被圍困，最後他們棄船乘著冰雪撬，穿過陸地和封凍的海洋，幸運地遇到了從大西洋方面前來救援的船，終於一八五四年回到英國。這次艱難的探險，使英國人首次完成了海、陸、冰結合的穿越西北通道之行。

小知識

湯瑪斯‧庫克（西元一八〇八年～西元一八九二年），英國旅行商，近代旅遊業的先驅者，也是第一個組織團隊旅遊的人。十九世紀中期，他創辦了世界上第一家旅行社，標誌著近代旅遊業的誕生。

鄭和下西洋未能促成地理學大發展

《鄭和航海圖》反映了鄭和下西洋的航海路線，其中記載了五百三十多個地名，僅外域地名就有三百個，東非海岸有十六個。在航海圖上，標出了城市、島嶼、航海標誌、灘、礁、山脈和航路等。

說起鄭和，就想起了中國古代的遠洋航海，他從一四〇五年到一四三三年曾經先後多次進行遠洋航行，比歐洲航海家的遠洋航行早半個多世紀，而且航海規模也是歐洲航海家所無法比擬的。

鄭和出生於南昆明市晉寧縣，是回族人。小時候受父親的影響，對遠洋航行有著濃厚的興趣，再加上他從小聰明好學，所以累積了豐富的地理知識，為日後的遠洋事業打下了良好的基礎。

西元一四〇五年是鄭和遠洋事業開始的一年，他接受了皇帝的命令出使西洋，也就是現在汶萊以西的東南亞和印度洋沿岸一帶。對於第一次遠洋航行，鄭和準備得相當充分，他準備了二百多艘船隻，帶領著總人數達到二萬七千人的船隊從江蘇太倉劉家港出發浩浩蕩蕩地開往了印度洋地區。

船隊一路上經歷了很多艱難險阻，憑藉著他們攜帶的先進航海工具和船員們豐富的地理知識，每一次都能化險為夷，在這裡特別值得一提的就是，鄭和的船隊巧妙利用不同時間的風向和洋流的流向進行航行，這種航行不僅省時省力，還更加安全。在鄭和的帶領下，他們的船隊先後到達越南南部、爪哇、蘇門答臘、麻六甲、印度西南海岸、斯里蘭卡等國家和地區。

鄭和的船隊在每一次登陸後，都會受到當地人民熱情的迎接，他們也將

自己從中國帶來的一些絲綢和瓷器拿出來，交換他們的土特產。

有一次，他們到達了一個面積很小的國家，當鄭和讓船員們將絲綢和瓷器送給當地人的時候，當地人竟然不知道這是什麼，他們將鄭和的船隊稱作是上天派來的使者，稱這些絲綢和瓷器為上天送給他們的禮物，鄭和和船員們更是受到當地人熱情的招待。

從第一次遠洋航行之後一直到一四三三年的二十八年裡，鄭和一共七次下西洋，到達了亞非共計三十多個國家和地區。他向世界各地展現中國先進的文化，也帶來了世界各地的資訊，促進了中國文化與外國文化的交流與融合。但是鄭和下西洋只是侷限於傳播文化而已，並沒有當成地理學上的建樹，因此鄭和下西洋並沒有促進中國地理學的大發展。

鄭和下西洋，雖然沒有促進中國地理學大發展，但確實是人類偉大的壯舉之一，其對地理學的積極意義不容忽視。鄭和帶領的船隊船舶技術之先進，航程的距離，影響的巨大，船隻噸位的大小，航海人員的多少，組織配備的嚴密，航海技術的先進，都是當時世界上獨一無二，無人匹敵的。

根據《鄭和航海圖》記載，鄭和使用海道針經結合過洋牽星術，是當時最先進的航海導航技術。他們白天用指南針導航，夜裡透過觀察星斗和水羅盤定向的方法導航。即使在惡浪滔天的環境下，也能保持穩定。而且他們還發明了各種聯絡信號，保持船隻間互通音訊。比如，白天懸掛和揮舞各色旗幟，組成旗語；夜裡以燈籠互相聯絡；陰雨天配有銅鑼、喇叭和螺號等。鄭和下西洋在航海技術方面的突出特色，可以概括為三個方面：

第一，天文航海技術方面。中國人早就具備了觀測日月星辰測定方位和船舶航行的方法，鄭和的船隊充分利用了這一方法，把航海天文定位與導航羅盤結合，提高了航向準確度。這就是「牽星術」。用「牽星板」觀測定位的方法，經由測定天的高度，判斷船隻的位置、方向，確定航線，這是當時

世界上最先進的天文導航技術。

第二，地文航海技術。鄭和的船隊以海洋科學知識和航海圖為依據，運用了航海羅盤、計程儀、測深儀等航海儀器，透過海圖、針路簿的記載情況，保證船隻的航行路線。據記載，羅盤的誤差，不超過二・五度。

第三，《鄭和航海圖》。此圖反映了鄭和下西洋的航海路線，其中記載了五百三十多個地名，僅外域地名就有三百個，東非海岸有十六個。在航海圖上，標出了城市、島嶼、航海標誌、灘、礁、山脈和航路等。其中南沙群島（萬生石塘嶼）、西沙群島（石塘）、中沙群島（石星石塘），做了明確標記。一九四七年，中國政府以鄭和等命名南海諸島礁，以此紀念這位偉大的航海家。

《鄭和航海圖》原圖呈一字形長卷，晚明時期，茅元儀將其收入《武備志》一書，改為書本式，自右而左，圖二十頁，共四十幅，附「過洋牽星圖」二幅，從此流傳於世。《鄭和航海圖》是世界上現存最早的航海圖集，與同時期西方最有代表性的波特蘭海圖相比，其製圖範圍廣，內容豐富，實用性更強。米爾斯和布萊格登是熟悉整個馬來半島海岸線的專家，他們對此航海圖曾做出很高評價。

總之，鄭和下西洋充分體現了中國先進的航海科技，使古人的智慧得以發揚光大，創造了偉大航程。

小知識

鄭和（西元一三七一年～西元一四三三年），原名馬三寶，古代航海家、外交家。他曾七次率領船隊下西洋，航線從西太平洋穿越印度洋，直達西亞和非洲東岸，途經三十多個國家和地區。在世界航海史上，他開闢了貫通太平洋西部與印度洋等大洋的直達航線。

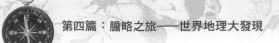

哥倫布發現新大陸

> 新大陸是歐洲人於十五世紀末發現美洲大陸及鄰近的群島後，對這
> 片新土地的稱呼。在發現新大陸前，美洲大陸對歐洲人來講是陌生
> 的，他們普遍認為整個世界只有歐、亞、非三個大洲，而沒有其他
> 大陸的存在。

哥倫布出生於義大利，從小喜歡地理的他，似乎就已經和航海結下了不解之緣。少年的時候，哥倫布偶然讀到了一本地理學方面的書，上面講到地球的形狀，說地球是圓形的。哥倫布喜出望外，假如真的像書上說的那樣的話，他從歐洲出發一直向西方航行應該就能夠到達他一直嚮往的東方國家。

西元一四七六年，哥倫布滿二十四歲，年輕氣盛的他開始策劃航海去東方的事情。他向葡萄牙國王建議，由葡萄牙政府出資提供船隻和人員，去探索前往東方印度和中國的海上航線，以便於以後和東方國家的貿易。但是當時的很多教授和哲學家都譏笑這個年輕人，他們不相信一直往西方走就能夠到達東方國家，認為哥倫布的話簡直就像是夢話。

儘管被一群所謂的專家否定了，但是哥倫布依然堅持自己的觀點，他相信終有一天他能夠在海上開闢出一條航線到達東方國家。一四八五年，哥倫布移居西班牙，他繼續宣傳想要西行的主張。羅馬教皇看到了哥倫布所做出的努力，於是答應哥倫布勸說西班牙王后來幫助他完成心願。教皇還送了哥倫布一些銀幣，做為去見王后的路費。哥倫布用教皇給他的錢買了一套衣服、一匹驢，一路上靠著乞討來到了西班牙王宮。

西班牙王后聽了哥倫布的想法之後，並沒有完全被他說服，但因為羅馬

教皇出面勸說了，所以王后就給
了哥倫布三隻船，只是沒有水手
願意為了一個不知道能不能實現
的目標而冒生命危險。哥倫布沒
有辦法，只得到海邊上去找一些
漁民，用他的三寸不爛之舌說服
了幾個人跟著他一起出海。人手
還是太少，後來哥倫布想了一個
辦法，他央求王后釋放一些監獄

哥倫布在港口。

中的死囚犯，並且答應如果航海成功讓他們重新獲得自由。

　　就這樣，哥倫布帶著八十七名船員，駕駛著三隻船從巴羅斯港出發了。
一路上，他們與驚濤駭浪搏鬥，終於有一天，他們第一次到達了陸地上，就
是巴哈馬群島和古巴、海地等島嶼。他們欣喜若狂地返航回到了西班牙，西
班牙王室聽到了他們航行成功的好消息都十分驚訝。

　　國王和王后設宴歡迎這位航海英雄，給予他最高的禮儀待遇。這引起一
些人不滿，他們認為這不是什麼了不起的事，紛紛嘀咕：「這有什麼稀奇，
這是最簡單的事情而已。」

　　哥倫布聽到人們的議論，沒有做出直接回答，而是從餐桌上隨手拿起一
枚雞蛋，當眾說：「先生們，請問誰能把這枚雞蛋豎起來？」那些對他不
滿的人走上前，一個一個去試，結果都沒有成功，並說：「這是不可能的
事。」

　　哥倫布不言不語，拿起雞蛋在桌子上輕輕一磕，輕鬆地把雞蛋豎立起
來。然後，他望著眾人說：「先生們，還有什麼比這更容易呢？可是你們卻
說不可能，其實這才是世界上最簡單的事。誰都可以辦得到，不是嗎？」

　　哥倫布的發現，是地理學和人類歷史的一個重大轉捩點，開啟了新大陸開發和殖民的新紀元。十五世紀，歐洲通商貿易四通八達，經濟高速發展，人口急遽膨脹，這一局面不可避免地產生和刺激了探險活動。

　　其實早在哥倫布之前，就有其他人到達過美洲，並在此居住。有證據證明其他文明曾到過美洲，比如在美國和墨西哥境內發現的古希臘和羅馬錢幣和陶器；在美國大峽谷發現的古埃及文物，都遠遠早於哥倫布登陸美洲之前。不過，這些文明在美洲都沒有形成太大影響。

　　哥倫布發現美洲大陸，適合了歐洲當時的需求，為他們開闢了一塊移民的場所，也為歐洲經濟提升提供了礦石和原材料。新航路的開闢，推動了世界各地的交流，此後，美洲的橡膠、玉米、菸葉、可可、番薯、馬鈴薯等物產，源源不斷地傳遍世界各地。歐洲的大麥、燕麥和水稻以及牛、驟、馬等牲畜，也逐步進入美洲。東、西方文明的交流完全打開，從另一個角度講，也造成印第安人文明的毀滅。

　　更突出的影響是，中西方文明交流，促成一個新國家——美國的誕生，這是一個與印第安文明截然不同的國家，也有西方社會有著區別，在其後幾百年世界內，它對這個世界帶來極大影響。

　　當然，歐洲資本原始累積和價格革命的大量金銀，並非哥倫布一個人帶回來，而是諸多殖民者入侵後不斷掠奪的結果。

 小知識

斯文‧赫定（西元一八六五年～西元一九五二年），瑞典探險家。他從十六歲開始，便從事職業探險生涯，發現了樓蘭古城，並填補地圖上西藏的大片空白。

麥哲倫環海旅行證實地圓學說

麥哲倫的船隊渡過了大西洋、南美洲火地島，穿越麥哲倫海峽進入太平洋，實現了從西方向西航行到達東方的計畫。這次歷時三年的航行，用實際行動證明地球是圓的。

「哥倫布探索到了『新大陸』」，這一消息一經傳出就轟動了整個西歐，很多國家都紛紛派遣航海家去探索這塊新發現的土地。就這樣，航行在大西洋上的船隊越來越多，人們對地球的瞭解也越來越深入。

哥倫布去世之後，西班牙統治者找到了他的繼任者——探險家巴爾波。巴爾波在哥倫布去世七年後，率領著一支船隊浩浩蕩蕩地開往了中美洲的巴拿馬地區。他和船員們在巴拿馬登陸之後就繼續往西走，歷經千難萬險，穿過了原始森林，跨越了雄偉陡峻的高山。

有一天，一個船員驚異地叫著：「看，那是大海！」所有的人都很驚訝，原來在「新大陸」的西面是無邊無際的大海！巴爾波欣喜若狂地衝進海水裡，不顧海浪的拍打，大聲向海洋喊著：「這片廣闊的大海和海中的所有的陸地和島嶼都將成為西班牙的領土。」

巴爾波航行的腳步就停在了這裡，但是他預言：「繼續西行的話一定能夠到達中國和印度。」然而巴爾波沒有意識到，這個大洋要比大西洋大得多。後來葡萄牙人麥哲倫繼續了新航路的探索事業。

一五一九年九月，麥哲倫率領五艘航船，從西班牙的塞維利亞碼頭出發踏上了探索新航路的征程。麥哲倫按照過去的航海家開闢好的航路橫穿了大西洋，到達巴西地區，接下來，他率領船隊沿著巴西東海岸南下，一直將船

開到南美洲最南端的一個海峽。在這裡，麥哲倫的船隊遇到了前所未有的艱難，他們碰上了長達一個月之久的暴風雪天氣。暴風雪每天在海面上肆虐，翻捲的海水就像是一個魔鬼，要吞噬所有靠近它的人。麥哲倫只得在陸地上等待，終於一個月過後，天氣轉晴了，他們看到了蔚藍的天空和平靜的海面。

麥哲倫的船隊繼續向著哥倫布口中的「大南海」前進，他們做好了應對一切狂風大浪的心理準備，卻沒有想到這裡的海面異常地平靜，因此麥哲倫將這個大洋稱作「太平洋」。太平洋十分寬廣，連續航行了九十八天的船隊還沒有看到陸地。疲憊不堪的船員們飽受著飢餓和疾病的折磨，他們渴望一塊大陸的出現。

終於有一天，他們看到了陸地，就是菲律賓群島。不幸的是，麥哲倫在與當地居民的一次惡戰中死去了，僅剩的船員們決定完成麥哲倫的心願。他們駕駛著剩下的唯一一艘船繼續西行，越過了印度洋，繞過好望角，最後終於到達了他們的故鄉，這時候距離他們出發已經三年了。儘管最後只剩下十八個人和一艘船，但是麥哲倫的船隊卻用自己艱難的實際行動證明了地圓說的正確性。

麥哲倫是葡萄牙著名航海家，首次完成了環球航行。在這次航行中，他渡過了大西洋、南美洲火地島，穿越麥哲倫海峽進入太平洋，實現了從西方向西航行到達東方的計畫。這次歷時三年的航行，用實際行動證明地球是圓的。不管從西往東，還是從東往西，都可以圍繞地球一周回到原地。

關於地圓學說，可以追溯到古希臘時代。西元前六世紀畢達哥拉斯首次提出這一概念，西元前三世紀，埃拉托斯特尼確立地球概念。西元前二世紀，希臘地理學家托勒密在《天文學大成》中證明地球是圓形的，這些理論都是認識地球的重要成果，不過僅限於理論階段。

直到十二世紀，文藝復興時期後，人文主義者重新發現了古希臘的這些學說，相信地球是圓形的，並開啟了航海遠行的地理發現之旅。這才有了哥倫布的遠航和麥哲倫的環球航行。

麥哲倫用實際行動證明地球是圓的，進而促進新宇宙觀的形成，意義重大，推動人們直接觀察和研究大自然。人文主義者在地圓學說的影響下，開始批判天主教會和神學，主張理性和科學，衝破長期以來神學的禁錮，為自然科學開闢了道路。

小知識

斐迪南・麥哲倫（西元一四八〇年～西元一五二一年），葡萄牙著名航海家和探險家，被認為是第一個環球航行的人。他率領船隊從西班牙出發，繞過南美洲，發現麥哲倫海峽，然後橫渡太平洋。雖在菲律賓被殺，但他的船隊繼續西航回到西班牙，完成第一次環球航行。

墨西哥遭到蹂躪

墨西哥境內多為高原，一年四季草木長青，故有「高原明珠」的美譽。一五一九年，西班牙入侵墨西哥，開始了長達三百多年的殖民統治。

一五一九年四月，荷南·科爾蒂斯在墨西哥登陸了，這對於墨西哥來説是一個厄運的開始。然而身為一個冒險家，荷南·科爾蒂斯剛剛上岸就下令焚毀了所有的船隻，斷絕了士兵的後路，佔領不了墨西哥他們就沒有辦法回到故鄉。

荷南·科爾蒂斯精心策劃好了一場戰爭，墨西哥將要面臨前所未有的巨大挑戰。一五一九年十一月八日，是荷南·科爾蒂斯的計畫正式開始的一天。這天，荷南·科爾蒂斯來到了阿茲特克的首都阿諾奇蒂特蘭，蒙特蘇馬還親自到城門迎接，他當時怎麼也想不到他們迎接的這個人即將成為墨西哥

墨西哥阿茲特克的太陽石

的統治者。

　　來到了阿諾奇蒂特蘭的阿爾特斯和他的船員們對這裡的繁華目瞪口呆，這更加激起了他們想要佔有它的慾望。

　　荷南‧科爾蒂斯計畫的第一步就是要將把蒙特蘇馬囚禁起來，儘管之前他們還受到了蒙特蘇馬的禮遇。失去了最高的軍事和宗教領袖之後，印第安人很快就會陷入了混亂的狀態。

　　而這時候的蒙特蘇馬為了保全自己的性命，卻置國家利益於不顧，他宣布召開酋長會議，要求他們效忠西班牙國王和荷南‧科爾蒂斯，他還下令抓起主張抵抗西班牙軍隊的人，最後竟然還將自己父親的寶藏拿來效忠西班牙政府。

　　荷南‧科爾蒂斯穩定了阿諾奇蒂特蘭的局面之後就去對付古巴，憑藉著精銳的遠征軍，他們很快就打敗了古巴。當他們凱旋回到阿諾奇蒂特蘭的時候，情況似乎起了變化。

　　留守的西班牙士兵在阿諾奇蒂特蘭無惡不作，他們在一次祭祀活動中濫殺無辜，當場殺死六百名高級酋長和三千名平民，激起了民憤，一名祭司領導當地的百姓發起了反抗行動。

　　起義者將西班牙人圍困在王宮裡，這時候，荷南‧科爾蒂斯搬來了蒙特蘇馬這個救兵。但是百姓已經不買蒙特蘇馬的帳了，蒙特蘇馬在一次演說中要求人民停止鬥爭時，被石塊打中頭部要害，不治身亡了。

　　荷南‧科爾蒂斯看見情況不妙就趕緊想辦法逃走，一五二〇年六月三十日，荷南‧科爾蒂斯趁雨夜沿特斯科科湖堤逃跑，而他的這一計策早就被印第安人看穿了，在印第安人的兩面夾擊下，西班牙軍隊損失慘重，這就是西班牙歷史上有名的「悲傷之夜」。

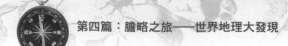

荷南‧科爾蒂斯不甘心就這樣回到西班牙，於是又精心策劃了復仇計畫。在荷南‧科爾蒂斯的慫恿下，墨西哥城出現了一大批的叛徒，他們為荷南‧科爾蒂斯的軍隊提供最好的後勤支援，儘管年輕的阿茲特克皇帝考特木克率領著起義軍誓死保衛首都，但是阿諾奇蒂特蘭依然被西班牙的鐵蹄碾碎。最終西班牙統治了阿茲特克，並將阿諾奇蒂特蘭改名為「墨西哥城」。

墨西哥是中美洲最大的國家，位於北美洲南端，拉丁美洲西北部，連接南北美洲，素有「陸上橋樑」之稱。墨西哥境內多為高原，一年四季草木長青，故有「高原明珠」的美譽。

墨西哥地理環境、氣候複雜多樣，資源豐富，在古代就培育出了玉米，而且盛產石油、白銀。在慘遭西班牙侵略之後，長達三百年的時間內，淪陷為殖民地。直到一八一〇年，才開始反抗侵略的獨立戰爭，並最終取得勝利，建立墨西哥聯邦共和國。

 小知識

荷南‧科爾蒂斯（西元一四八五年～西元一五四七年），早期殖民時代活躍在中南美洲的西班牙殖民者，以摧毀阿茲特克古文明，並在墨西哥建立西班牙殖民地而聞名。

發現印加帝國

印加帝國相當於今天南美的祕魯、厄瓜多爾、哥倫比亞、玻利維亞、智利、阿根廷一帶，帝國的重心區域分佈在南美洲的安第斯山脈上，有著明顯不同的地形和氣候。這裡不僅有沿海沙漠帶，還有高聳的山峰和肥沃的峽谷，以及熱帶雨林。

印加帝國曾經創造了高度的文明，然而自從西班牙人踏上了這片土地之後，印加帝國便急遽衰落。然而印加帝國的輝煌在一瞬間就崩潰的原因，並不僅僅是西班牙人的侵略，可以說西班牙人是幸運的，他們趕上了很多巧合的機會。

一五二五年前後，印加帝國的君主瓦伊那‧卡帕克不幸得了天花，不治而死。一下子失去君主的印加帝國有些混亂，王宮中王位的爭奪更是你死我活的較量。兩個同父異母的兄弟瓦斯卡和阿達瓦爾帕在戰場上爭得你死我活，最後，阿達瓦爾帕憑藉著多年沙場的經驗戰勝了哥哥瓦斯卡。王位的爭奪終於告一段落，但是印加帝國在軍事和經濟上都已經元氣大傷。

一五三一年的一天，西班牙人皮薩羅接受西班牙國王的命令帶了不到二百個人從西班牙港口起航，開始了對擁有六百萬人口的印加帝國的征程。然而區區二百西班牙人怎麼可能穿越重兵把守的要塞呢？

原因就是印加人的天真與貪婪。他們的新君主阿達瓦爾帕擔心來到這裡的西班牙人會威脅到他們的城市，於是便派了幾個人去跟西班牙人會面，打探他們來印加的目的。前去打探的人回來之後開始敘述所謂的「真相」，他們說這些西班牙人不是軍人，是來觀光的。君主阿達瓦爾帕相信了他們

印加城池遺址。

的話，然而讓人不可思議的是，西班牙人竟然僅僅用了一件襯衫、兩個威尼斯玻璃高腳杯就賄賂了前來打探的印加人，讓印加人對他們的君主撒謊，這個謊可真成了一個彌天大謊，害慘了印加帝國。

阿達瓦爾帕天真地邀請皮薩羅去他的王宮作客，在會面的過程中，阿達瓦爾帕看上了西班牙人的馬匹。於是他打算在接下來的會面中活捉皮薩羅，將這些白人拿去祭祀，然後將馬留下來養育繁殖。然而當阿達瓦爾帕有這個打算的時候，皮薩羅早就設計好了第二次會面中的行動。

終於到了第二次會面的時間，一個牧師走到了阿達瓦爾帕的面前，企圖勸說他信奉基督教，阿達瓦爾帕萬萬沒有想到這是西班牙人進攻印加的一個信號。

慘烈的屠殺就這樣拉開了序幕，西班牙人首先用兩門大炮轟擊印加人的儀仗隊，接著二百名士兵一路砍殺，手無寸鐵的印加百姓一個個倒下。不到一個小時，三千印加人死亡殆盡，一個偉大的民族，被一個二百人組成的軍隊滅亡了。

　　印加帝國慘遭屠戮，從此退出了歷史舞臺。這個曾經有過高度文明的古國，其版圖相當於今天南美的祕魯、厄瓜多爾、哥倫比亞、玻利維亞、智利、阿根廷一帶，是美洲最大的古國之一。帝國的重心區域分佈在南美洲的安第斯山脈上，有著明顯不同的地形和氣候。這裡不僅有沿海沙漠帶，還有高聳的山峰和肥沃的峽谷，以及熱帶雨林。

　　為了保持帝國各個城邦的交流，印加人修建了大量道路，穿插在安第斯山脈、熱帶雨林和河流之間。沒想到，這些道路為西班牙征服者提供了便利，使他們輕鬆地消滅了各個城邦。

　　印加帝國通行的官方語言是印第安語，但是在整個帝國至少有二十多種地方語言。據考古發現，當時印加帝國已經有了青銅器皿和刀、鐮斧等勞動工具，冶煉鑄造技術相當精巧。而且印加人發明了先進的農業灌溉系統，在建築技術、醫學、織布和染色方面，都有較高的造詣。

小知識

　　于欽（西元一二八三年～西元一三三三年），中國元代方志編纂家、歷史地理學家、文學家。所著《齊乘》，是山東現存最早的方志，也是中國名志之一，久負盛譽。

英國人開闢大西洋西北通道

約翰‧戴維斯發現了戴維斯海峽、坎伯蘭灣、加密爾頓灣、霍爾半島，以及其他一些小島。在探險中，他深入到北緯七十三度的地區，迄今為止，還沒有人在西北通道超越這一點。

英國人一直渴望能夠尋找到西北通道進行國際貿易賺取大量的黃金和白銀，而倫敦的一些商人響應了國家的號召要組成一個船隊進行遠洋探險，尋找西北通道。擔任探險隊領導的就是十分精通航海技術的約翰‧戴維斯。

一五八五年七月，約翰‧戴維斯率領船隊航行到了格陵蘭島東南沿岸，但是他並不能確定眼前的這個島嶼是不是格陵蘭島，只看見這座島嶼上有一座高山。白雪覆蓋了島嶼上的整個地面，就連海岸邊的海水都被凍得死死的。

島嶼及其周圍就像被冰天雪地包圍了一樣，到處都是一片沉寂。海水的顏色又黑又混濁，儼然是一片死水的景象，所以稱這是一塊「絕望之地」。在這個島上停留了幾天之後船隊又開始了征程，他們繼續向西北航進在北緯六十四度線附近，發現了一個優良的港灣，就是現今的戈薩普港。

八月初，約翰‧戴維斯帶領著他們的船隊再一次駛進大海，他們駕船朝西北方向行進，航行了一段時間之後他突然發現自己向北走得太遠了，於是調整了航向開始向南航行。

他沿著異常彎曲的海岸線一直向南航行，最後到了一個海灣，他繼續朝著這個海灣往裡走，然而海灣似乎沒有盡頭，還變得越來越狹窄了，約翰‧戴維斯興奮不已，他以為他已經找到了西北通道了，就急急忙忙帶著這個「好消息」回到了英國。

接下來的兩年裡，約翰‧戴維斯又率領船隊到了這個海灣，希望能夠找到通往中國的海峽，然而他後來的航行只是證明了他之前的判斷是錯誤的。約翰‧戴維斯的兩次探索都以失敗而告終。

給約翰‧戴維斯的船隊提供裝備的倫敦商人對他的航行結果十分失望，因為約翰‧戴維斯的兩次航行都沒有帶回任何有價值的東西，但是當時約翰‧戴維斯卻為自己找了一個藉口，他說他曾經在那個海峽裡發現了許多巨鯨和海豹，商人們可以依照他提供的路線去捕捉。這些人一聽有利可圖就答應負責提供約翰‧戴維斯第三次出海的裝備。

這一次，約翰‧戴維斯下定決心一定要把握好機會，因此他將兩艘船留在格陵蘭的西南海岸邊，並且命令這些人用最有效的方法來捕捉鯨魚和海豹，他自己則帶領著兩艘船繼續尋找西北通道。這一次，皇天不負苦心人，經歷了幾個月的航行之後，他找到了通往中國的西北通道。

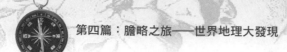

　　自從英國人開始在北美地區積極殖民後，也開始了在西北地方的航海探索，並先後取得重要成就，他們發現了一些小島和海灣，接觸到愛斯基摩人，並且開始研究浮動冰山。

　　約翰・戴維斯在前人基礎上，三次探險西北通道，取得的地理成就主要有：發現了戴維斯海峽，從格陵蘭到北緯七十二度的西海岸，還有北緯七十二度以下的巴芬島東海岸和北緯五十二度以上的拉布拉多東海岸，雖然其中有些屬於重新發現和考察，但仍然具有重要意義。

　　約翰・戴維斯在三次探險中，深入到了北緯七十三度的地區，迄今為止，還沒有人在西北通道超越這一點。

 小知識

范杜能（西元一七八三年～西元一八五〇年），德國經濟學家，邊際生產率說的前驅，被認為是經濟地理學和農業地理學的創始人。主要著作有《孤立國同農業和國民經濟的關係》（簡稱《孤立國》）三卷。

三角貿易

三角貿易主要指十七～十八世紀的歐美商人以廉價工業品（槍支等）運到非洲換取奴隸，把黑奴運到美洲賣掉，從美洲購回生產原料（金銀，工業原料），製成商品再運到非洲以換取奴隸的循環貿易活動。因為在歐洲西部、非洲的幾內亞灣附近、美洲西印度群島之間，航線大致構成三角形狀，故稱「三角貿易」。

臭名昭著的「三角貿易」是從航海家霍金斯開始的。霍金斯出生在英國西南部德文郡普利茅斯的一個商人水手家庭，父親威廉·霍金斯是當時有名的大商人，一五三○年就開創了英國與巴西間的海上貿易，這樣的家庭對霍金斯的人生產生了很大的影響。

一五五四年，霍金斯的父親去世了，他自然而然地繼承了父親的事業，開始從事到西班牙和加那利群島的貿易，這些貿易活動讓霍金斯累積了很多財富。在一次貿易中，霍金斯偶然得知西班牙在西印度的殖民者需要大量的奴隸從事勞動，於是他就有了從事黑奴貿易的想法。

一五五九年，霍金斯娶了海軍財務官本傑明·岡森的女兒凱薩琳·岡森，這樣霍金斯的勢力就更加壯大了。他策劃好了進行奴隸貿易的計畫，在資金上又得到了岳父及其同僚的支持。於是，霍金斯在一五六二年十月順利地組成了一個船隊出海，開始了他第一椿奴隸貿易的生意。

霍金斯的船隊由三艘船組成，其中最大的「薩洛蒙」號排水量為一百二十噸，優越的航行條件促進了生意的順利進行。霍金斯對於將要到達的非洲的路線並不是很瞭解，所以他在加那利群島的特內里費島找了一名西

伊莉莎白女王畫像。

班牙人做為自己船隊的領航員，然後向著幾內亞海岸行進。

在幾內亞地區，霍金斯順利捕獲了三百名黑人，並將其弄上了他的航船。這些可憐的黑人就這樣成為了霍金斯的「活貨物」，被船載著穿過大西洋，賣給了西班牙殖民者，並從西班牙殖民者那裡得到了大量的獸皮、生薑、糖和珠寶。

伊莉莎白女王並不支持霍金斯這種令人譴責的行為，但是當霍金斯告訴女王他一次貿易所得的利潤的時候，女王很快便改變了主意。在霍金斯第二次出海進行「三角貿易」的時候，伊莉莎白女王甚至和她的幾名樞密院官員聯合投資霍金斯的船隊，希望得到霍金斯貿易利潤的分成。

伊莉莎白女王對「三角貿易」的支持，使得這種貿易更加合法化，也促使更多的英國人參與到黑奴貿易中去。但是「三角貿易」給非洲人帶來了巨大的災難，讓他們望而生畏。

三角貿易的過程為：歐洲本土啟航→非洲（購買黑奴）→美洲（出售黑奴，其中獲取暴利：白銀、菸草等經濟作物）→回到歐洲本土（發展資本主義）。

這種貿易為何能夠順利進行？從地理學分析發現，在哥倫布發現新大陸

之後，歐美之間開闢了新航線。那時商業貿易在迅速發展，從世界範圍看，歐亞兩地最為發達，可是在西歐和北歐的人看來，亞洲遙不可及，而美洲和非洲要近得多。於是，「三角貿易」有了地理位置上的便利。當時，葡萄牙、西班牙和英、法等國家忙著殖民擴張，在美洲開闢種植園，開發金銀礦，需要大量的廉價勞工。就這樣，在利潤驅使下，殖民者貪婪地盯上了未開化的非洲大陸，開始罪惡的奴隸貿易之旅。

另外，從地理環境上看，由加那利寒流、幾內亞暖流、北赤道暖流、墨西哥暖流、北大西洋暖流組成的三角形形狀的環流，為三角貿易提供了有利的航運條件。在這一海域內，奴隸販子們不管出航還是歸航，都能順風順水，航行危險很小，刺激奴隸貿易速度加快。

同時，美洲適宜的氣候條件以及豐富的礦產資源，都促使種植園和採礦業迅速發展，產生鉅額利潤。當然會有力地推動三角貿易進行，在客觀上為三角貿易提供有利的地理條件。

小知識

約翰·霍金斯（西元一五三二年～西元一五九五年），英國十六世紀著名的航海家、海盜、奴隸販子。他是伊莉莎白時代重要的海軍將領，對英國海軍進行的改革是戰勝西班牙無敵艦隊的重要因素之一。

開發北美新大陸

加拿大擁有世界上第二大國土面積──九百九十八萬平方公里，受西風影響，大部分地區屬於大陸性溫帶針葉林氣候，北部屬於北極苔原氣候。在地理區劃上，加拿大有五大地理區，分別為東部大西洋區、中部區、草原區、西海岸區和北部區。

自從探險家們探索到北美新大陸之後，這裡就成為很多歐洲國家想要征服的對象，因為此地有著豐富的自然資源和宜人的氣候環境。發現了這樣一塊風水寶地之後，葡萄牙、西班牙、英國等都紛紛來到這裡，企圖佔有它。

一五二四年，法國人也開始了對北美大陸的探索，第一位到達加拿大的法國人名字叫做基瓦立尼，緊接著探索北美的就是薩繆，但是探索北美最著名的卻是賈奎‧卡蒂埃。賈奎‧卡蒂埃是一位偉大的探險家，當接到法國統治者的命令要到北美探險的時候，他十分高興。

到達北美之後，賈奎‧卡蒂埃開始到北美的各個地方去探索，企圖找到礦產或者其他珍貴的自然資源。有一天，賈奎‧卡蒂埃來到了一個土著聚居的地方，雖然他們沒有共通的語言，但是憑藉著肢體語言，他們進行著交流。當賈奎‧卡蒂埃問到這裡是什麼地方的時候，當地人回答說是kanata，在他們的語言中，這個詞語的意思是「人群居住的地方」、「村莊」，後來這個詞就成為了這個地方的名字──加拿大。這些土著居民都很熱情，他們將當地的土特產拿出來送給了這些來自遠方的客人，賈奎‧卡蒂埃也將他從法國帶來的工業品送給他們。

賈奎‧卡蒂埃對新大陸的探索是從聖羅倫斯河開始的，他們將探險隊分

成幾支隊伍,然後每一支隊伍都從聖羅倫斯河口出發,逆流而上進入到美洲大陸的腹地。探險者探索出新的地方之後在法國宣傳說加拿大是一個好地方,因此吸引了一大批法國移民到加拿人,他們大多數聚集在聖羅倫斯河河谷地域,以開墾土地種植農作物為生。移民到加拿大的法國人後來也漸漸與加拿大的土著居民融合,並且創造了一種新的北美文化。

十六世紀,英、法在北美地區的探險發現,使加拿大淪為他們的殖民地。加拿大本來是印第安人和因紐特人的居住地,這裡位於北美洲北部,東臨大西洋,西瀕太平洋,北靠北冰洋,南接美國,西北與美國的阿拉斯加接壤,東北隔著巴芬灣與格陵蘭島隔海相望。加拿大東部為丘陵地區,南部地勢平坦,多盆地,西部為山區,有許多海拔四千公尺以上的山峰,北部是北極群島。

一八六七年,加拿大成為英國最早的自治領地。一九三一年,加拿大成為英國的聯邦成員國。如今的加拿大,獲有外交獨立權、立法權、立憲、修憲的全部權力。

小知識

瓦爾特・彭克(西元一八八八年~西元一九二三年),德國地理學家。他提出「地貌演化學說」、山麓階梯概念、大褶皺在地貌形成中的作用及相關的沉積方法、「山坡平行後退理論」等,並著有《地貌分析》等書。

在亞馬遜河的探險與發現

亞馬遜河是世界第一大河，長度、流量和流域面積都是世界第一，從祕魯發源，流經七個國家，最後注入大西洋。

亞馬遜河至今仍然是一條充滿了神奇色彩的河流，不僅是因為亞馬遜河的長度和流域面積，還因為許多關於亞馬遜河的各種傳說和爭論至今都沒有停息。世界上的大河很多，如尼羅河、長江以及密西西比河等，人類對於這些河流的探索都是有計畫、有目標的，然而亞馬遜河的發現卻是出於一個偶然，這也是亞馬遜河有著神祕色彩的原因之一。

巴西最早的統治者葡萄牙，並沒有發現亞馬遜河，而亞馬遜河的發現要感謝的是西班牙人。是西班牙人一次「偶然」的探險經歷，向世人揭開了亞馬遜河神祕的面紗。

西班牙人法蘭西斯科·奧雷連納是西班牙探險家貢薩洛·皮薩羅的助手，他跟隨者貢薩洛·皮薩羅到南美大陸去尋找新的黃金產地。他們在西元一五四〇年翻過了雄偉的安第斯山脈，到達了亞馬遜河的一條支流──納波河附近。在這裡他們發現了一種價值連城的桂樹，

亞馬遜河入海口。

為了尋找「桂樹王國」，他們打算沿著納波河繼續往下游走，然而下游的環境越來越惡劣，很多船員得了當地的傳染病，人員大量減少。

於是貢薩洛‧皮薩羅派法蘭西斯科‧奧雷連納率領一批身體比較強壯的船員，組成了一個船隊繼續往下游走，進行探路和尋找給養地，剩下的人原地留守。然而他們一去卻沒有返回船長的駐地。

原來納波河水流湍急，沒過多長時間，他們的船隻就被沖到了很遠的地方。當時又在下雨，他們不可能逆水航行了，於是只能選擇繼續前進，希望能夠到達大海。雖然他們攜帶的地圖上，並沒有標明這裡有一條能夠注入大西洋的河流，但是奧雷連納認為只要他們繼續前行，就一定會到達這條河的入海口，只是時間問題而已。

有一天，他們航行到了馬拉尼翁河河口。在這裡，一條非常大的河流出現在他們的面前，在地圖上根本就沒有這樣一條河流，他們頓時「震撼」了。他們以為很快就會到海洋了，進入了這條河就是即將進入海洋的象徵。但是時間一天一天過去了，他們沒有見到海洋的任何蹤跡，看到的只是一條又一條的小河流入了這條大河。

殊不知，他們就這樣觸摸到了亞馬遜河，法蘭西斯科‧奧雷連納的名字就這樣和亞馬遜河連在了一起，載入了大河探索史。

亞馬遜河是世界第一大河，長度、流量和流域面積都是世界第一，從祕魯發源，流經七個國家，最後注入大西洋。亞馬遜河全年水量豐富，流域內大部分地區為熱帶雨林氣候，降水量十分充沛，水流淤積的淤泥滋養了六萬五千平方公里的地區，著名的亞馬遜熱帶雨林就在該河流域之內。而且這裡還有世界上最大的平原，地勢低平坦蕩。

亞馬遜河流域蘊藏著世界上最豐富的生物資源，多達幾百種，其中淡水

觀賞魚聞名世界，是魚類觀賞者和生物學家們關注的熱門地點。

亞馬遜河自西向東流，上游長達二千五百公里，分為上、下兩段。其中上段落差達五千公尺，山高水急，形成一系列激流瀑布；下段進入亞馬遜平原，流速緩慢，河道變寬，至末端達二千公尺之寬。

亞馬遜河中游長約二千二百公尺，在巴西北部，河寬三千公尺，河道呈網狀分佈，兩岸河漫灘寬三十～一百公里，地勢低下，支流眾多，呈羽狀分佈。到了末端，河寬十一公里，河深九十九公尺。

亞馬遜河下游長約一千六百公尺，時而水急河窄，時而水深河寬。河漫灘上水網如織，湖泊星羅密佈。在入海口附近的河寬達到三百三十公里，大西洋的海潮可以溯流而上，有時候甚至會深入一千六百公里。

小知識

弗拉基米爾·尼古拉耶維奇·蘇卡喬夫（西元一八八〇年～西元一九六七年），蘇聯植物學家、林學家、地理學家，生物地理群落學的創始人和植物群落學的奠基人之一。他所撰寫的關於沼澤學、樹木學、地植物學、蘇聯植被史和植物分類等的著作，在實踐中均得到了廣泛的應用。

荷蘭與西班牙搶奪臺灣寶島

西班牙為了與荷蘭爭奪臺灣，在一六二八年相繼佔領了宜蘭、蘇澳、南投、花蓮交界處等地，控制了臺灣北部。進而影響到荷蘭在臺灣的貿易、政治、軍事，一六二九年，荷蘭與西班牙在淡水港開戰。

鄭成功是著名民族英雄，在大明江山淪陷後，勇敢地擔負起抗清的重任，並從荷蘭人手中收復臺灣，為中華民族立下不朽功勳。

一六四四年，清兵入關，大明滅亡，明朝的愛國志士不甘心臣服滿清，擁立隆武帝在福州建立南明小王朝，打起反清復明的旗幟。鄭成功的父親鄭芝龍本來擁護隆武帝，由於當時局勢急遽動盪，加上小朝廷的腐敗無能，最後他選擇了投靠滿清。

一天，隆武帝召見鄭成功，告訴他鄭芝龍可能通敵。鄭成功非常震驚，半信半疑，並立刻回到安海調查。當結果證明父親果然通敵時，他立即返回福州，將情況稟報隆武帝。在這天晚上，他獨自坐在書房，心情很不平靜。他是一個重情重義的人，回想父親的生平，更加感慨萬千。

鄭芝龍曾被明政府稱為「海盜」，其實他率領的部隊很有紀律，他們與為富不仁的奸商為敵，殺富濟貧，救助過很多沿海百姓，因此在當地勢力逐漸壯大。明王朝曾經先後兩次派兵追剿他們，都被鄭芝龍擊敗。鄭芝龍十分欽佩與自己交兵的明王朝大將，有意放走他們，並打算歸順朝廷。當時的崇禎帝接受了這個條件，晉封鄭芝龍做了福建都督，負責海上防衛游擊。如今，隨著明王朝大勢已去，鄭芝龍知道很難與滿清對抗，打算透過降清保住

自己的實力，再圖復國大計。

　　鄭成功清楚父親的想法，但他從小立志效國，為民出力，目睹了國破家亡，大好河山落入滿清之手的現狀，無論如何也不能苟同父親的主張。他起身步出家門，順著山道石階而上。山上有一座仙公寺，鄭成功打算前去燃香拜佛，祈求神靈指點自己到底該如何做。

　　就在鄭成功來到仙公寺的前一夜，仙公托夢給寺內主持，告訴他明天有半天子遊聖地，叮囑他打掃山路，焚香擺案，做好迎候準備，並在半山腰放置一塊石椅，以候半天子駕臨。

　　果然，鄭成功來到了仙公寺，並在寺內就寢。這天夜裡，他睡夢聽到仙人說：「脫青衣，穿戎裝。」從夢中醒來，他仔細揣摩仙人的話，明白自己應該棄文從戎，率兵抗清。

　　於是，鄭成功堅定了收復國土的信心，攜帶儒服至文廟焚棄，並以「招討大將軍」的名義，在安海招兵，打起「背父救國」的大旗，起

鄭成功臺灣行樂圖。

師抗敵。從此，安海成為鄭成功抗清復明的根據地。

後來，鄭成功三十八歲時帶兵攻打臺灣，攆走荷蘭人，收復了臺灣。

臺灣自古以來就是海上航行的要塞，因此這裡成為了西方資本主義國家爭奪的重點地域。十七世紀中期，正是歐洲資本主義國家瘋狂地進行原始累積的時期，為了掠奪更多的財富做為他們工業化的基礎，他們將魔爪深入了亞洲、非洲等地。

荷蘭最早侵略中國是在一六〇一年，但是當時只是騷擾中國沿海的一些城市，沒有進行大規模的侵略。然而荷蘭殖民者佔領了爪哇島之後，就開始覬覦澳門和臺灣地區了。荷蘭人選擇了陽光明媚的一天開始展開對澳門的爭奪，這一天，荷蘭人駕駛著戰艦逼近了澳門。澳門當時是葡萄牙的領地，葡萄牙對荷蘭發起了反擊，荷蘭被葡萄牙打敗退到了澎湖地區。

荷蘭當時就想將計就計佔領澎湖，然而當時福建巡撫得悉後，命令都司沈有容率帆船五十艘前往澎湖，責令荷軍離去，並且禁止百姓下海，進而斷絕對荷軍的物資供應，荷蘭人就這樣灰頭土臉地回去了。然而好景不常，一六二二年，荷蘭軍隊東印度公司駐印尼雅加達總部命令科納里斯・雷約茲率軍艦十七艘、侵略軍一千餘人，再一次進犯澎湖。福建巡撫得到消息之後，立即派了大批人馬前往澎湖列島抗擊，荷蘭軍隊依然不敵我軍，被迫求和。明朝政府因為收回了澎湖而過於為勝利陶醉，沒有乘勝追擊，荷蘭軍隊在臺灣登陸，並從荷蘭調來了大批兵力，漸漸在臺灣站穩了腳跟。

然而還有一個覬覦臺灣的國家——西班牙。西班牙得知荷蘭進駐臺灣之後，覺得荷蘭威脅到了他們的海上航行和海上貿易，於是馬上開始準備一場臺灣爭奪戰。一六二八年七月風和日麗的一天，西班牙駐尼拉總督派軍艦到臺灣西北海岸的滬尾，然後進入了臺北平原和基隆地區，一六三三年西班牙相繼佔領了宜蘭、蘇澳、南投、花蓮交界處等地，進而控制了臺灣北部。

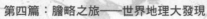

　　西班牙佔領了臺灣北部之後，荷蘭不僅是航海貿易受到影響，政治、軍事都受到西班牙的威脅。但荷蘭並不示弱，荷蘭駐臺總督派軍艦在一六二九年七月攻打淡水港，但是遭到西班牙強烈的抵抗而失敗了。後來荷蘭相繼從本國調來兵力支援，但是西班牙憑藉著強大的軍事力量一直沒有給荷蘭勝利的機會，兩國就這樣延續著臺灣爭奪戰。

 小知識

伊德列西（西元一〇九九年～西元一一六六年），阿拉伯地理學家和科學家。曾為西西里國王羅傑二世做成一個銀製的天球儀和世界地圖，並受國王之命，根據其親身見聞和國王所派遣的考察人員的報告資料，編成一部世界地志《渴望遊歷世界者的樂趣》。

航海家達・伽馬發現東印度

一四九八年五月二十日，達・伽馬率領他們的船隊到達了科澤科德港——印度的最大通商口岸。此次航行，他們還發現了一條由歐洲到非洲大陸南端最方便的航路，這裡的洋流有利於船隻往南行駛，整條航線一路舒暢。

一天，在赤道附近浩淼無際的海洋上，一艘巨輪正在行駛中，忽然，桅桿上當值的船員叫了起來：「海豚！海豚！」此時，船上其他人立刻聚攏過來，急步登上甲板，極目遠望，果然他們看到在清澈的海水中，一群海豚時隱時現，有些人還看到了鯨魚。船員們興奮極了，整整三個月來，他們沒有遇到過一塊陸地，這是一次沒有先例的航行。赤道附近，太陽像火爐高懸空中，曬得人們頭暈腦脹。船上的淡水已經腐敗發臭，無法飲用，可供食用的鹹牛肉乾硬苦澀，難以下嚥。但是船員們意志堅強，他們懷著一定要達到目標的信心，沒有一人叫苦，沒有一人提出走回頭路。

第二天，船員們驚喜地看到空中飛翔的海鷗越來越多，牠們歡快地叫著，像是告訴船員們：「陸地不遠了，陸地不遠了。」

十一月一日，地平線終於出現在船員們的視線內，船長激動地下達命令：「向前去，前方一定是非洲大陸。」在船長指揮下，船隊繼續向南航行，三天三夜之後，他們來到一個海灣，這裡距離好望角只有一百多公里，取名聖赫勒那灣。這就是著名航海家達・伽馬首航的成果。

一四九五年，達・伽馬的父親奉葡王二世之命遠征印度，不料意外猝死。三十多歲的達・伽馬繼承父親遺志，被任命為新的遠征隊司令官。

一四九七年，他親自監工製造了兩艘大艦、一艘帆船和一艘小貨船，組成探索印度航路的遠征隊。達‧伽馬為遠航做了充分而細緻的準備，帶領一百六十多個船員——他們不是闖過好望角的老水手，就是身強力壯的小伙子組成的航隊，浩浩蕩蕩地駛出太加斯河口，向南而去。

這次航行，滿懷雄心壯志的達‧伽馬不僅發現了通往非洲南端的新航路，還成功地穿越好望角，到達印度。從此，印度進入殖民化時代。達‧伽馬也成為首任印度總督，並開始瘋狂掠奪印度財富。所以，有人又將這次航行成為魔鬼式的遠征。當六十四歲的達‧伽馬坐上總督寶座不久，就突發膿瘡猝死，在極度痛苦中，他發出了令人恐怖的嚎叫：「主啊！饒恕我吧！」也許，這是他對自己一生功過做出的最後註解。

達‧伽馬於一四六〇年出生於葡萄牙希納斯城一個中產階級的家庭，父親老伽馬是一名駕船好手，所以達‧伽馬的童年自然而然地少不了跟船打交道。在這種家庭環境的薰陶下，達‧伽馬從小就嚮往將船駛向大海，領略探險的樂趣。

十五世紀的印度盛產香料、寶石、絲綢、瓷器，阿拉伯人航行到印度低價購入這些貨物，然後再用駝隊運送到埃及開羅，再經尼羅河轉運，義大利人從這裡購買貨物，經地中海運送到歐洲各國以高出幾倍的價格賣出。在整個過程中，不管是阿拉伯人、埃及人還是義大利人都獲取了十分豐厚的利潤，這時候葡萄牙國王眼紅了，他開始派人探索一條前往東方印度和中國的海上路線。

一四九五年，達‧伽馬的父親任職於宮廷，葡萄牙國王很欣賞老伽馬的航海技術，於是就封老伽馬為探索前往印度航線的總指揮。然而天公不作美，老伽馬在準備期間猝然去世了。這時候的小伽馬已經三十多歲，而且精通航海術、數學、地理、羅盤等知識，於是他繼承了父親的事業，成為遠征

隊司令官。

一四九七年七月八日，達‧伽馬親自監工製作了兩艘大艦聖哈布雷爾號、聖拉菲爾號和一支專供儲存食品用的小貨船，這些就是他們探索的「行頭」了。在太加斯河右岸，新製作的船上飄起了鮮豔奪目的彩旗，穿著節日盛裝的葡萄牙市民在岸上為遠航的戰士們唱起了莊嚴的讚美詩，祝願他們一路順風。達‧伽馬站在旗艦聖哈布雷爾號的舵樓上，揮動著雙手向家鄉的親人們告別，遠航隊就這樣踏上了前往印度的征程。

在起初三個月的航行中，他們順利地找到了一條由歐洲到非洲大陸南端最方便的航路。這個成功鼓舞了士氣，讓他們對探索印度航線充滿了信心。接下來就到了考驗船隊的時候了，他們遇到了持續不斷的暴風雨，而且他們的船艙已經開始漏水，船員們必須組成小組輪流向外抽水。惡劣的環境加上船員們長期營養不良，很多的船員都生病了，但是他們在司令官堅強意志的影響下，依然向前挺進著。

終於看到希望了，他們駛過了好望角，在接下來的航行中他們看到很多從印度來的航船，裝著滿滿的貨物，這種景觀更加刺激了船員們想要去印度的慾望，他們振奮精神繼續向前航行著。

一四九八年五月二十日，這是值得葡萄牙人記住的一天，達‧伽馬率領他們的船隊終於到達了科澤科德港——印度的最大通商口岸。科澤科德的土著居民歡聲笑語地迎接這些來自遠方的客人，他們並沒有意識到，其實一場災難即將跟隨這些陌生人來到這裡。

小知識

莫爾斯（西元一七六一年～西元一八二六年），基督教公理會牧師，當代公認美國地理學之父。編寫出版美國第一本地理教科書《地理入門》。

極地探險與考察

一七七二年，英國航海家詹姆斯・庫克率先率隊進入南太平洋，進入南極圈，直達南緯七十度的海域。一八一九年，沙俄也派出探索南極大陸的船隊，他們越過南極圈，發現了彼得一世島和亞歷山大一世島。

羅爾德・亞孟森是世界探險史上一個充滿傳奇色彩的人物。一八七二年出生於挪威的亞孟森，從小就和航海結下了不解之緣，他在上中學的時候就對航海探險充滿了興趣，並且累積了很多關於航海探險的知識。從那個時候起，亞孟森就立下了要做個極地探險家的遠大志向。

一八九三年，亞孟森還在上大學，這時候他已經不想在校園裡學習那些理論知識了，他想去海裡航行，體驗航海的刺激。有一天，正在上課的亞孟森不顧朋友的勸阻離開了校園。他跑到一艘捕海豹船上當水手，憑藉著豐富的知識，亞孟森很快就掌握了水手的工作要領，不久之後，表現良好的亞孟森被破格提拔為大副。一八九六年，亞孟森終於通過了領航員資格考試，同一年他成為了「比利基卡」號探險船的領航員，並且實現了多年的願望──南極探險，只是這次在南極遇到了浮冰，沒有順利完成考察任務。

亞孟森並沒有滿足於這一次的南極探險，他開始籌畫尋找前往北冰洋的航線。於是他專程到德國學習了半年有關地磁觀測和分析的方法，這些新的知識讓亞孟森受益匪淺。學習結束之後，亞孟森立刻回國準備前往北冰洋，他買了一艘舊船，找了六名志同道合的水手就開始了航行。

然而，他們到達北極圈內的威廉島時已經是十月下旬，北冰洋開始了漫

長的極夜。無奈之下，他們只得找一個平靜的海灣拋錨過冬。然而度過了漫長的冬天之後，氣溫卻沒有他們想像的那樣回升得很快，他們一直等到第三個夏天的來臨。那個夏天他們順利穿過了白令海峽，完成了從北冰洋到太平洋的航行。他開闢了一條從大西洋經北美洲北部沿海到太平洋的航道，這條航道是幾百年來探險家們都在追求的目標，最終讓亞孟森完成了。

回到挪威之後的亞孟森一刻都沒有停息，他又開始準備接受新的挑戰——沿著他原來探索到的路線向南極點進軍。而此時，另一個英國的探險家斯科特也在準備奔向南極點，兩個人開始了南極點第一人的爭奪戰。

亞孟森憑藉著以往豐富的經驗，順利到達了距離南極極點還有五百五十公里的地方，這時候他做出了大膽的決定，他要殺死一部分從祖國帶來的狗，雖然有些於心不忍，但是為了輕裝前進和食物儲備，他僅僅留下了十八條狗，剩下的都殺死，然後餵其他的狗和儲備食物。一九一一年十二月十四日，他們終於到達了南極極點，他們歡呼雀躍，聲音響徹南極上空。逗留了三天三夜之後，他們開始返回日夜思念的祖國。

十九世紀，極地探險活動進入新一輪高峰期，人類不滿足於在北極取得的成就，開始進入南極考察。南極是地球上的最南點，是地球上最高的大陸，面積約為一千二百三十九萬平方公里。這是人類最後發現的一塊陸地，原來是岡瓦納古大陸的一部分，大約在一・五億年前，由於強烈的板塊運動，岡瓦納古大陸被分裂成為澳洲、印度、南美洲和南極洲。岩漿在地殼破裂地帶上湧，產生巨大壓力，將各個大陸逐漸推開，南極洲成為一個孤立的大陸。

南極洲終年冰雪覆蓋，被譽為「白色的荒漠」、「地球的冰庫」，這裡一年四季乾燥嚴寒，年平均降水量只有三十～五十公釐。南極洲溫度很低，最低可達-88.3℃，因此又稱為「世界寒極」。但是，南極洲風暴非常厲害，

一年有三百多天風速大於十二・五公尺／秒，最大風速可達一百公尺／秒，故又稱「世界風極」。

南極大陸四周是大洋，海岸線長達二萬四千公里。人類為了尋找和探索南極大陸，經歷了漫長的時間考驗。早在古希臘時期，就有人認為南半球肯定有大塊陸地存在。十六世紀時，荷蘭製圖學家麥卡托繪製了世界地圖，修改了「未發現地」，命名為「南方大陸」。

隨著工業革命興起，歐洲殖民國家對「未發現地」產生濃厚興趣，夢想那是一塊幸福之島，於是開始了探索發現之旅。一七七二年，英國航海家詹姆斯・庫克率先率隊進入南太平洋，進入南極圈，直達南緯七十度的海域。一八一九年，沙俄也派出探索南極大陸的船隊，他們越過南極圈，發現了彼得一世島和亞歷山大一世島。

一八三八年，英法美各國分別派出探險隊，他們都聲稱發現了南極大陸。其中英國探險隊發現了羅斯灣和羅斯冰障。這一地區成為向南極推進的中轉站。不過直到一九一二年，英國探險家羅伯特・斯科特率領的探險隊才最終到達南極極點。然而在這裡，他們看到了一面挪威國旗，早在五個星期之前，即一九一一年十二月十四日，亞孟森已經第一個達到南極極點。

 小知識

第谷・布拉赫（西元一五四六年～西元一六○一年），丹麥天文學家和占星學家。他發現了許多新的天文現象，如黃赤交角的變化、月球運行的二均差等，編製的一部恆星表相當準確。

征服西伯利亞

西伯利亞地域遼闊，依照自然條件，可分為西西伯利亞平原、中西伯利亞高原、南部和東北部山地。

俄羅斯在伊凡三世時代僅僅擁有二百八十萬平方公里的土地，然而十六世紀莫斯科統一國家形成，俄羅斯的野心迅速膨脹，二十世紀初葉，俄國的面積急驟增加到二千三百多萬平方公里，這是俄羅斯侵略擴張的必然結果。

西伯利亞是指鄂畢河中游地區，那裡曾經生活著很多民族，他們與中國各少數民族交往十分密切，也創造了自己的文明。俄羅斯染指西伯利亞是在十五世紀末，那時候俄羅斯進犯過西伯利亞，掠走了大量財物，但是後來俄羅斯忙於內部統一，並沒有將西伯利亞歸於旗下。

十六世紀下半葉伊凡雷帝在位時，俄國開始大規模征服西伯利亞地區。當時西伯利亞汗國的國王是庫楚姆汗，庫楚姆汗是一個有遠見卓識的人，當看到俄羅斯對西伯利亞百般欺凌的時候，庫楚姆汗決定要力挽狂瀾，維護民族獨立與國家的生存。

俄羅斯統治者得知西伯利亞新國王是個不好對付的人，於是他們想了一個計策：利用與西伯利亞毗鄰的大「客商」、大農奴主斯特羅甘諾夫家族來對付庫楚姆汗，自己則坐收漁翁之利。制訂好了計畫之後，俄羅斯統治者開始給予斯特羅甘諾夫家族很多好處，他們多次賞賜斯特羅甘諾夫家族大片土地，給予各種優待，特許他們自行建城，自製武器。受到恩惠的斯特羅甘諾夫家族開始招兵買馬，籌劃東征。

俄羅斯派遣了大量兵力聽候特羅甘諾夫家族的調遣，準備征服西伯利

亞。俄國與西伯利亞汗國軍民首次大規模武裝衝突發生在一五八二年春天。俄羅斯軍隊大規模開進了西伯利亞，西伯利亞人民在國王的領導下奮起反抗，然而他們最終沒有抵擋住俄國的火槍火炮，漸漸敗退下去，十一月的一天，西伯利亞的首府被攻陷，西伯利亞歸入了俄國的版圖。

俄羅斯針對西伯利亞發動的戰爭，最後消滅了曾經的西伯利亞汗國，將其版圖人口強佔為自己所有。西伯利亞汗國是十六世紀位於亞洲西伯利亞的一個國家，由蒙古人和突厥人建立，又稱失比爾汗國，是從大蒙古帝國分裂出來的一個汗國。

西伯利亞地域遼闊，依照自然條件，可分為西西伯利亞平原、中西伯利亞高原、南部和東北部山地。西部西伯利亞平原，介於烏拉爾山脈和葉尼塞河之間，地勢低平，沼澤寬廣，海拔一百二十公尺左右，主要有鄂畢河和葉尼塞河。中部高原西起葉尼塞河西北角的普陀拉納山，東至勒拿河流域，海波三百～五百公尺，高原面破碎。

西伯利亞地處中高緯度，屬於大陸性氣候，年均氣溫低於0℃。其中東北部地區絕對低溫是-70℃。

沒有到過西伯利亞的人，總是把這裡與雪域、嚴寒、空曠和野蠻聯想在一起，

伊凡雷帝是俄羅斯歷史上的第一位沙皇。

實際上，這裡面積廣闊，相當於二十個法國的面積，人口約有四千萬，除了俄羅斯人，還有烏克蘭人、白俄羅斯人、雅庫特人等，人口主要沿鐵路線分佈。在平原南部農業和畜牧業較為發達，生產小麥、乳、肉等。西伯利亞有兩個主要城市：新西伯利亞和克拉斯諾雅爾斯克。

在這片遼闊的土地上，蘊藏著豐富的自然資源，石油、天然氣、煤、金、金剛石等各類資源分佈比較集中，而且大型礦床較多。

小知識

利瑪竇（西元一五五二年～西元一六一○年），義大利的耶穌會傳教士，學者。他是天主教在中國傳教的開拓者之一，也是第一位閱讀中國文學並對中國典籍進行鑽研的西方學者。他除傳播天主教教義外，還傳播了西方天文、數學、地理等科學技術知識，對中、西交流做出了重要貢獻。

英國對紐芬蘭和
北美大西洋沿岸地區的殖民化

在法貝瑟之前，歐洲人並沒有注意到紐芬蘭這個小小的島嶼，但是法貝瑟將紐芬蘭地區的「黃金」運回英國之後，紐芬蘭在英國人心目中的地位就大大提升了，歐洲人渴望在這裡獲得他們夢寐以求的黃金。

英國伊莉莎白女王曾經有一個寵臣，名字叫爾捷爾‧羅利。他是英國貴族，因為只有名譽而沒有金錢，所以羅利每天都在做著發財的美夢。有一天，羅利想到了一個好方法可以讓他發財，他設計了一個計策要成為伊莉莎白女王的寵臣，然後便可以憑藉著伊莉莎白的支援去各地淘金。他心想自己雖然沒有錢，也沒有知識，但是憑藉著自己的外貌與年輕，一定能夠獲得伊莉莎白的芳心。

為了達到目的，羅利挖空心思地杜撰了許多稀奇古怪的故事，並將這些故事講給伊莉莎白聽。伊莉莎白的注意力果然放到了羅利的身上，漸漸地，羅利心想事成，成為了伊莉莎白的寵臣。為了實現自己的「黃金夢」，羅利決定說服女王到海外去尋找黃金產地。得到伊莉莎白女王的批准後，羅利開始準備前往西班牙領地以北的北美地區推行殖民化政策。

一五八四年，羅利開始了蓄謀已久的殖民戰略。他首先派出了兩艘很小的船到海外進行探險，但是這兩艘船在北美的海岸並沒有找到適合停泊船隻的港口，於是船長訪問了帕姆利科灣和阿爾彼馬爾灣附近的兩個島嶼和這一帶的大陸海岸線，並且接觸了一下當地的居民。接著他就回到了英國，回到

英國之後，他將所到達的這個地方描繪得就像是世外桃源一樣，說那裡氣候宜人，自然風光美麗，更重要的是還有肥沃的土地和豐富的礦產資源。羅利的這些描述立刻就激起了伊莉莎白女王的好奇心，一向吝嗇的女王這次卻慷慨大方起來了，她為羅利準備了第二次探險的裝備。

在北美大陸建立第一個英國居民點的是格林維爾，這個居民點總共有一百八十人，這些人都是一些像羅利一樣沒有錢卻夢想發財致富的人。這些人在這生活沒多久就被當地人發現了他們打的算盤，當地人為了嘲弄他們，就向他們講述有關這個沿岸地區富有的金礦和罕見的珍珠淺灘等種種奇妙的故事。

聽信了土著人的話，英國人真的照著他們的話去尋找黃金，但是什麼都沒有找到。惱羞成怒的英國人拿起武器對當地的印第安人發動了進攻，雙方撕破了臉之後，印第安人不再向英國人提供商品了，這下英國人就要挨餓受凍。幸虧後來德雷克來到了這個地方，將他們帶回了英國。

後來，英國人在北美陸續建立了十三個殖民地，英國對這裡的殖民統治一直持續到美利堅合眾國統一這個地區。

紐芬蘭是威尼斯著名航海家約翰·卡波特發現的。當年，他在英國布里斯托爾商人的資助下，率領「馬休號」向西航行。他採取等緯度航行法，在北緯五十二度的緯線上徘徊，結果看到了陸地。約翰將其命名為「首次見到的陸地」，這就是紐芬蘭島的北端。

在最近的港灣登陸後，約翰帶人舉行了佔領儀式，升起英國和威尼斯國旗。在這裡他們沒有發現人類，也沒有看到人類活動的痕跡。

此後，約翰帶領船隊向南偏東航行，考察了紐芬蘭島的全部東部海岸線，繞過紐芬蘭島向東南凸出很遠的阿瓦狼半島，在附近海域，他們看到了

大群的鯡魚和鱈魚。這樣，紐芬蘭大淺灘被發現了，大淺灘面積達三十多萬平方公里。

不久，約翰帶領船隻原路返航，受到英國國王亨利七世的熱烈歡迎和嘉獎，並把「首次發現的陸地」改名為「新發現的陸地」，音譯為紐芬蘭。

紐芬蘭的發現，極大地鼓舞了英格蘭人，他們不用再到冰島漁場，而是直接去紐芬蘭大淺灘捕魚即可。大淺灘是世界魚類資源最豐富的海區之一。有意思的是，約翰‧卡波特本人一直沒意識到自己發現的是一片新陸地，而認為這是中國的某個地方。

 小知識

丁文江（西元一八八七年～西元一九三六年），中國地質學家，中國地質科學事業奠基人之一。他創辦了中國第一個地質機構──中國地質調查所，領導了中國早期地質調查與科學研究工作；又在該調查所推動了中國地震、土壤、燃料等研究室的建立。

第五篇

學以致用

——地理學應用前景廣闊

從潘季訓屢治黃河到生態環境整治

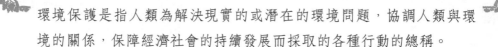

環境保護是指人類為解決現實的或潛在的環境問題，協調人類與環境的關係，保障經濟社會的持續發展而採取的各種行動的總稱。

潘季訓是中國明代著名的水利專家，對於治理河流有著豐富的知識和經驗。嘉靖四十四年，黃河衝破了堤壩，運河嚴重堵塞，距離決堤口幾百公里的地方都在一瞬間成為汪洋大海。朝廷想盡一切辦法幫助百姓度過災難，他們選用了潘季訓做為治理黃河的總督。

潘季訓沒有辜負朝廷對他的期望，剛剛接到命令的他就日夜兼程、馬不停蹄地前往災區，到現場瞭解災情，然後經過仔細的研究得出治理方案。潘季訓明白，要想治理好這一次的水災就必須對黃河進行充分的瞭解和分析。

潘季訓特別重視實地勘察。有一天，又下了傾盆大雨，河水再次上漲，之前修好的堤壩眼看著就要再一次被沖垮了，潘季訓心急如焚。他沒等到雨停就去了河堤，他想要乘船到河裡面觀察河水流動的特徵。

當潘季訓站在河堤上的時候，他的下屬勸道：「總督大人，您還是別去了吧！雨下得這麼大，一時半會兒也停不了，而且風急浪高，這樣下河太冒險了。」但是潘季訓卻一臉沉靜地說：「不入虎穴焉得虎子，現在水勢猛漲，正是勘察的好機會，不怕危險的跟著我來，害怕的都回去！」說著幾個人就跳上了一條小船隨總督前去勘察。

小船在風浪中被顛簸地上下起伏著，潘季訓站在船頭仔細觀察著河水流量與緩急以及兩岸的堤防，並將這些情況一一記錄下來。正當潘季訓在仔細觀察的時候，突然一陣狂風掀起了巨浪，小船失去了控制，並且被捲入到一

個大漩渦之中，就像是一
片樹葉在水中打轉一樣。
在千鈞一髮之際，潘季訓
憑藉著多年水上研究的經
驗控制住了船槳，救下了
船上所有的人。

在潘季訓的治理下，黃
河流域的百姓順利度過了
這一次的災難。隨後，他
又提出進一步治理黃河，
防止水災再次發生，主張
黃河下游不宜分流，決口
應即時堵塞，還要拒絕高
含沙量的河流匯入。他的
這些主張對以後的治理黃
河都產生了重要的影響。

潘季訓對黃河的治理及主張從現代角度說，是一種對環境的保護。

環境保護是指人類有意識地保護自然資源並使其得到合理的利用，防止
自然環境受到污染和破壞的活動。

其內容主要有：

首先，要防治由生產和生活活動引起的環境污染，包括防治工業生產排
放的「三廢」（廢水、廢氣、廢渣）、粉塵、放射性物質以及產生的雜訊、
振動、惡臭和電磁微波輻射。

其次，防止由建設和開發活動引起的環境破壞。

再次，要保護有特殊價值的自然環境，包括對珍稀物種及其生活環境、特殊的自然發展史遺跡、地質現象、地貌景觀等提供有效的保護。

環境保護是利用環境科學的理論和方法，協調人類與環境的關係，解決各種問題，保護和改善環境的一切人類活動的總稱。包括採取行政的、法律的、經濟的、科學技術的多方面的措施，合理地利用自然資源，防止環境的污染和破壞，以求保持和發展生態平衡，擴大有用自然資源的再生產，保證人類社會的發展。

 小知識

愛爾頓（西元一九○○年～西元一九九一年），英國動物生態學家。他創造性地研究了動物自然種群的數量變動規律，著有《動物生態學》、《動物生態學與進化》、《動植物的入侵生態學》和《動物群落的類型》。

時間地理學國王
暢想人人喜愛的城市建設

城市建設是以規劃為依據，透過建設工程對城市人居環境進行改造。它是管理城市創造良好條件的基礎性、階段性工作，也是過程性和週期性比較明顯的一種特殊經濟工作。

不斷發展進步的社會，使人們的生活節奏大大加快，很多人都不適應這種快節奏的生活，他們感慨時間短暫，埋怨生活不充實，失去了人最需要的快樂感。

有一天傍晚，大家湊到一起聊天的時候又聊到了這樣的話題。大家都在發著各式各樣的牢騷，然而一位研究地理的科學家卻在一旁沉思，接著他對其他人說：「我知道一個地理王國的事，或許會對解決這個問題有所幫助。」於是，他不疾不徐地開始了他的描述。

「三十多年前的時候，瑞典出現了一個十分有名的人物，他就是聰明絕頂的哈格斯特朗，他憑藉著勝人一籌的智慧建立了一個叫做時間地理學的科學王國，從此他就致力於將自己精妙的思想傳遍整個世界。」

說到這裡的時候，大家都顯現出十分迷惑的表情，他們還沒有弄明白這個地理學王國到底是做什麼的。地理學家接著說：「其實這個地理學王國建立的目的，就是要讓所有的人都能夠幸福的生活。他瞭解了人們的日常生活，發現人們對生活有很多的不滿。於是主張我們應該以一個全新的角度來觀察這個世界，只有換個角度生活，我們才能獲得幸福感和快樂感。」

這時候大家都瞪大了眼睛，似乎在催促他快點往下說，地理學家繼續

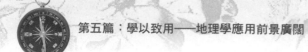

說：「要想獲得幸福快樂的生活，不僅要瞭解社會，還要瞭解每一個人的生活規律。我們要瞭解人們在什麼時間、什麼地點，以什麼方式進行活動，這樣才能找出不同人生活的不同的規律，才能讓大家相互瞭解更加深入。將這種瞭解貫徹到生活中，學校開學、飯店營業等活動就會滿足人們的需要，一旦人們的需要得到滿足，人們也就不再抱怨這個社會了。」

大家越聽越感興趣，於是有個人就問：「能說得再具體一點嗎？」地理學家說：「當然，從我們每天的生活來看，道路的密度、信號燈的開關以及公共汽車的次數，都可以根據人們坐車外出的空間和時間特點來設計；而社區周圍的商店、醫院、小學、娛樂場所等也可以根據人們的喜好和時間規律來安排。」說到這裡的時候，地理學家又微笑著接著說：「要想獲得幸福快樂的生活，我們必須一起努力，共同改進我們生活的大環境，共同幸福的生活，但是，這將是一個長期而又充滿了挑戰的過程。」

要想獲得幸福快樂的生活，就要改進我們生活的大環境，城市建設是城

市管理的重要組成部分，又是以城市規劃為依據最終服務於城市的一種行為。

城市規劃是用發展的眼光、科學的論證、根據專家決策為前提，對城市經濟結構情況、空間結構狀況、社會結構狀態的發展變化規律進行規劃。城市規劃是隨城市發展與運行狀況長期調整、不斷修訂，持續改進和完善的複雜的連續決策過程。

城市規劃和建設最終還是為了服務城市運行，服務市民。城市設施在規劃、建設完成並投入運行後方能發揮功能，提供服務，真正為市民創造良好的人居環境，保障市民正常生活。

隨著社會經濟的發展、城市的出現、人類居住環境的複雜化，產生了城市規劃思想並得到不斷發展。尤其是在社會變革時期，舊的城市結構不能適應新的社會生活要求的情況下，城市規劃理論和實踐往往出現飛躍。

小知識

A. R. 華萊士（西元一八二三年～西元一九一三年），英國博物學家和動物地理學家，解釋生物進化的自然選擇學說的創始人之一。他發表的「聯合論文」，奠定了科學進化論的基礎，對動物地理學也有重要貢獻，提出「東洋區」與「澳洲區」的分界線，世稱「華萊士線」。

周穆王駕車遊天下
遊出旅遊資源大開發

旅遊資源開發利用為發揮、提高旅遊資源對遊客的吸引力，並使旅遊活動得以實現的技術經濟方式。其實質是以旅遊資源為「原材料」，透過勞動加工，使其成為具有旅遊使用價值的旅遊吸引物。

古代周朝有個國王叫周穆王，他熱衷於吃、喝、玩、樂，尤其喜歡到各地去遊玩。一天，一個大臣為了討好周穆王，就向他介紹了一個會法術的人，那人自稱是從很遠的地方來的，人們都叫他「化人」。

化人具有神通，能入水不溺，入火不焚；能穿牆度壁，排山倒海；能搬移城邑，升上虛空，千變萬化不可捉摸。他既能改變一切東西的形狀，又能改變人們的心理和念頭。周穆王非常尊重他，將其奉為天神，寧願把自己的宮殿讓給他住，用最好的飲食來供養他，同時又選擇最美麗的歌女來供他娛樂。可是那個化人卻不為所動，他認為周穆王的宮殿卑陋不可居住，餚饌腥臊不可以入口，歌女臭穢不可以親近。周穆王見到這種情形，為了博得化人的歡心，不惜花費重金，在終南山上建築了一座華麗的宮殿，取名為「中天之臺」。他還挑選出最美麗的女子，塗脂抹粉，穿著最合時的長裙，灑滿了香水，佩上環佩和瓔珞，每行一步，環佩的聲音就叮叮咚咚地響起來，處處奏起音樂，朝朝獻上珍美的食品。周穆王以為這樣化人就會心滿意足，誰成想，化人還是不願意住進去！

一天，在宮廷的宴會上，化人帶著周穆王上遊天宮。他手執穆王的衫袖，一路上升，來到化人的宮殿。只見宮殿金碧輝煌，四壁都是用黃金和

白銀建築而成；宮殿裡面，裝飾著珍珠寶玉；它的高度超出雲雨之上，猶如建築在一方虛空之中，飄浮在一片浮雲之上。周穆王在化人的宮殿裡不知不覺住了幾十年，簡直是樂不思蜀。後來化人又帶他往遊別處，所到之地，上不見日月，下不見江海，只看見光芒四射，照得他頭昏眼花。四處充滿了音樂，如同天籟之音，使得他心神恍惚，四肢百骸彷彿要解散一樣。周穆王支撐不住了，就請化人帶他返回人間。當他睜開雙眼，卻發現自己還坐在剛才所坐的椅子上，服侍他的人還是剛才跟隨左右的人，桌子上的餚饌尚有餘溫，杯中的酒還沒有喝淨。周穆王驚奇地說：「這一剎那，就過了幾十年了嗎？」化人說：「大王，你不過是神遊天宮，身子還沒有移動過呢！」

這一次的神遊讓周穆王遊興大發，他丟掉了國事，打算駕著他那八匹駿馬拉的車子，去周遊天下。

周穆王選好了隨從之後就出發了，他從北方一直遊玩到南方，在陽紆山的時候，周穆王碰到了水神河伯，在休與山遇見了性情溫和的帝臺，在赤烏族收到了赤烏族的禮物──赤烏族美女，最後他到了西極，見到了他日夜思慕的西王母。周穆王為了表示對西王母的仰慕之情，就借西王母的瑤池宴請西王母。酒席間，他們還互作詩歌贈送給對方，之後，兩人才依依惜別。周穆王遨遊天下之後便從西極直接回到了中國。

周穆王遨遊天下不僅開了眼界，也揭示出各地的資源可以經由旅遊得以開發。

為了使旅遊者獲得豐富的地學知識，在該資源開發中必須強調科學性、合理性和保護性。一般分為以下四個步驟進行：

1、旅遊資源調查，即對旅遊地的資源種類、數量、特色、成因、結構與分佈進行詳細調查，對旅遊資源所在地的區位條件、社會環境、經濟發展、歷史沿革等做調查。

2、旅遊資源評價，對調查區旅遊資源的品質、品味、等級、價值、開發條件等做出綜合評價，為旅遊規劃提供依據。

3、旅遊資源開發的可行性研究，即為旅遊資源評價做科學論證、對旅遊資源開發條件特別是客源市場做科學分析和預測、對開發建設專案、投資、產出、環境生態效益等做綜合分析評價。

4、旅遊資源開發規劃：在旅遊資源調查、評價、可行性論證的基礎上制訂出旅遊規劃，包括對旅遊區性質定位、劃定規模、範圍、確定分期實施目標、景點和專案佈局、基礎服務設施專項規劃、客源市場分析、投資效益估算、環境影響評價和社會經濟發展影響評價等多方面內容。

為達到預期目的，旅遊資源的合理開發利用必須遵循主題性、多樣性、協調性、適應性和經濟性的原則，使開發後的旅遊吸引物能保持原有的特色，主題鮮明而功能多樣；遊憩環境和諧協調且生態平衡，同時投資回收快、經濟效益好，以最大限度滿足不同層次旅遊者的需求，並取得良好的社會經濟效益。

 小知識

亞里斯多德（西元前三八四年～西元前三二二年），古希臘最偉大的哲學家、科學家和教育家之一。他從事的學術研究涉及到邏輯學、修辭學、物理學、生物學、教育學、心理學、政治學、經濟學、地理學等，著有《工具論》、《形而上學》等。

香格里拉的傳說與
旅遊業對區域的影響

旅遊區環境狀況的好壞，對旅遊者旅遊效果的影響是不可忽視的，遊客旅遊的滿足程度與旅遊區環境條件息息相關，直接影響旅遊業持續發展，必須充分認識到保護旅遊區環境的必要性與重要性。

多年以來，香格里拉一直是人類理想王國的代名詞，人們將香格里拉看做世外桃源、和平美好的烏托邦。這些看法是源於一部文學作品——《失去的地平線》中的美麗傳說：

小說的主角有四個人：英國領事館領事康威、副領事馬里森、美國人巴納德和傳教士布琳克洛小姐。三〇年代的時候，南亞某個國家發生了暴亂事件，他們四個人乘坐一架小型飛機逃離了這個地方，打算前往巴基斯坦。飛行的途中，他們發現飛機偏離了原定的航線，飛到了喜馬拉雅山的上空，並且還不斷由西向東飛行。他們意識到自己被劫持了，但是他們卻沒有任何辦法。後來飛機出現了故障不能繼續飛了，而飛行員受了重傷，奄奄一息，他告訴四個人說：「這裡是中國藏族地區，附近有一座叫香格里拉的喇嘛寺，那裡能給你們生存的機會，但是前往香格里拉的路十分艱難，祝你們幸運。」

四個人為了生存開始了艱難的跋涉。他們經過一個長長的山谷，然後又爬上了一個海拔高達二萬八千英尺的雪山。經過一天艱難的跋涉之後，他們終於到達了目的地——香格里拉。經過與當地人的交流，他們得知這裡住著數千名以藏族為主的居民。他們雖然信仰著不同的宗教，但是彼此之間都

香格里拉的藏族村莊。

很有默契地守著一個原則，叫做「適度」。正是因為有這份默契，使得香格里拉成為一個祥和而又安寧的地方。

他們四人還發現了一個令人驚奇的地方，就是在這裡生活的人都很長壽，平均年齡都在一百歲以上。香格里拉的一切都讓人陶醉，這裡的優美恬靜令康威迷戀，數不盡的金礦令巴納德不忍離開，而布琳克洛小姐則想要在這裡宣傳她的教義，只有馬里森渴望回到英國，因為未婚妻在等著他回去完婚。

馬里森尋找機會脅迫其中的一個人陪他回英國，終於他等到了馬幫腳夫送貨到香格里拉的機會，便脅迫康威一起走。他們翻山越嶺，艱難跋涉，終於看到希望的時候，馬里森卻得上了重病，還沒有坐上船就死了。康威後來失去了記憶，直到有一天他聽到了蕭邦的曲子才恢復了記憶，當時他的臉上流露出無法形容的悲哀。當天夜裡，康威就不見了，人們不知道他是否又回到了香格里拉，還是已經死了。

香格里拉是人們偶然發現的一個世外桃源，由此可以看出旅遊的地域環境與旅遊業的關係是很密切的。

旅遊區的旅遊資源是遊客觀賞的對象。對於遊客而言，旅遊資源本身蘊含的各種美學特徵及其歷史、文化、科學價值是旅遊行為的直接激發者，資

源的破壞將直接影響旅遊者的滿足程度。特別是隨著生產的發展和科技的進步，人們的閒暇時間逐漸增加，城市居民進行旅遊、回歸自然，藉自然環境的潔淨達到鍛鍊和療養身心的願望正日益高漲。由此看來，旅遊區的自然生態環境從某種意義上來說，也是一種旅遊資源。

所以，旅遊區環境狀況的好壞，對旅遊者旅遊效果的影響是不可忽視的，遊客旅遊的滿足程度與旅遊區環境條件息息相關，直接影響旅遊業持續發展，必須充分認識到保護旅遊區環境的必要性與重要性。

造成旅遊區環境破壞、環境品質下降的原因是多方面的，人類經濟行為的不當破壞了旅遊環境；旅遊活動對旅遊區環境影響；旅遊開發和建設破壞旅遊區環境。

為了使旅遊業持續的發展，充分發揮旅遊業的經濟效益和社會效益，針對旅遊業所存在的環境問題，應加強旅遊環境保護的科研工作和旅遊環境保護知識的宣傳教育；開發前，應對開發活動進行環境影響評價、分析、識別建設、經營過程中可能造成的影響等，提出相對的減免對策，把可能對旅遊環境造成的負面影響降低到最低程度；並在旅遊區發展建設中做好旅遊環境規劃，控制熱門旅遊場地的旅遊規模。另外，應加強旅遊環境立法，針對旅遊者和旅遊經營者制訂行為規範，對破壞行為實行強制性的干涉與懲罰。

小知識

佩藤科菲（西元一八一八年～西元一九〇一年），德國科學家。他將物理學和化學的研究方法運用在生物學和地理學方面，研究水、土、空氣對人體的影響，測定二氧化碳對呼吸的意義，還發明了二氧化碳含量測定法。

諸葛亮草船借箭
利用了水氣含量與溫度的關係

空氣中的水氣主要來自地面、水面的蒸發和植物的蒸騰，其水氣含量與溫度有密切的關係。

一提到聰明二字，許多人腦海中可能會立刻浮現的就是諸葛亮了。這位中國古代偉大的軍事家不僅通曉兵法謀略，地理知識也很豐富。「草船借箭」這個有名的典故，就充分展示了諸葛亮豐富的天文地理知識。

三國交戰時期，劉備聯合孫權的軍隊共同攻打曹操，當時東吳都督周瑜嫉妒諸葛亮的才能，於是他想了一個計策要陷害諸葛亮。一天，周瑜對諸葛亮說：「再過不久我們就要和曹操交戰了，可是我們的箭不夠用，您能在十天之內製造出十萬枝箭嗎？」諸葛亮微笑著回答說：「不用十天，現在情況那麼緊急，給我三天時間就可以了。」周瑜聽了以為諸葛亮在吹牛，心裡暗自高興，於是特意讓諸葛亮立下了軍令狀，如果無法在預期的時間裡完成任務的話，他就要接受軍法處置。

周瑜派人監視諸葛亮工程的進度，然而那人卻告訴周瑜說諸葛亮根本就沒有開始任何造箭的準備。周瑜高興得不得了，心想這次諸葛亮肯定栽到

明宣宗朱瞻基的繪畫作品——《武侯高臥圖》。此圖繪諸葛亮隱居南陽躬耕自樂的形象。

自己手裡了。魯肅知道了這件事情之後來看望諸葛亮，諸葛亮懇求魯肅說：「這次您一定要救救我，您要是不救我，我肯定完了。」魯肅很不解地說：「怎麼幫？就算我有三頭六臂也不可能在三天之內造出十萬枝箭呀！」諸葛亮說：「不需要您製造，您只要借給我二十艘船，每艘船配備三十名士兵，船上紮滿草人，分立兩邊，並用青布罩著。若您能滿足我以上的要求，三天之後十萬枝箭定能到手，還有，您得答應我這事情只能你我知道。」魯肅說：「這個好辦。」

周瑜還在暗中觀察著，第一天沒有動靜，第二天依然沒有動靜，周瑜心想諸葛亮這一次死定了。到第三天的時候，諸葛亮開始行動了，他將魯肅借給他的二十艘船用長繩索連在一起，徑直向曹操軍營出發了。諸葛亮邀請魯肅一起去取箭，魯肅疑惑地看著諸葛亮，諸葛亮只是微笑。

五更時候，船隊已經離曹軍不遠了，這時候天降大霧，諸葛亮命令船隊上的士兵擂鼓吶喊。接到探子報信之後，曹操對手下說：「現在霧這麼大，敵軍卻突然來襲，我們不要輕舉妄動，快讓弓箭手用亂箭射退敵人。」於是曹軍一萬多弓箭手同時射箭，不一會兒，十萬多枝箭就紮在了草人上。這時候魯肅總算明白了諸葛亮的用意，不禁佩服得五體投地。原來諸葛亮經由天氣狀況，預見到了三天後肯定會有大霧天氣，於是才想出了這樣的計策。

諸葛亮利用早晨的大霧成功地實施了草船借箭的計策，而大霧主要是由於早晨水面空氣中的水蒸氣，遇到低溫液化成了小水珠瀰漫在水面上空而形成的。

空氣中的水氣主要來自地面、水面的蒸發和植物的蒸騰，因此，其水氣含量與溫度有密切的關係。水氣壓的日變化有兩種基本類型：單峰型的日變化與氣溫日變化相似，溫度升高時蒸發、蒸騰強，空氣中水氣含量高，水氣壓大；反之水氣壓小。雙峰型有兩個極小值和兩個極大值。一個極小值出現

在日出之前氣溫最低的時候，空氣中水氣含量少。另一個出現在十五～十六時，此時近地面亂流、對流最強，把水氣從低層帶到高層，使近地氣層絕對溼度急遽減小。第一極大值出現在八～九時，此時溫度不斷上升，蒸發增強，而對流尚未充分發展，致使水氣在近地氣層聚積。第二個極大值出現在對流和亂流減弱、地面蒸發出來的水氣又能在低層大氣聚集的二十～二十一時。以後隨著溫度的進一步降低，相對溼度逐漸增大，蒸發完全停止，甚至在地表產生凝結，近地層的水氣含量就一直下降，日出前水氣壓達最小。

水氣壓的年變化與溫度年變化相似。在陸地上，最大值出現在七月，最小值出現在一月；海洋上，最大值在八月，最小值在二月。

另外，相對溼度的變化與氣溫及大氣中的水氣含量有關。相對溼度平均來說陸上大於海上，內陸大於沿海，夏季大於冬季，晴天大於陰天，這主要與氣溫的日變化有關。

相對溼度的年變化，一般與氣溫的年變化相反，溫暖季節相對溼度小，寒冷季節相對溼度大。

 小知識

顧炎武（西元一六一三年～西元一六八二年），明末清初著名的思想家、史學家、語言學家。他自二十七歲起，斷然棄絕科舉帖括之學，遍覽歷代史乘、郡縣誌書，以及文集、章奏之類，輯錄其中有關農田、水利、礦產、交通等記載，兼以地理沿革的材料，開始撰述《天下郡國利病書》和《肇域志》。著有《日知錄》、《音學五書》等。

拜師利瑪竇的徐光啟
關注農業生產與地理環境

農業區位因素就是指地理環境中影響農業的各個因素，其中包括自然條件——氣候、水源、土壤、地形；社會經濟條件——市場、交通運輸、政府政策、勞動力、土地價格、資金、管理；技術條件——機械、化肥、良種、冷藏。

徐光啟是一位典型的農民水利學家，從小在農村成長的他，深知水利對於農業的重要性。徐光啟從小就十分聰明好學，四十三歲的時候終於如願考中了進士，但仕途之路逐漸平坦的他卻始終關注著農業生產和地理環境。

徐光啟在做了幾年官之後，聽說在中國有一個很有名的外國人——利瑪竇，利瑪竇是一個博學多才、見多識廣的西方人，對他仰慕了許久的徐光啟決定前去拜訪。

一六〇〇年的春天，徐光啟來到南京利瑪竇所在的地方——南京天主教堂。利瑪竇對徐光啟的學識也有所耳聞，因此兩人一見大有相見恨晚之意，他們親切地進行著各方面的交談。這一次的見面，他們都對對方留下了很好的印象，這也為以後的進一步接觸奠定了良好的基礎。

三年後，徐光啟再一次來到了南京，與第一次不同的是，這一次他在老朋友的勸說下成為了一名正式的天主教徒。這一次徐光啟將自己民族的文化介紹給利瑪竇，在介紹的過程中利瑪竇對中國的文化顯示出極大的興趣。他對中國的儒家文化肅然起敬，回國之後大肆宣揚儒家文化，這也是後來越來越多的西方人來中國的原因之一。

對於中國的線裝書籍，西方人望塵莫及，擁有著幾百年甚至上千年的線裝書籍文化著實吸引了很多外國人的目光。據說葡萄牙人最先得到了中國的線裝書籍，然後把它們獻給了葡萄牙國王。法國路易十四知道了這件事情之後，也忙著讓大臣們去中國購買，到手之後還很驕傲地拿給其他國家的領導人看。

　　徐光啟不僅是水利學家，而且他也深知農業生產和地理環境的密切關係。

　　農業生產離不開地理環境，是對地理環境依賴最為嚴重的產業。地理環境對農業影響因素，人們稱之為農業區位因素。

　　農業區位因素就是指地理環境中影響農業的各個因素，其中包括自然條件——氣候、水源、土壤、地形；社會經濟條件——市場、交通運輸、政府

徐光啟和利瑪竇畫像。

政策、勞動力、土地價格、資金、管理；技術條件——機械、化肥、良種、冷藏。農業區位的各個因素對農業生產的影響不盡相同，其中起著決定作用的因素我們稱之為主導因素。

對於一個地區來講，一定時期內自然條件的變化不會很大，但隨著生產水準的提高，社會經濟條件和農業技術條件不斷地變化，這是導致影響農業區位因素變化的主要原因。

不同歷史階段，影響農業區位的主導因素是不同的，總體上來說，自然因素的影響逐漸衰減，社會經濟和農業技術的影響越來越突出。

小知識

魏源（西元一七九四年～西元一八五七年），清代著名學者，中國近代啟蒙思想家、政治家、文學家、地理學家。《海國圖志》是他做為地理學家的代表作，其他著述有《古微堂詩文集》、《明代兵食二政錄》、《春秋繁露注》等。

冰川玫瑰引發悲劇，
提示人們植被破壞與荒漠化趨勢

生態破壞的最典型特徵之一是植被破壞，植被破壞是導致水土流失並最後形成土壤荒漠化的重要根源。目前，全球大面積的荒漠化已嚴重影響了人類的生存環境。

冰川就像風雨一樣都可以成為大自然的雕塑家，風雨塑造出了各式各樣的地形，而冰川則塑造出了深不可測的冰井和冰漏斗、陰森恐怖的冰隧道、曲折迷離的冰洞、絢麗多姿的冰下噴泉。所有冰川塑造物都有晶瑩剔透的特點，然而人們卻不會想到神奇美麗的冰川竟然在不斷地流動和消失。關於冰川的流動有這樣一段淒美的故事：

挺拔高峻的阿爾卑斯山的山頂雪線附近，生長著一種美麗的野花，這野花有一個美麗的名字，叫做「高山玫瑰」。據說這種花是愛情的象徵，年輕人都想要採集到這種花，然後送給自己心儀的女孩，期盼他們的愛情能夠天長地久。

一天，有幾個癡情的年輕人結伴前往阿爾卑斯山，他們的目標當然是採到那些美麗的高山玫瑰。他們來到了阿爾卑斯山的山腳下，看到了巍峨高峻的阿爾卑斯山不禁讓人打退堂鼓，幾個年輕人猶豫了片刻之後，還是決定登上山頂去尋找他們夢寐以求的高山玫瑰。大概是他們想到了自己的戀人，想到了彼此之間的山盟海誓。

然而他們再也沒能回來，再也沒能見到他們日夜思念的戀人。據說他們在登山的途中遇上了雪崩，幾個年輕人不幸被積雪掩埋了。這個事件得到了

很多冰川研究者的關注，他們其中有一些人認為，這些年輕人的屍體總有一天會出現在冰川的下游。人們大多不相信這樣的說法，然而四十多年過去了，在冰川的下游突然有幾具屍體被當地人發現了。經過他們的鑑定，這些人就是四十多年前的那幾個登山的年輕人。雖然他們都沒能找到高山玫瑰，但是他們對戀人的忠誠已經留在了阿爾卑斯山上，並且會永遠留在那裡。

高山玫瑰引發的悲劇預示著冰川在不斷的流失，自然環境在不斷的惡化，也給人類的生存帶來了威脅。

生態破壞的最典型特徵之一是植被破壞，植被破壞是導致水土流失並最後形成土壤荒漠化的重要根源。目前，全球大面積的荒漠化已嚴重影響了人類的生存環境。

植被是生態系統的基礎，為動物或微生物提供了特殊的棲息環境，為人類提供食物和多種有用的物質材料。植被還是氣候和無機環境條件的調節者，空氣和水源的淨化者。植被在人類環境中起著極其重要的作用，它既是重要的環境要素，又是重要的自然資源。

植被破壞主要包括：

1、森林破壞，森林是陸地生態系統的中心，森林曾經覆蓋世界陸地面積的百分之四十五。造成森林破壞的原因，主要是由於人們只把森林視為生產木材和薪柴的場所，對森林在生態環境中的重要作用缺乏認識，長期過量地砍伐，使消耗量大於生長量。

2、牧場退化，牧場包括草原、林中空地、林緣草地、疏林、灌木叢以及荒漠、半荒漠地區植被稀疏的地段。牧場是放牧家畜和野生動物棲息的地方，但是，過度放牧與不適宜的開墾耕種，往往引起牧場退化、土壤侵蝕和荒漠化。牧場退化是世界乾旱區、半乾土地荒漠化的表現。

植被的破壞不僅極大地影響了該地區的自然景觀，而且由此帶來了一系列的嚴重後果，如生態系統惡化、環境品質下降、水土流失、土地沙化以及自然災害加劇，進而可能引起土壤荒漠化；土壤的荒漠化又加劇了水土流失，以致形成生態環境的惡性循環。這樣既危害自然生態系統的平衡，更威脅人類的食物供應和居住環境。

 小知識

　　亞瑟·艾文斯（西元一八五一年～西元一九四一年），英國考古學家，生平最大的成就是對邁諾斯文明的考察。同時，他對邁諾斯宮殿遺址中用線形A和線形B兩種文字風格書寫的泥版文書的解讀，也做出了很大貢獻。

王陽明溶洞治學
體現了喀斯特地貌特徵

喀斯特高原的地質屬於典型的石灰岩高原，石灰岩橫互綿延幾百公尺，但是它的地面上不僅佈滿了陷阱、石溝、石芽、豎井、落水洞、千谷、岩溶平原和奇峰林立的山峰，並且還有深不可測的洞穴，這樣與眾不同的地形被人們稱為喀斯特地形。

遠在四百多年前，在如今的貴州修文縣境內有座山，名為龍岡山。這座山的半山腰上有一個天然溶洞，當地人把這個溶洞稱為「東洞」。那時的龍岡山被大片的蔥翠茂密的森林環繞，山下還有一條蜿蜒清澈的小河。當地的人們並沒有在意半山腰上的那個洞穴，偶爾來到洞口也只是為了躲避風雨，從沒有人發現那個山洞裡有什麼讓人流連忘返的風光。直到有一個叫王陽明的人到來，才使這個天然洞穴融入了諸多內涵和哲思的光芒而被世人關注。

那年王陽明三十六歲，因上書朝廷陳述宦官劉瑾的惡行，卻被劉瑾反咬一口，落得責罰廷杖，貶職貴州龍場驛站的下場。他滿懷悲憤卻又不得不接受朝廷的調遣，於是餐風宿露走了兩年後才來到龍場。

當時的龍場隸屬水西土司轄區，是彝族的奢香夫人於洪武年間所設，那個驛站規模很小，屋舍簡陋，也只有兩、三個人接待傳遞公文和過往的官員。王陽明初來乍到尋不到住所，只能在附近的一座小山坡上搭建了一處茅舍棲身，好在那山坡上有間極小的溶洞，環境也算優雅，於是王陽明便整日躲進那個溶洞研讀《易經》，並把那間小溶洞戲稱為「玩易窩」。後來他又發現離驛站不遠的龍岡山有個更大的溶洞，也就是被當地人稱做的「東洞」

的大溶洞，王陽明心裡歡喜，趕緊把全部家當搬進了這個大溶洞中。

這個大溶洞是天然溶洞，洞內由於長年滴水而陰冷潮溼，王陽明不懼艱苦依然潛心苦讀，苦悶時就盯著溶洞內奇形怪狀的岩石編造故事，講給當地的小孩子們聽。當地的彝族人和苗人對王陽明這樣的文人非常尊敬，於是自發地砍伐樹木找來工匠，在東洞附近搭建了幾棟木屋送給王陽明，懇請王陽明別嫌簡陋，這只是略表他們的一番心意。王陽明非常感動卻無以答謝，不禁感嘆：「君子之居何陋之有？」於是那幾棟木屋從此便被稱為「何陋軒」。

王陽明雖然遭貶窮鄉僻壤之地，卻沒有因此虛度光陰荒廢學業，他居住龍場三年，潛心悟學，這才有了「致良知」的思想，成就了「心即理、知行合一」的學說，也就是後來的陽明學說。

南斯拉夫的喀斯特高原，因其與眾不同的地形被人們稱為喀斯特地形。

那麼，這樣造型奇特而又光怪陸離的喀斯特地貌究竟是如何形成的呢？

原來，在地球表面長期運行著大量的地表水，這些地表水在長時間的運行過程中，會對經過的岩石造成沖刷與侵蝕，同時地表水的運動力會帶起很多的地表碎屑，這些碎屑在經過岩石的時候，同樣會給岩石帶來不同程度的磨礪，那些本來厚重的岩石，在經過這樣的侵蝕下，會面目全非，而變成石鐘乳、石筍、石柱等形狀。

水是偉大的造型師，喀斯特溶洞也是石灰岩地區長期被地下水腐蝕的結果。石灰岩的主要成分就是碳酸鈣，而碳酸鈣在水和二氧化碳的雙重作用下，會生成一種叫做碳酸氫鈣的無機酸式鹽，無機酸式鹽的特點是易溶於水，在水的沖刷下，這些無機酸式鹽便會被一點一點的侵蝕、沖走，溶洞便會越來越大，進而形成這種獨特的喀斯特地形。

喀斯特地形按照其形狀可分為六種：

1、石灰岩長期受地表水的侵蝕，而形成石柱或石筍狀。

2、地表水沿縫隙下落，超過一百公尺而形成的狹長的落水洞。

3、流水到達下面水層，轉為橫向流動而形成的溶洞。

4、地穴塌陷，地表形成的大小不一的漏斗和陷塘。

5、在水和塌陷的雙重作用下，有的地方會形成坡立谷和天橋。

6、如果地面上升，被腐蝕的石柱就會變成地面上聳立的石林。

小知識

吉迪恩‧曼特爾（西元一七九○年～西元一八五二年），英國醫生，地質學家和古生物學家。他長期致力於中生代的古生物學，並在白堊紀的地層中首次發現了著名的恐龍類爬行動物。在當時已知的五個屬的恐龍中，有四個屬是曼特爾發現的。

八仙過海的神話
引出了海洋資源對人類的重要意義

海洋中蘊藏著豐富生物、礦產、能源、化學和空間資源，如魚類、貝類、鈉鹽、鉀鹽、石油等，同時，由於大氣層中的水分有一半多來自海洋，所以，海洋對氣候的變化有著舉足輕重的作用，如果把海洋說成是地球氣候的調節器一點也不為過。

傳說，有一年蓬萊仙島牡丹開得很好，於是白雲仙長邀請八位仙人前去觀賞。

八仙圖。

八仙平時各自遊歷，散居在人間天上，這次可以趁著趕赴蟠桃會聚在一起了。他們約定在蓬萊閣會合，共渡大海。這一天，八仙齊聚蓬萊閣，敘說各自的見識、經歷和修行。呂洞賓提議道：「騰雲駕霧過海不稀奇。我們不妨各顯神通，踏浪而行，以便讓道友觀瞻各位近年來的修行，諸位意下如何？」

七仙都很贊同呂洞賓的提議。鐵拐李將鐵拐扔在海裡，飛身踏上鐵拐，漸行漸遠；藍采和將花籃投入海，踏籃而行；張果老將紙驢趕入海中（一說漁鼓），騎乘驢背；大海上飄著的荷花，

上面端坐著何仙姑；韓湘子乘玉簫、漢鍾離驅寶扇、呂洞賓遣寶劍、曹國舅憑雲板。八位仙人乘波踏浪，作歌而行。

八仙過海，驚動了龍王太子。他從龍宮出來，看到藍采和的花籃十分好看，意欲搶奪，遂興起颶風，一時間海面上巨浪滔天。龍太子趁亂將藍采和的花籃奪去了，還令蝦兵蟹將將藍采和一併抓拿下。

七仙見平地起風浪，頓感蹊蹺。風浪平靜之後，發現少了藍采和。漢鍾離說道：「藍采和一定是被龍宮的人拿去了，我們且去找龍王評理。」

說罷，七仙一同趕往龍宮。龍太子早有防備，等候在半路上。雙方狹路相逢，話不投機動起手來。龍太子哪是七仙的對手，大敗而歸。七仙趕到龍宮，找龍王評理。龍王非但不主持公道，反倒袒護龍太子，雙方又是一場惡戰。龍王遣派蝦兵蟹將將七仙團團圍住，漢鍾離掄起芭蕉扇，狂風驟起，那些修行尚淺的蝦兵蟹將如何抵擋得住，紛紛被刮得無影無蹤。龍王見狀逃遁而去，八仙尋不到龍王和被關押的藍采和，不由得大怒。鐵拐李拔下腰間的葫蘆，對著東海噴出熊熊烈焰，東海霎時變成了一片火海。龍王無法躲藏，要去搬請天兵天將。這時南海觀音途經此地，一番調停後，雙方才罷戰，龍王放出了藍采和。八仙繼續前行，趕赴蟠桃盛會去了。

地球表面積大約為五‧一萬平方公里，而陸地面積僅佔百分之二十九，百分之七十以上的面積為海洋所覆蓋。海洋中蘊藏著豐富生物、礦產、能源、化學和空間資源，如魚類、貝類、鈉鹽、鉀鹽、石油等，同時，由於大氣層中的水分有一半多來自海洋，所以，海洋對氣候的變化有著舉足輕重的作用，如果把海洋說成是地球氣候的調節器一點也不為過。

隨著人口的增長，陸地上可供人們利用的資源越來越少，為了尋找更多的能源，人們繼而把目光投向了博大深邃的海洋。

海洋漁業最豐富的是溫帶大陸棚海區，溫帶大陸棚水層淺，光照充足，再加上海水表層有豐富的營養鹽類，很適於魚類的生長。如今人類對於海洋生物的利用，不僅只限於魚類的捕撈，還拓展了其他海產品的養殖，比如海帶養殖等。

　　海底的礦產資源由石油和天然氣資源、金屬礦產資源、非金屬礦產資源三部分組成，人類對於海礦資源的開發開始於十九世紀末二十世紀初，目前海底石油的產量佔全球總產量的百分之三十。

　　除了利用海洋原有的資源進行開發和利用以外，人們還加大了海上空間和海水資源的利用，海上空間可以進行海上電站、工業人工島、海上石油城、圍海造地、海洋牧場等，用之不竭的海水可以經過處理，使其轉化為可以飲用的淡水。

　　另外，海水運動所帶來的能量（潮汐能、波浪能、海流能、溫差和鹽差能）也逐漸被人們所認識。千百年來，人類從未停下過對海洋探索的腳步，相信海洋將以更廣闊的胸懷擁抱人類，回報人類。

 小知識

托爾・海爾達爾（西元一九一四年～西元二〇〇二年），挪威人類學家，海上探險家。他經由綜合研究，認為太平洋波利尼西亞群島上的第一批居民是西元五世紀時從南美洲來的。為了證明自己的猜想，他仿製印第安人木筏，並且乘筏橫渡太平洋。

喊出來的泉水能否帶來
經濟效益與良性生態循環

構成農業生態良性循環的基本要素是環境因素、生產者、消費者和分解者，在整個生態系統循環中，太陽的輻射是最基本的能源，植物經由光合作用，再經消費者和分解者，轉化為無機質和熱能，重新提供給植物生存所需要的養分。

這個世上真的有喊出來的泉水嗎？聽著似乎挺神奇的，然而在某些地方真有這樣的泉水，就是不知這樣的泉水能不能帶來經濟效益和良性生態循環。

相傳在四川省廣元縣龍門山東北段有一個峽谷，這個峽谷中有個泉眼，山腳下的人們都要到這個峽谷中去取用泉水生活。雖然人們走的路很遠，但是這個峽谷裡的泉水十分甘甜，養育了這一方的百姓，因此，這裡的泉水成了人們生活的必需品。

有一天，人們像往常一樣在峽谷的泉水旁等著接水，然而水流漸漸變小了。大家都以為是天氣的原因，覺得可能過幾天就好了。又過了幾天，人們發現水流又比以前小了，便開始著急，可是也無可奈何。

終於有一天，泉水就像乾枯了一樣不再流水了。村裡的人以為有什麼妖魔鬼怪在作怪，就請了一個會法術的人來驅走妖怪，可是一連驅了好幾天也不見起色，泉水依然是乾涸的。

人們靠著很遠很遠的一個泉眼喝水，可是每天為了能夠等到一點水都要排上一天的隊。村裡的人們已經束手無策了。

這時，一個氣急敗壞的年輕人走到泉眼旁邊，破口大罵道：「你這泉眼，平日裡大家對你這麼好，你這次真是要置我們於死地啊！」他一邊罵著一邊拿著石頭往泉眼上砸去，突然，他聽到了「咯咯咯」的驚叫聲，以為是有人來了，趕緊回頭看，但沒有任何人前來，這個人越想越害怕，於是跑回了村子。

　　回到村子之後，這個人就向其他人講述了整件事的過程，大家都認為應該再讓法師去看一下，於是他們帶著法師又來到了泉眼旁邊，沒想到這個泉眼竟然在流淌著泉水。大家都很驚訝，但是畢竟現在有水可喝了，爭相接水都來不及了，也顧不了到底是什麼原因。

　　過了幾天，泉水像之前一樣又無緣無故地乾涸了。這一次，那個年輕人又生氣了，他對著泉眼又破口大罵：「你到底想幹什麼，耍我們嗎？」然而接著又是「咯咯咯」的驚叫聲。年輕人沒有選擇逃跑，他站在那裡觀察，果然又有水湧出來了。他想了想，只有一個理由能夠解釋這件事，那就是泉眼需要人罵它，它才會湧出泉水，否則永遠是乾涸的。

　　後來，年輕人將他的想法告訴了村裡的人。村裡人都不相信他的話，這個年輕人很生氣地說：「不信，等泉水乾涸了之後，你們就罵一下試試。」泉水幾天之後又乾涸了，人們按照年輕人的說法罵了起來，果真一陣「咯咯咯」的驚叫聲之後，就看見清澈的泉水從泉眼中流了出來。

　　農業是人類生存的根本，農業生態系統是指人們在一定的時間與地區內，利用生物與非生物之間的相互作用，而建立起來的形式多樣、發展水準不等的農業生產體系，它是一種由農業環境因素、綠色植物、各種動物和各種微生物四大基本要素構成的物質循環和能量轉化系統，同樣具備生產力、穩定性和持續性三大特性。

　　構成農業生態良性循環的基本要素是環境因素、生產者、消費者和分解

者，在整個生態系統循環中，太陽的輻射是最基本的能源，植物透過光合作用，再經消費者（草食動物、肉食動物、雜食動物、寄生動物和腐生動物）和分解者（依靠動、植物殘體來生存的微生物）這條途徑，轉化為無機質和熱能，然後返回到農業生產中去，重新提供給植物生存所需要的養分。

輔助能源包括人類以栽培管理、選育良種、施用化肥和農藥以及進行農業機械作業等，輔助能源的投入可以有效地增加和提高轉變生產力的能量，進而保證生產力的穩定性。

而要維護農業生產的穩定性，在一定時期內，農業生態的良性循環就顯得尤為重要，這種良性循環的內容主要包括：物質的能量之間輸入與輸出的平衡，生產與儲存相對穩定，生產資訊的流通，生物物種與環境之間的協調性等。如果各級食物鏈之間能夠達到很好的相互適應的關係的話，就會在最大程度上提高農業生產力，但是很多時候，這種大自然本身的協調能力並不是最完美的，或者偶爾會遭到破壞，所以人類還要靠科學技術的干涉來達到提高和恢復農業生態平衡的目的。

小知識

陳奇祿（西元一九二三年～），臺灣地質學家、考古學家，長期從事臺灣與東南亞地區土著文化的研究。著有《中華文化的特質》、《臺灣山地文化的特質》等。

從日月潭的傳說到
人與自然的和諧相處

要實現人與自然和諧相處，就必須正確認識人與自然的關係。人與自然的關係體現在兩個方面，一是人類對自然的影響與作用，二是自然對人類的影響與反作用。

美麗的日月潭現在成了有名的風景名勝，然而關於日月潭還有一段鮮為人知的傳說。

很久之前，這個潭裡住著兩條惡龍，其中一條是公龍，另外一條是母龍。兩條龍的胃口很大，牠們吞噬了潭裡的所有生物，但是還是感到飢餓。有一天，公龍抬起頭看到了太陽，飢不擇食的牠一躍就將太陽吞了下去。到了晚上，月亮出來了，母龍一看到月亮，也毫不猶豫地一口吞了下去。

就這樣，人間沒有了太陽，也沒有了月亮。百姓們無法辨別白天和黑夜，莊稼枯萎了，花兒凋零了，人們已經無法繼續生存下去了。可是那兩條惡龍依然拿著太陽和月亮嬉戲，毫不理會已經亂成一團的人間。

一對機智勇敢的青年男女大尖哥和水花姐實在是無法忍受了，他們下定決心要為人世間找回太陽和月亮。於是，兩人開始策劃如何打敗這兩條惡龍。有一天，一個道行高深的法師告訴他們，只有阿里山底下的金斧頭和金剪刀可以制服惡龍。聽到了這個好消息之後，大尖哥和水花姐就開始前往阿里山去尋找金斧頭和金剪刀。

兩人在前往阿里山的途中歷經了千難萬險，但皇天不負苦心人，終於有一天他們找到了金斧頭和金剪刀，並攜帶著它們來到了惡龍居住的水潭。

日月潭。

　　兩條惡龍看見了這對青年男女，心想又有食物可吃了，於是一場激烈的搏鬥開始了。大尖哥下手很快，他拿著斧頭用盡全身的力氣砍了下去，惡龍的身上很快就被砍得遍體鱗傷，然後水花姐趁機用金剪刀剪斷了惡龍的頭。兩條惡龍就這樣死在了這兩個青年男女的手上。

　　接下來就是要想辦法讓太陽和月亮恢復原位了，大尖哥摘下了公龍的兩顆眼珠，吃了下去，水花姐吃了母龍的兩顆眼珠後，他們突然愈長愈高大成了巨人，就像兩座高山一樣聳立在水潭裡。

　　這時，大尖哥用力將太陽拋到空中，水花姐順勢用水潭邊上的棕櫚樹將太陽托了起來。水花姐接著用力拋起了月亮，大尖哥也用棕櫚樹將月亮托了起來。太陽和月亮都回到了原來的位置，人間又恢復了生機。

　　完成了使命之後，大尖哥和水花姐就變成了兩座大山座落在水潭的旁邊，永遠守護著這裡的百姓，而這個水潭因為這一段淒美的故事被命名為了「日月潭」。

「日月潭」的淒美故事體現出的是人與自然要和諧相處。

要實現人與自然和諧相處，就必須正確認識人與自然的關係。人與自然的關係體現在兩個方面，一是人類對自然的影響與作用，二是自然對人類的影響與反作用。人與自然的關係中，人類已處於主動地位，不斷改造自然，為人類創造大量財富，造福人類。但同時也在掠奪自然，破壞自然，招來自然對我們的報復。

人類需要冷靜地反思自己的觀念和行為，應該更開闊地從經濟、社會、科技、環境協調發展的眼光，研究如何協調人與自然的關係，與自然和平共處，保護生態平衡，增加自然對我們的賜予。

那麼我們究竟該怎麼做呢？人類走過的足跡告訴我們，人類與自然的關係既不是「自然界是主人，我們是僕人」的關係，又不是「我們是主人，自然界是僕人」的關係，而是共同前進的夥伴關係，是共同發展的朋友關係。

 小知識

鄒代鈞（西元一八五四年～西元一九〇八年），中國清末地圖學家。他復興和推廣了三角測量法與經緯度表示法的運用，同時採用統一的比例尺和投影法替代了中國傳統的「計里畫方」的方法，推進了中國地圖繪製向近代科學方法體系的邁進。創立「輿地學會」，專門經營地圖出版事業，開中國民營地圖出版之先河。著有《西征紀程》、《湖北地記》、《中國海岸記》等。

憂國憂民的顧炎武
注重軍事地理研究

研究軍事離不開地理環境，軍事地理學是研究軍事與地理關係的學科，它探索地理環境對國防建設、軍事行動的影響，以及在軍事上運用地理條件的規律，為制訂戰略方針，研究武裝力量建設，進行戰場準備，指導作戰行動提供依據。

一提到顧炎武，就讓人聯想起了一個愛國志士的形象，他是明末清初傑出的思想家和軍事理論家，並且將國家興亡和自己的命運結合在了一起。

顧炎武生於官宦世家，只不過到了他父輩的時候家道中落。顧炎武的生父是顧同應，母親是何氏，然而他在還很小的時候就過繼給了嗣祖顧紹芾。顧炎武的嗣父顧同吉在顧炎武未成年的時候就去世了，是嗣母王氏獨自將他撫養長大的。王氏從小受過良好的教育，是一個懂知識又很勤勞的女性，也很關心國家的興亡，這對顧炎武的人生有很大的影響。

顧炎武的嗣祖顧紹芾是當時遠近聞名的有學識的人，他博學多聞，也很關心時事，經常指導顧炎武學習。有一次，顧紹芾在院子裡陪顧炎武玩耍，看見了院子裡有很多草根，於是感慨萬千地對顧炎武說：「你要是以後還能吃到這個，那就是幸運的了。」其實他的意思就是指當時朝廷已經漸漸衰落了。

一六四四年清軍入關，標誌著形勢已經到了不可逆轉的地步。顧炎武當時受崑山縣令楊永言的推薦，被授予了兵部司務的職務。不久清軍攻入了南京，顧炎武與他的好友進行了英勇的抵抗，但是最終還是沒能守住崑山。

顧炎武當時安排嗣母王氏在常熟避難，但是聽說崑山被攻陷了之後，王

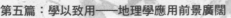

氏痛心疾首。她決定要與國家共存亡，於是在顧炎武還沒回來看她的時候，就已絕食了十五天身亡了，臨終前給顧炎武留下了遺言，說：「我雖然是個婦人，但是蒙受國家的恩惠得以活到現在，和國家共存亡是我義不容辭的責任，你做為明朝的子民不可以為清朝效力，要時刻銘記我們蒙受的恩惠，不要忘記祖先的遺訓，那麼我死也就能夠瞑目了。」顧炎武去常熟看母親的時候聽到了這個噩耗，萬分悲痛，他將母親的遺言銘記於心，這也是他終生不與清廷合作的重要的原因。

顧炎武的家裡本來有個僕人叫陸恩，後來顧家衰落，陸恩投靠了地方豪紳葉方恆。這個陸恩心胸狹窄，他認為顧炎武沒有好好對待他，所以想依靠葉方恆來報復顧炎武。後來陸恩找了一個莫須有的罪名──通海罪，告發了顧炎武，顧炎武也不是等閒之輩，他的朋友很快就幫他洗刷了罪名。後來顧炎武捉到了陸恩，兩人爭執之間，顧炎武不小心將陸恩推到了水裡，陸恩就這樣被水淹死了。陸恩的女婿為了報復顧炎武而到處找他，後來將他關在一個密室中，想要置他於死地，幸虧朋友及時趕來，顧炎武才逃過一劫。經此劫難後，顧炎武不問世事，開始了將近半生的漫遊生活。

研究軍事離不開地理環境，軍事地理學是研究軍事與地理關係的學科，它探索地理環境對國防建設、軍事行動的影響，以及在軍事上運用地理條件的規律，為制訂戰略方針、研究武裝力量建設、進行戰場準備、指導作戰行動提供依據。

軍事地理學的研究內容有：地理形勢、自然條件、經濟因素、社會狀況、交通運輸、城鎮要地、歷史戰例等。

地理形勢，主要包括國家或戰區的位置、範圍、面積，陸、海疆界的長度和自然特徵及其對軍事的作用和影響，該國家或戰區與周邊國家或戰區的關係以及所處的戰略地位。

自然條件，主要包括地貌、水文、植被和氣象等因素。

經濟因素，主要包括各種戰略資源的分佈、蘊藏量和產量，工業特別是軍事工業的分佈、技術水準及其生產能力，農業經濟的分佈特點和主要農產品的生產狀況、國民經濟結構、生產總值和人均產值，以及對軍民生活物資的保障程度、戰時經濟動員潛力和對戰爭的支援能力。

社會狀況，主要包括社會、政治制度和對內對外政策、階級關係、人民與政府的關係、人民對戰爭的態度民族的分佈、風俗民情、政治傾向及其相互關係等。

交通運輸，主要包括鐵路、公路、水路、航空線和地下管道的整體佈局，主要線路及其通行、輸送能力。

城鎮要地，指重要居民地、軍事基地、要塞、島嶼、關隘等。

歷史戰例，主要包括所研究地區地理條件對歷史上重要戰爭的影響，和交戰雙方在利用地理環境方面的利弊得失和經驗教訓。

在對上述各項內容分別進行調查研究的基礎上，再進行綜合分析，得出對國防建設和軍事行動可能產生影響的全面評價和結論。

小知識

倫納德・伍萊（西元一八八〇年～西元一九六〇年），英國探險家、考古學家。一戰後，他在伊拉克蘇美古城吾珥的舊址上進行了重點考察，再現了人類最早期的偉大文明；二十世紀三〇～四〇年代，又致力於在北敘利亞發掘哈利亞王國的遺跡。

英雄尤利西斯返航
開啟了探索區域地理的先河

對區域地理的研究，不僅能夠發現在自然狀態下，地理本身所具有的環境特徵，同時還會將社會、經濟、歷史等因素滲入其中，而將人文區域地理合二為一，為人類如何更好地利用自然環境以及更合理地開發自然資源，提供重要的理論依據。

特洛伊戰爭持續十年之久未分勝負，就在戰爭最後的階段，希臘的尤利西斯構想出「木馬計」，使希臘人順利攻陷特洛伊。戰爭勝利後，尤利西斯和一同參戰的英雄們帶領著船隊返程，準備與家人團聚。由於尤利西斯在戰爭中觸怒了海神波塞冬，波塞冬為了化解心中的憤怒，便在尤利西斯回國的途中設下重重阻礙，讓他飽受漂泊之苦。

尤利西斯和卡呂普索。

這一天，尤利西斯漂流到了俄奇吉亞島，在這座森林覆蓋的荒島上有一位漂亮的仙女卡呂普索。

卡呂普索見他健美、威武，貌若神祇，便心生歡喜把他捉到自己的山洞中。她要求眼前這位英俊的男子娶她為妻，並允諾讓尤利西斯永保青春，長生不老。但是尤利西斯在長期艱難的跋涉中，心中牽掛的只有他的妻子珀涅羅珀，此時他怎麼可能辜負自己的妻子呢？尤利西斯堅定地拒絕了仙女卡呂普

索的要求，只是每天坐在海邊，守望著茫茫的大海……

尤利西斯的苦難遭遇打動了奧林匹斯山的眾位神祇，他們聚在一起商量後決定幫尤利西斯擺脫苦海，派赫爾墨斯到俄奇吉亞島傳達神諭。赫爾墨斯很快來到目的地找到卡呂普索，要她立刻放了尤利西斯，讓他重返故鄉。此時，尤利西斯還像以前一樣滿臉的憂傷，淚眼濛濛地坐在海邊眺望著；卡呂普索正在自己的房間紡織精美的衣衫，並不時從房間裡傳出縹緲而動聽的仙樂，那是她在開心地歌唱。當赫爾墨斯來到她面前並說明來意之後，她震驚了。

她說：「我真的無法理解。這個落難的凡人，他所有的朋友都葬身在大海中，他孤身一人漂泊於此，是我收留了他，精心地照顧他，還給他不老的容顏、不亡的生命，而他卻毫不動容。還有神祇們，你們也不願意一個凡人娶到一位天仙嗎？我知道宙斯既然已下了旨意，我是無法違背的，那就遵從你們的意願讓他繼續漂泊吧！但我不可能去送他，我也沒有任何禮物送給他，只能告訴他如何平安地返回故鄉。」

赫爾墨斯得到卡呂普索令他滿意的答覆便回去了。他走後，卡呂普索來到海邊溫和地對尤利西斯說：「可憐的人，你的憂愁將要結束了，你現在就去自己做艘小木船，帶著我為你準備的酒水和食品，順風離開吧！」

聽到卡呂普索的話，尤利西斯半信半疑地看著仙女說：「美麗的仙女，妳向神祇發誓不會害我，我才敢出海！」卡呂普索微笑著對尤利西斯說：「你的顧慮是多餘的，請相信我！」她依依不捨地和尤利西斯告別後就轉身離開了。

區域地理學為地理學的一個分支，主要的研究對象是地球上大小不等的區域，並透過研究得知這些地區所涵蓋的人類生存的方式，以及它所具有的自然環境的個性與特色。對區域地理的研究不僅能夠發現在自然狀態下地理

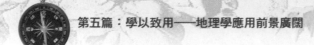

本身所具有的環境特徵，同時還會將社會、經濟、歷史等因素滲入其中，而將人文區域地理合二為一，為人類如何更好地利用自然環境以及更合理地開發自然資源，提供重要的理論依據。

從區域地理研究的內容來說，它可分為自然區域地理與人文區域地理，從洪堡的地理學著作《新大陸熱帶地區旅行記》問世以後，區域地理說便被人們所認識，因為在這部著作裡，洪堡用比較的方式明確地提出了自然地理和人文地理，使人們懂得在不同的區域，有不同的自然資源和人文環境。

到了十九世紀後期到二十世紀中期，隨著科學技術的發展進步，區域地理說越來越受到學者們的重視。美國地理學家哈特向在《地理學的性質》這本書中，也詳細地闡述了地球上不同區域的分異性特徵。

特別是走進了二十世紀七〇年代，由於生態、環境、資源、人口等問題的日益凸顯，生產與經濟之間合作的國際化，使得區域之間的影響與聯繫日漸加深。因此，區域地理的定性與定量分析，區域地理環境的整體特徵、結構和演變規律等區域綜合性的研究，已經成為了現代地理研究的主要課題。

 小知識

赫伯森（西元一八六五年～西元一九一五年），英國地理學家。他首次提出世界大自然區的劃分，依據地形、氣候和植被的組合，將世界劃分成六大自然區域和十二個副區。主張地理學著重於綜合研究地球表面各種現象的空間聯繫，這一思想對區域地理學和景觀學的發展有深遠影響。

愚公不滿自然地貌採取移山之舉 有違自然資源合理開發利用

自然資源是在一定的時間和技術條件下，能夠產生經濟價值，提高人類當前和未來福利的自然環境因素的總稱。

在太行山北面的山腳下，有一個小村子，村裡住著一戶人家，戶主是位年過九旬的老人，因為平時做事比較固執，所以被村裡人戲稱為愚公。

愚公家的大門正對著太行山，他面對這座大山已經過了將近一輩子了，按說已經是非常習慣了，可是在某天早晨起床後，當他對著大山洗漱時，突然有了一個奇妙的想法：把山鏟平，讓子孫後代看看山的那一邊是什麼樣的風景。

愚公是個實幹家，想到什麼就必須立即去做。當天，他就召集全家老小開了個家庭會議。

「我，」愚公清清嗓子說，「和這座山做了一輩子的鄰居了，從來不知道山的那邊是什麼。現在我有個想法，我想讓你們看看山那一邊的景色。你們要是也有這個想法，明天開始就跟著我去把山挖平了！」

愚公的妻子提出疑問說：「憑你的力量，連魁父這座小山都削減不了，又能把太行山怎麼樣呢？況且把土石放到哪裡去呢？」

愚公說：「把土石扔到渤海的邊上，隱土的北面。」

不管家人提出什麼問題，愚公都能一一解答，見他主意已定，全家人除了支持也不能再說什麼了。

第二天，天剛濛濛亮，愚公就帶領三個能挑擔子的子孫，鑿石頭、挖泥土，並用裝土石的工具運送到渤海的邊上。中午也不回家，啃幾口乾糧充飢後繼續勞動。

愚公的鄰居是個獨居的寡婦，她家有個剛剛開始換牙的孩子，看到愚公移山，也跟著他的家人一起每天樂呵呵地去工作。

愚公所在的村裡有個聰明的老頭，村裡人都叫他智叟。智叟看了愚公的愚蠢行為，不禁嘲笑道：「山那麼大，人的力量這麼小，你怎麼可能把山都移了呢？」

愚公看他笑，自己也笑了：「智叟啊！人人都說你聰明，怎麼唯獨在這件事上犯傻了呢？你想想看，山是不會移動的，也不會生長，但我的子孫後代是連綿不絕的。子生孫，孫生子，子再生孫，孫再生子，子子孫孫沒有窮盡，我就不信這山沒有被挖平的一天。」

一番話說得智叟啞口無言。

愚公挖山不止，幹勁十足，可是山神卻慌了。愚公說給智叟聽的話，他也一字不漏地聽到了耳中，於是急急忙忙上天面見天帝。

「啟稟天帝，凡間有個叫愚公的老頭，日復一日地挖山，看樣子，山不移走他誓不甘休，請您為我做主！」

天帝聽到此事，不禁被愚公的誠心所感動。

「你先回去吧！」天帝稍作考慮，「我會幫你圓滿解決此事，給你和愚公一個滿意的結果。」

山神納悶了，自己滿意還說得過去，讓愚公也滿意，到底是什麼方法呢？

次日，愚公和往常一樣，把全家老小從被窩裡揪起來，自己則走到院中，看兩座擋路的大山有沒有削減的趨勢，誰知眼前的景象卻讓他不由地懷疑自己是否依然在睡夢中。

山沒了！那兩座和自己對望了一輩子的山竟然消失了！

「這一定是上天在賜福！」愚公興奮地叫出自己的家人，他望著一馬平川的遼闊土地熱淚盈眶。

而此時的太行和王屋，已經被天帝派大力神的兩個兒子移到遠遠的山西去了。這真是兩全其美的方法，山得以保存，愚公也得以在有生之年看到外面的世界。

愚公移山的故事相信所有人都耳熟能詳了，然而我們所知道的愚公移山都是在頌揚愚公持之以恆的精神，卻沒有注意到關於自然資源方面的問題，其實愚公移山嚴重違背了自然資源合理開發利用的原則。

自然資源泛指存在於自然界中，能夠為人類所利用的資源，它既是人類生存發展的必然要素，又是能夠決定人類生存環境的必要條件。

自然界中的資源包括，生物資源、農業資源、森林資源、國土資源、礦產資源、海洋資源、氣候氣象以及水資源等，按照其為人類所利用的時間的長短，自然資源可分為可再生資源和不可再生資源兩種。

存在於自然界中的陽光、大氣、水、地熱以及海潮等，都屬於可再生資源，因為這類資源比較穩定，如果合理開發，再加以精心保護的話，它可以永久的為人類所利用。

自然界中的礦產、核燃料以及化石燃料等都屬於不可再生資源，這些資源的形成週期很長，特別是礦產，它的形成週期要在幾百萬年以上，所以合

理的開發和利用這樣的資源，使它盡可能的為人類服務，避免浪費和枯竭，就顯得尤為重要。

如今隨著時代的發展與進步，自然資源為人類大面積、超強度的開採和利用，已經面臨枯竭，並導致了一系列環境問題。主要表現在：

1、由於工業二氧化碳排放增多，而使地球產生溫室效應，進而導致氣候變暖。

2、對森林過度地亂砍亂伐，使生態失去了原有的平衡。

3、人類的活動使大量的工業、農業和生活廢棄物排入水中，使水資源遭到破壞。據全球環境監測對水質的監測顯示，全球的水資源已有百分之十遭到不同程度的污染。

自然資源有它的有限性、區域性和整體性三個特點，而人類對資源的毫無節制的開發和使用都直接導致了自然資源的損失與枯竭。

小知識

米歇爾‧布魯內特（西元一九四〇年～），法國古生物學家、地理學家、考古學家。二〇〇一年七月，他發現了一塊距今約有六百萬～七百萬年的人頭骨，很多人類學家認為它可能屬於迄今為止人類進化譜系中最早的原始人類。

黑心和尚逼迫人參搬家
造成能源危機

能源危機是指因為能源供應短缺或是價格上漲而影響經濟，通常涉及到石油、電力或其他自然資源的短缺。

很久以前，傳說在風景秀麗的魯東南蒙山上生長著很多人參。在這些人參中有兩棵已經活了上千年了，有了靈性，成為了人參娃娃，每到夜深人靜的時候他們就會到山裡面玩耍。

一個黑心和尚得知這裡有人參娃娃，就一心想抓到他們。於是，他帶著清風、明月兩個小和尚，騎著一頭毛驢來到了蒙山上。為了得到兩棵人參娃娃，他假裝到這裡來建寺廟，兩個小和尚並不知情。黑心和尚花費了一些金錢，找來工匠修建了一個簡單的寺廟，可是他根本無心唸經，每天到處閒逛去尋找那兩棵人參娃娃。

這天，黑心和尚又出去了，清風和明月在寺廟裡樁米。這時候，清風突然看到門外站著兩個穿著紅色肚兜的胖娃娃，一男一女。清風和明月將兩個小娃娃請到屋子裡，他們兩個怯生生地問清風和明月：「你們在做什麼呀？」清風回答說：「我們在樁米。」兩個胖娃娃高興地說：「我們來幫你們吧！」於是四個人有說有笑地樁起了米。

就這樣，這兩個胖娃娃每天傍晚都會來這裡和兩個小和尚玩耍。碰巧，黑心和尚有一次回來得早，一眼就看出兩個胖娃娃就是那兩棵千年人參，喜出望外的他想出了一個捉住他們的計策。他等兩個娃娃走了之後，告訴清風和明月：「我給你們一人一根帶著一絡紅線的針，下次胖娃娃再來的時候，

你們就偷偷地把針別到他們的紅肚兜上，然後鬆開線，到那時，你們就可以常跟他們玩了。」兩個小和尚信以為真，下次胖娃娃再來的時候，他們真的按照師父的說法做了。

第二天，黑心和尚一大早就出門了，他順著紅線很快就找到了兩個娃娃住的地方。他迅速挖出了兩棵人參，心想這次肯定要成仙了。他拿著人參回到寺廟，將其洗乾淨放到了廚房的鍋裡，然後吩咐清風和明月燒火，並且告訴他們不要掀開鍋蓋，要不然有他們好看的。

師父走了之後，清風和明月就開始點燃木柴，然而燒著燒著就聽見了呼救的聲音，越聽越像那兩個娃娃。他們不顧黑心和尚的警告掀開了鍋蓋，一看是自己的好朋友，慌忙把人參娃娃抱了出來。兩個娃娃感激涕零，塞給他們一人一個山果，説遇到危險的時候可以吃。

黑心和尚發現人參不見了，氣急敗壞地拿起荊條抽打清風和明月。兩人見狀趕緊吃下人參娃娃留下的果子，只見他們漸漸地離開了地面，升上了天空。後來，兩人成了看守「人參果」的仙童。人參娃娃經歷了這場劫難之後，決定遷到中國東北地區去生活，並在那裡繁衍了子孫後代。

在自然資源中，有的能源會對經濟和社會的發展產生一定的影響，如石油、電力和其他短缺的資源。

石油、電力的廣泛應用，為現代經濟的發展提供了必要條件，但是這些資源又屬於不可再生資源，所以科學家們在探索這些能源還能夠再為人類所利用多少年的同時，也在研究另外一種可以替代的能源。

據統計，目前全世界石油的存量大約為一千一百八十～一五一〇億噸，天然氣的存量大約為十三萬一千八百～十五萬二千九百兆立方公尺，煤的儲量約為五千六百億噸。根據目前的開採量來計算的話，這些資源只夠維持

五十到一百年左右。到了二十一世紀中期，地球上原有的資源已經枯竭，而人們希望透過核聚變來達到能源大量釋放的目標還沒有實現的時候，就會產生能源缺乏，能源鏈的中斷，將直接影響到世界經濟，甚至斷送現代經濟市場。

為了避免這一天的到來，科學家們已經在尋找克服這種危機的出路與辦法，他們試圖用一種可再生的能源來代替這種難以再生的自然資源，這是一場新的工業革命，它不僅會為人類帶來新的生機，而且將使高科技和區域經濟都得到極大的發展。

目前探索到的可再生資源有以下幾個方面：

1、藉助太陽的力量，利用光伏技術來達到供電和供熱的需求。

2、生物質燃料能源，目前地球上總共有四千萬平方公里的土地為森林覆蓋，還有一千萬平方公里的農業面積，它們在光合作用下，一年所產生的乾壞料大抵相當於八十億噸生化資料所提供的能量。

3、風力發電。

總而言之，再生資源的潛力很大，完全可以滿足人類生存和經濟發展的需要。

小知識

伊本・白圖泰（西元一三〇四年～西元一三七七年），摩洛哥旅行家。他幾乎踏遍了當時伊斯蘭世界的每一個國家，這在蒸汽時代到來以前，他可能是旅行路程最長的人。近代天文學家以其名字命名了月球上的一座環形山。

神出鬼沒的害人水雷
告訴我們什麼是大洋暗流

墨西哥灣流是北赤道流和南赤道流的分支在經過赤道的時候，匯合而成的一股暖流，它就像是一個龐大的溫熱蓄水池，除了接納南北赤道流以外，還吸入了來自大西洋表面的暖水層。

一九四三年，第二次世界大戰還在繼續進行著，德國和盟軍對北大西洋和北冰洋的爭奪已經進入了白熱化的階段。美、英盟軍利用海上航線為蘇聯運送軍火物資，這條航線成為了反法西斯的北方「生命線」。德軍為了攔截盟軍的運輸隊，決定派遣最強大的艦隊——挪威阿爾塔峽灣的艦隊去截擊盟軍護航運輸船隊。然而出乎德軍的意料，幾次的海上激戰都以德軍的失敗而告終，法西斯的海上力量嚴重受挫。

德軍並不甘心就這樣將制海權拱手讓給盟軍，他們使出了最後的一招——佈水雷。德軍在通往波羅的海和巴倫支海的北大西洋和北冰洋水域的重要航線上廣佈水雷，目的是封鎖航道，以攔截盟軍運輸船隊。

然而時間在漸漸流逝，卻沒有發現盟軍的船隊遭到水雷的襲擊，德軍十分納悶。他們認為自己佈下的水雷都是高靈敏度的，而且攻擊力極強，可是為什麼水雷卻不知去向了呢？德軍十分不解，他們還曾經天真地認為盟軍中有厲害的排雷高手，成功地清除了這些水雷呢！

第二年的冬天，德軍在北冰洋巴倫支海水域執行一項截擊的任務。這個季節的巴倫支水域，白晝只有兩、三個小時，波濤洶湧的海面上很少看到太陽的影子。

　　德軍的艦隊在海面上緩緩地行駛著，他們渴望在這裡能夠成功地截獲盟軍的軍火和物資，然而海面上卻只有他們自己的艦隊在行進著。

　　艦隊漸漸地到達了新地島附近海域，突然一聲聲悶雷般的爆炸聲從水下傳了過來，大海頓時沸騰起來，好幾艘德國軍艦都受到了重創。本以為是遭到盟軍突然襲擊的德軍慌忙準備逃跑，但幾陣響聲之後，海面又恢復了平靜，沒有盟軍的任何蹤跡。

　　德軍很快展開了空中偵察，發現原來不是盟軍的偷襲，而是觸發了水雷。更讓他們驚奇的是經過仔細的辨認和核查，那些襲擊他們的水雷竟然與他們去年放在北大西洋水域的水雷相同。對於這個結果，德軍都驚呆了，難道是上帝在懲罰他們嗎？

　　原來是洋流在暗中幫助反法西斯軍隊作戰，北大西洋水域有一股強大的洋流系統，也就是北大西洋暖流，這股暖流即使在嚴寒的冬天也依然流動。德軍投放的水雷順著洋流一直流到北冰洋的巴倫支海域，最後致使德軍受到了自己水雷的攻擊。

　　北大西洋暖流為大西洋北部勢力最強的暖流，是墨西哥灣暖流的延續。它有三個分支：干支經挪威海進入北冰洋，南支沿比斯開灣、伊比利亞半島外緣南下，北支向西北流到冰島以南。北大西洋暖流的流量隨墨西哥灣暖流的強度變化而變化。

　　墨西哥灣流是北赤道流和南赤道流的分支在經過赤道的時候，匯合而成的一股暖流，它就像是一個龐大的溫熱蓄水池，除了接納南、北赤道流以外，還吸入了來自大西洋表面的暖水層。

　　由於墨西哥灣水位比大西洋高，所以灣底的溫水會沿佛羅里達海峽流出，沿著北美大陸流向高緯度地帶，大約在北緯四十度西經三十度的地方，

灣流被分成兩股。一方面是它在運行的過程中，會受到地球本身自轉以及緯度變化的影響，所以它又被集中在大洋西部大陸邊緣的一個狹帶內，自西南向東北運行，進而把大西洋近岸水系與大洋水系分割開來。另一方面，它的南分支又會經過非洲西部重新流入赤道。

灣流的特點是，流速強、流量大、流幅狹窄、流路蜿蜒、流域廣闊、高溫、高鹽、透明度大等。而墨西哥灣流又堪稱是灣流規模之最，它剛出灣時溫度可達27～28℃，時速最快可達每小時九‧五公里，在海底二百公尺處的地方，它的時速是四千公尺，幾乎為所有河流徑流量的四十倍。

由於墨西哥暖流的存在，人們的生活帶來了很大的便利，特別是人們在高寒地區（如斯瓦爾巴德群島）生產生活以及開展各項工作的話，很大程度上離不開暖流帶來的溫暖。

小知識

間宮林藏（西元一七八〇年～西元一八四四年），日本著名的探險家。他是第一個渡過海峽探索庫頁島的冒險家，並發現間宮海峽（韃靼海峽）的存在而確認庫頁島是一座島。

一行大師著述《大衍曆》闡明曆法在地理學中的作用

曆法是一種推算年、月、日的時間長度和它們之間的關係,而制訂時間的序列的方法。簡單說來,就是人們為了社會生產時間的需要,而創立的長時間的記時系統。

一行是中國唐代著名的佛學家,然而除了在佛學上的造詣,他在天文學方面也很有成就。一行本名叫張遂,他的曾祖父是唐太宗李世民的功臣張公謹,張氏家族在唐太宗時期很興旺,然而到了張遂生活的年代,他的家族就開始漸漸衰落了。

青年時期的張遂因為學識淵博而聞名,當時武則天剛上任,正在廣納賢士,但是張遂卻不願意效忠於武則天,為了逃避武則天的拉攏,他剃度為僧,取名一行。

有一天,武則天命令大臣們去為她招賢納士。有一個大臣聽說過張遂的名聲,就向武則天推薦了這個人。武則天聽了之後很感興趣,命令推薦的那個大臣去說服張遂效忠朝廷,還告訴那個大臣說:「只要張遂答應效忠朝廷,朕一定重賞你!」那個大臣

武則天巡行圖。

高興地誇下海口說：「臣一定不會讓陛下失望的。」於是，立刻前去張遂的故鄉去尋找他。

張遂這時候已經出家了，那位大臣輾轉打聽才得知他所在的寺廟。見到了張遂，他禮貌地講了自己的來意：「早就耳聞張賢士學識淵博，今日一見，果然名不虛傳。」

張遂心想，你根本不瞭解我，難道我的臉上寫著「學識淵博」幾個字嗎？雖然心裡這麼想，但還是很禮貌地回答說：「謝謝您的厚愛，我只是一介草民，不足掛齒，況且現在我已經出家，不再理會塵世間的一切了，您還是請回吧！」

那位大臣本來以為張遂會愉快地跟著自己走的，沒想到他卻這樣直截了當地拒絕了。無奈之下，那位大臣只得無功而返，如實地將情況告訴了武則天。

後來，張遂在寺廟裡完成了《大衍曆》，闡明了曆法在地理學中不可取代的地位。

人類所居住的這個地球距今大約有四十六億年的歷史，如果要想研究某一個時段的歷史，那麼首先要確定這段歷史在時間長河中的確切位置，這樣才能夠有利於我們掌握歷史，更有序地安排生活，基於這個前提，曆法也就應運而生。

曆法的三要素是年、月、日，這三個要素從理論上，幾乎近似於天然的時間單位。年，是太陽繞天球黃道一周的時間，也就是太陽從春分再繞回到春分所需的時間，一年約等於三百六十五·二四二一九八七九日，這個說法適用於曆法。而朔望月是指月球繞地球公轉相對於太陽的平均週期，這種週期以從這次朔到下一個朔，或者是從望到下一個望之間所需的時間，大約為

二十九・五三〇五九天。

月亮是一個不會發光的星體，只有當有光照在它上面時，它才會反射出來，所以在太陽、月亮、地球相對位置的變化下，月亮被照射的面積也在不停地變化，而它所呈現給人們的形狀與大小也不盡相同，所以也就有了月有陰晴圓缺一說。當月亮黃經與太陽黃經完全重合時，我們看不到月亮，整個夜晚漆黑一片，這就是朔。而當月亮黃經和太陽黃經相差一百八十度的時候，就是望。

為了生產生活的便利性，每個年和每個月裡面都必須包含整數的日。

從天文學的理論角度來說，曆法中的年既不是月的整倍數，月也不是日的整倍數，但是又不能把一天分為兩個半天來計算，或者說把一個月分在兩個年裡，所以我們所說的年月日只是近似值。

當然，隨著社會的進步，隨著新科技的不斷推進，人們還會在曆法方面探索到更精確、更方便的計算方法。

小知識

蒙特柳斯（西元一八四三年～西元一九二一年），瑞典考古學家，史前時代文化研究工作的開拓者之一。他重點研究歐洲史前文化的分期和年代，尤其關注北歐、西歐青銅時代的文化。主要著作有《青銅時代年代問題》、《異教時代的瑞典文明》等。

屢試不中魏源投身地理學救國運動

歷史上最早開鑿運河是因為運輸的需要。元朝的大運河全程由惠通河起，經白河、御河、會通河、濟州河、里運河，至江南運河，全長一千七百多公里，貫通大江南北。

魏源於清朝乾隆五十九年出生在湖南韶陽縣，他的父親擔任主簿之類的官職。在魏源十歲的時候，家鄉發生了飢荒，而在外地工作的父親無法救濟家裡，所以當時他和母親的生活十分貧苦。但就在這樣的環境下，魏源仍然堅持學習，尤其特別喜歡看歷史書，儘管這並不是科舉考試的內容。

魏源在功名場上始終並不順利，他一直都不喜歡儒家的道德規範，認為這些會束縛人的個性，也正因為這樣，魏源一直到了五十一歲的時候才中了三榜的第十九名進士。之後，他曾任興化知縣，成為一個清廉的地方官。

有一年，魏源所在的興化地區連日下暴雨，導致湖水猛漲。管理河道的總督楊以增打算開壩放水，緩解河道的壓力。然而此時下游地區興化縣的水稻已經成熟了，要是開壩的話，水稻肯定會顆粒無收的。

魏源故居。

聽說了開壩的消息之後，魏源心急如焚，決定誓死也要保住百姓的莊稼。他親自到管理河道的總督那裡請求緩期開壩，結果無功而返。

情況十分危急了，眼看著幾百萬畝的稻田都將被大水淹沒，魏源頂著風雨來到了堤壩。這時候，總督已經準備好開壩放水了。魏源情急之下撲倒在河壩上哭著說：「要是開壩的話，就連我一起沖走吧！」在場的人包括總督都被魏源的行為感動了，官兵都向總督建議緩期開壩，最後總督點頭同意了。

魏源帶著這個好消息回到了興化縣，百姓們為此歡呼雀躍。不久興化縣的水稻獲得了大豐收，魏源因此名聲大振，後來也得到了朝廷的重用。

歷史上最早開鑿運河是因為運輸的需要。西元一二七一年，蒙古族建立元朝，定都華北平原的北端大都，也就是今天的北京。從北京到江南，翻山越嶺，路途遙遠，江南的糧食以及其他地方特產都無法運抵北京，嚴重制約了經濟與貿易往來。

當時能夠選擇的通道之一是海上運輸，但是海上一方面風雲難測，另一方面又有海盜出沒，所以海上運輸並不常用。通道之二是陸路，但是陸路也不比海路強多少，「民夫不勝其瘁」、「驢畜死者，不可勝計」，走過一趟的人無不深有體會，所以開通一條貫穿南北的交通要道，就變得非常迫切。

當時江南水道如織，但是由於多年戰事，狹窄淤塞嚴重，而北方卻沒有河道，元政府一方面修復和啟用江南原有的河道，另一方面開始開挖北部新的河道。

在經過多方的勘察，決定先從修復拓寬濟州河開始。至元十九年（西元一二八二年）十二月初動工，第二年八月，新濟州河貫通。濟州河南起濟州（今濟寧市）南面，北至須城（治所在今東平縣）安山，全程七十五公里，

至此，開挖新運河首戰告捷。

至元二十六年，二期工程東平經聊城至北接衛河，全程一百二十五公里。同時元政府又在大都和通州之間開鑿了一條八十二公里的惠通河，運河全程由惠通河起，經白河、御河、會通河、濟州河、里運河、至江南運河。至此，一條北起大都（今北京），南至杭州的全長一千七百多公里的京杭大運河便全線貫通。

小知識

尤根森·湯姆森（西元一七八八年～西元一八六五年），丹麥考古學家、地理學家。他提出著名的「三期論」，分析出人類曾經歷過石器、銅器和鐵器三個時代。

奇怪的骨痛病提醒人們
醫學地理的重要性

疾病無時無刻不威脅著人類的健康，而疾病的發生與病菌的分佈及其所處的地理環境，又有著很密切的關係。因此，在不同的歷史時期和不同的地域環境，醫學地理的研究課題是不同的。

在日本中部美麗而又富饒的富山平原上，一條叫做神通川的河流平靜地流淌著。這條河流在平原上存在了數百年，河流兩岸的人民世世代代都靠著這條河生存。這條河不僅灌溉兩岸數千公頃的良田，使這裡成為日本的米糧川，還是人們飲用水的來源。因此，神通川對於兩岸的居民有一種特殊的意義。

然而一九五二年之後，這條河就像被詛咒了一樣，河裡的魚蝦接二連三地死亡，兩岸的莊稼也沒有以前產量高了。人們懷疑神通川被污染了，但又不知道是什麼原因造成的。三年之後，在神通川河流的邊上有一戶叫山田的人家，男主人莫名其妙地患上了關節疼痛的疾病，剛開始的時候，山田以為是過度勞累造成的，但是他在閒著的時候依然會出現疼痛。他曾經去醫院看過，醫生也不知道是什麼原因所引起，只是給他吃一些止痛的藥物來緩解疼痛的症狀。

有一天，山田關節疼痛的毛痛又犯了，以前的時候都是洗完澡之後疼痛就會減輕，這一次，他全身好像每一個部位都在痛，似乎每個地方的神經和骨頭都要斷了一樣。慢慢地，山田疼痛發作的時間越來越頻繁了，終於有一天，他因為劇烈疼痛而無法進食，極度衰弱和疼痛終於奪去了他的生命。

山田死後，醫學專家對他的屍體進行了解剖，發現他全身竟然有七十多

處骨折，身高嚴重萎縮，但是仍然沒能找到致命的元凶。更讓人驚奇的是山田死後，神通川流域接二連三地發生了類似的死亡事件，很多的研究者都到這個地方來探尋原因。

研究者沿著河流往上游走，最後發現了一個叫神岡煉鋅廠的工廠正在向神通川中排放著一些廢水。研究者帶著這些廢水回到研究室中去研究，他們發現這些廢水裡面含有大量的鎘，當地人喝了含有鎘的水，然後又吃了含有鎘的米，就會導致人體嚴重缺鈣，最後患上了骨痛病。看來，為了人類的身體健康，人們應該高度重視環境保護，為人類的生存提供一個良好的環境。

在一定的區域環境下，人類健康與地理環境之間的關係被稱為醫學地理。醫學地理的理論基礎，是研究如何讓環境發展與人類的健康相平衡。

在醫學地理所研究的對象中，首先是氣候、生態、環境變化對人類健康帶來的影響。生態變化將牽扯到與物理、化學和生物有關的幾大類疾病，像瘧疾、血吸蟲病、錐蟲病、黃熱病、鼠疫、霍亂等這些有著明顯地域特徵的疾病，會因生態系統的紊亂而使其流行的地理位置發生變化。其次，是對愛滋病以及其他新出現的病種的地域性研究。第三，是研究開發地域藥物資源。第四，是食品的營養與健康的問題。第五，在二十一世紀人口老齡化將會是一個極其突出的問題，而研究人口老齡化的區域結構，尋找解決的辦法和出路，已經是目前最亟待解決的課題。

小知識

湯瑪斯・傑佛遜（西元一七四三年～西元一八二六年），美國第三任總統，地質學家、考古學家。他於一七八四年在美國維吉尼亞州參與發掘一個印第安人墓葬，提出考古學不應單純利用地質學分層法理論。

海牛立功
敲響災害管理與可持續發展的警鐘

災害的成因既有自然因素，也有人為因素，自然災害是不可預測的，有時一種災害會引發另外幾種災害，而形成災害鏈，還有的災害會由原生災害引發次生災害，進而給人類的生活帶來更多的不幸。

風信子曾經一度得到人們的喜愛而被帶到了世界各地，然而沒過幾年，這種植物卻成為擺在人們面前的一道難題，究竟是為什麼呢？

風信子最初是在一八八四年被委內瑞拉人帶到世界棉花展覽會上的一種植物，它是百合科多年生草本植物，這種植物有著碧綠的蓮座，在花莖的頂端開放蘭花般的花朵，有紅、黃、白、藍、紫各種顏色，成為人們十分鍾愛

風信子

的觀賞植物。鑑於對這種植物的喜愛之情，許多國家都紛紛將這種植物帶回自己的池塘種植，漸漸地，很多國家都有了大量的風信子。

有一年，巴拿馬運河中風信子瘋狂地繁殖生長，儘管它開著十分漂亮的花朵，但是人們卻不再像過去那樣喜歡它了。原來，風信子過度繁殖導致運河被堵塞，很多工程師都呼籲：如果不對風信子的生長速度加以控制的話，不用三年，運河將會因為風信子而無法正常通航，所以政府要趕緊解決風信子的問題。

巴拿馬政府耗資上百萬美元用藥物控制風信子的生長，但是成效甚微。後來一個偶然的機會，巴拿馬的一個植物學家發現海牛是風信子的剋星，一頭海牛一天就能吞掉四十公斤風信子，這可比藥物清除的效果好多了。

這個好消息一旦傳開，世界上很多國家都開始人工養殖海牛，用來對付繁殖過於旺盛的風信子。正如人們所料，海牛的存在減輕了風信子對人們的負面影響，成為了恢復生態系統正常發展的功臣。

在大自然中，經常會發生一些破壞性極大的災害，比如崩塌、滑坡、泥石流、地裂縫、洪水、大旱、土壤鹽鹼化，以及地震、火山、地熱害等，這些災害給人類的生存和環境造成不可估量甚至是無法挽回的損失。

災害的成因既有自然因素，也有人為因素，自然災害是不可預測的，有時一種災害會引發另外幾種災害，而形成災害鏈，還有的災害會由原生災害引發次生災害，進而給人類的生活帶來更多的不幸。比如洪水會引發腸道傳染病，如霍亂、傷寒、痢疾等，而大旱會使地下水層降低，人類在飲用了底層的含氟高的水以後，會誘發氟病。

能夠給人帶來突然襲擊的災害屬於突發性的災害，比如火山爆發、地震、洪水、颶風、風暴潮、冰雹等，旱災、農作物和森林的病、蟲、草害等

災害，因為給人帶來的損失也是快速的，所以也屬突發性災害之列。

　　除了突發性災害以外，還有一些災害是緩發性的，它們是長期的地質環境的改變下形成的，而且很難修復，比如像土地沙漠化、水土流失、環境惡化等。

　　除了由自然變異而引發的災害意外，大自然中還存在著因人為因素導致的災害，它們的成因是人類對環境缺乏保護，比如因亂砍亂伐而形成的土地沙漠化，因大量的排放二氧化碳而引起的酸雨和溫室效應。這些災害給地球帶來的損失都是滅絕性的，所以全世界都是提倡保護環境，而保護環境就是保護我們自己的家園。

小知識

路易斯‧李奇（西元一九○三年～西元一九七二年），英國著名人類學家和考古學家。一九五九年四月四日，他和妻子在坦桑尼亞發掘出一塊人類化石，這塊估計有一百七十五萬年歷史的化石被定名為「東非人」（現在稱為「南方古猿」）。

國家圖書館出版品預行編目資料

關於地理學的100個故事／余建明編著.
－－第一版－－臺北市：宇河文化出版；
紅螞蟻圖書發行，2011.5
面　；　公分－－(Elite；32)
ISBN 978-957-659-845-6（平裝）

1.地理學

609　　　　　　　　　　　　　　100006745

Elite 32

關於地理學的100個故事

編　　著／余建明
發 行 人／賴秀珍
總 編 輯／何南輝
美術構成／Chris' office
校　　對／楊安妮、鍾佳穎、朱慧蒨
出　　版／宇河文化出版有限公司
發　　行／紅螞蟻圖書有限公司
地　　址／台北市內湖區舊宗路二段121巷19號（紅螞蟻資訊大樓）
網　　站／www.e-redant.com
郵撥帳號／1604621-1　紅螞蟻圖書有限公司
電　　話／(02)2795-3656（代表號）
傳　　真／(02)2795-4100
登 記 證／局版北市業字第1446號
法律顧問／許晏賓律師
印 刷 廠／卡樂彩色製版印刷有限公司
出版日期／2011年 5 月　第一版第一刷
　　　　　2014年 8 月　第一版第二刷

定價 **300** 元　　港幣 **100** 元

ISBN　**978-957-659-845-6**　　　　　　　　　Printed in Taiwan